中国人民大学研究报告系列

中国网络社会研究报告

2011–2012

STUDY REPORT OF INTERNET SOCIETY IN CHINA

主　编　刘少杰
副主编　王建民

中国人民大学出版社
· 北京 ·

总序

陈雨露

当前中国的各类研究报告层出不穷，种类繁多，写法各异，成百舸争流、各领风骚之势。中国人民大学经过精心组织、整合设计，隆重推出由人大学者协同编撰的“研究报告系列”。这一系列主要是应用对策型研究报告，集中推出的本意在于，直面重大社会现实问题，开展动态分析和评估预测，建言献策于咨政与学术。

“学术领先、内容原创、关注时事、咨政助企”是中国人民大学“研究报告系列”的基本定位与功能。研究报告是一种科研成果载体，它承载了人大学者立足创新，致力于建设学术高地和咨询智库的学术责任和社会关怀；研究报告是一种研究模式，它以相关领域指标和统计数据为基础，评估现状，预测未来，推动人文社会科学研究成果的转化应用；研究报告还是一种学术品牌，它持续聚焦经济社会发展中的热点、焦点和重大战略问题，以扎实有力的研究成果服务于党和政府以及企业的计划、决策，服务于专门领域的研究，并以其专题性、周期性和翔实性赢得读者的识别与关注。

中国人民大学推出“研究报告系列”，有自己的学术积淀和学术思考。我校素以人文社会科学见长，注重学术研究咨政育人、服务社会的作用，曾陆续推出若干有影响力的研究报告。譬如自 2002 年始，我们组织跨学科课题组研究编写的《中国经济发展研究报告》、《中国社会发展研究报告》、《中国人文社会科学发展研究报告》，紧密联系和真实反映我国经济、社会和人文社会科学发展领域的重大现实问题，十年不辍，近年又推出《中国法律发展报告》等，与前三种合称为“四大报告”。此外还有一些散在的不同学科的专题研究报告也连续多年，在学界和社会上形成了一定的影响。这些研究报告都是观察分析、评估预测政治经济、社会文化等领域重大问题的专题研究，其中既有客观数据和事例，又有深度分析和战略预测，兼具实证性、前瞻性和学术性。我们把这些研究报告整合起来，与人民大学出版资源相结合，再做新的策划、征集、遴选，形成了这个“研究报告系列”，以期放大规模效应，扩展社会服务功能。这个系列是开放的，未来会依情势有所增减，使其动态成长。

中国人民大学推出“研究报告系列”，还具有关注学科建设、强化育人功能、推进协同创新等多重意义。作为连续性出版物，研究报告可以成为本学科学者展示、交流学术成果的平台。编写一部好的研究报告，通常需要集结力量，精诚携手，合作者随报告之连续而成为稳定团队，亦可增益学科实力。研究报告立足于丰厚素材，常常动员学生参与，可使他们在系统研究中得到学术训练，增长才干。此外，面向社会实践的研究报告必然要与政府、企业保持密切联系，关注社会的状况与需要，从而带动高校与行业企业、政府、学界以及国外科研机构之间的深度合作，收“协同创新”之效。

为适应信息化、数字化、网络化的发展趋势，中国人民大学的“研究报告系列”在出版纸质版本的同时将开发相应的文献数据库，形成丰富的数字资源，借助知识管理工具实现信息关联和知识挖掘，方便网络查询和跨专题检索，为广大读者提供方便适用的增值服务。

中国人民大学的“研究报告系列”是我们在整合科研力量，促进成果转化方面的新探索，我们将紧扣时代脉搏，敏锐捕捉经济社会发展的重点、热点、焦点问题，力争使每一种研究报告和整个系列都成为精品，都适应读者需要，从而铸造高质量的学术品牌、形成核心学术价值，更好地担当学术服务社会的职责。

目录

导论　网络化时代的社会变迁

人类社会已经进入网络化时代，手机、计算机和互联网触及社会生活各个层面的网络化发展，向人们展现了十分复杂的变化，其中最突出的变化莫过于缺场交往的快速扩展、传递经验的地位提升和社会认同的力量彰显。而这三方面变化的共同性在于它们都已深入到社会心理结构的变化，是社会结构内在的深层变化，这预示了人类社会将发生一场进入工业社会以来空前深刻的社会结构转型。清楚理解网络化所引起的社会变迁的复杂性和深刻性，明确认识从不同视角形成的关于网络社会变迁的理论的分歧，已经成为当代社会学研究不可回避的重大课题。

一、缺场交往的快速扩展

虽然还有很多人对网络化时代来临的意义并不很清楚，但大部分社会成员都已凭借各种不断提升的网络技术而快速扩展了自己的交往空间。不过，人们利用网络技术开展的交往行为，是一种同传统的面对面的在场交往不同的、隐匿了身体存在的缺场交往。虽然身体不在场的交往在传统社会也存在，但它只有依靠功能强大的网络技术，才能成为一种充满活力的、具有普遍性的缺场交往方式。并且，缺场交往或网络交往过去曾一度被称为虚拟交往，但现在人们越来越清楚地认识到，缺场的网络交往不仅不是虚拟交往，相反却是反应灵敏、传播快捷、功能强大的真实交往。

缺场交往的快速扩展，首先表现在网民队伍的快速扩大。2012 年 4 月 12 日 www. pingdom. com 网站公布：Internet Worlds Stats 数据显示，截至 2011 年 12 月

31日，全球互联网用户总数大约为22.67亿人，在全球70多亿人口中所占比例达32.7%，较5年前的11.5亿翻了一番。亚洲人在新增网民中所占比例最高，达53.8%。[①] 中国网民队伍扩大的速度更是难以预料。中国互联网络信息中心发布的《第30次中国互联网络发展状况统计报告》显示，截至2012年6月底，我国拥有IPv6地址数量比上年底增长33%，仅次于巴西和美国，位列全球第三。网民数量达到5.38亿，互联网普及率为39.9%。可见，中国网民队伍在短期内快速发展，现在已经接近中国总人口的40%。

其次，缺场交往的快速扩展还表现为网络交往活动空前活跃。另据美国咨询公司麦肯锡发布的报告，中国60个大中城市的居民70%的业余时间在上网，小型城镇居民的这一比例为50%。虽然人们可以质疑麦肯锡的调查结果未必准确，但就我们自己的实际生活而言，每天上网确实占用了很多时间。人们不仅通过互联网了解不断更新的新闻时事，而且越来越多的人通过互联网沟通信息、表达观点甚至评论时事。近两年，一个最令人们兴奋的网络现象是微博的迅速发展。国家互联网信息办公室副主任钱小芊在2011年11月21日开幕的第十一届中国网络媒体论坛上披露：中国互联网微博客等社交网络呈蓬勃发展势头，目前微博用户已经超过3亿。又据《第29次中国互联网络发展状况统计报告》数据，微博用户2011年的年增长率是296.0%。

应当指出，网民队伍和网民活动的扩展不仅仅是数量上的扩张，更重要的是，网民大多数是中青年社会成员，并且是中青年社会成员中热爱生活、关心社会、嗅觉灵敏、思维灵活、积极参与、努力进取的那一部分人。正是这些人构成了一个真实的、有旺盛活力的现实社会。虽然缺场交往形成的社会空间是一个只见语言流动不见言说者身体的符号社会，人们因此而称之为虚拟社会，但形为虚拟的网络社会其实却非常真实，甚至比在场社会更加真实。因为不仅有越来越多的网民真名实姓地发表着自己的话语评论，而且即使是隐姓埋名的匿名者，也真情实意、爱憎分明地表达着对社会生活的陈述与评价。而在那些社会组织、机关团体或群体集会的在场交往中，人们却可能因为某种具体制度的直接规定或特殊环境的限制而呈现出很多伪装与假象，官话、套话、虚情假意、口是心非等是在场交往中司空见惯的假象。所以，网络这个形似虚拟的缺场社会却比貌似真实的在场社会真实得多！

进一步说，缺场交往不仅超越了活动场域或村庄城镇等物理空间的边界，而且

---

① 参见《研究显示全球网民已超22亿 每秒新增8个用户》，见http://www.chinadaily.com.cn/hqgj/jryw/2012-04-21/content_5735042_10.html，2012-04-21。

也超越了社会空间的限制。社会空间是近年学术界使用频率较高的一个名词，通常指在特定场域中的由人口、群体、制度、资源、权力和文化等因素构成的社会环境。实际上，这种对社会空间概念的理解同社会结构概念并没有本质区别，但其突出了社会环境的实存性、边界性和间隔性。在场交往一定是发生在特定物理空间和社会空间之中的，因此必然受到个别场域中的各种物理因素和社会因素的制约，特别是受到在个别场域中具有硬性规定作用的制度、资源和权力的制约。而缺场交往却不仅突破了物理空间的限制，而且在一定程度上也突破了社会空间的限制，网民们可以在广阔的网络空间中展开信息沟通、事实陈述和价值评价。虽然不能完全排除局部环境的空间限制，但具有较强局部性或特殊性的风俗习惯、群体规则、资源局限和部门权力等因素的作用却在很大程度上被淡化了。

麦克纳（Katelyn Y. A. McKenna）和巴奇（John A. Bargh）认为，正是因为对物理空间和社会空间限制的突破，互联网为现实生活中的边缘群体提供了交流沟通的场所。网络活动中的相对匿名性使得人们可以将平时隐藏的价值信念展示出来。通过在网络群体中的互动，以及对群体资格的认定，人们原有的边缘化的社会认同得以强化，从边缘化走向去边缘化。通过对边缘化网络群体卷入程度、边缘化的性别认同群体和边缘化的政治认同群体的研究，麦克纳和巴奇发现，网络群体中的认同反过来也影响到人们在实际生活中的社会认同，形成了“去边缘化”的认同机制，这使参与网络的群体中人们之间的社会疏远和社会隔离弱化了①，他们指出：“互联网作为一种交流的渠道，具备一种独特的，甚至是革命性的力量，表现为相对的匿名性，与此同时，人们可以相对容易地联系与自己具有相似兴趣、价值和信念的人。”“互联网交流的相对匿名性，身体和非言语互动的缺失，减少了许多具体环境的限制，有助于人们相互间更加容易地形成共享的信念和价值观。”②

空间界限的突破必然引起空间状态的变化。在传统物理学和传统哲学观念中，物理空间可以呈现相对静止的状态，但在以传递信息为基本内容的网络社会中，空间却一定始终处于流动状态。因此，卡斯特说：“我们的社会是环绕着流动而建构起来的：资本流动、信息流动、技术流动、组织性互动的流动、意象、声音和象征的流动。”③ 于是，网络社会呈现的空间是流动着的空间，是从传统社会的眼光看去令人眩晕的快速变化的过程。因此，流动空间要求人们突破面对相对静止状态而形

① Katelyn Y. A. McKenna & John A. Bargh, “Coming Out in the Age of the Internet: Identity ‘Demarginalization’ through Virtual Group Participation,” *Personality and Social Psychology* 75 (1998): 681-694.

② John A. Bargh & Katelyn Y. A. McKenna, “the Internet and Social Life,” *Annual Review of Psychology* 55 (2004): 573-590.

③ ［美］卡斯特：《网络社会的崛起》，383页，北京，社会科学文献出版社，2006。

成的各种认知观念和评价原则，以崭新的视野去认识不断流动的空间。

流动的空间还不仅仅是一种空间状态的变化，更重要的是流动已经成为社会空间中的一种支配力量。卡斯特指出："流动不仅是社会组织里的一个要素而已：流动是支配了我们的经济、政治与象征生活之过程的表现。"① 这是一个非常重要的判断，对于在社会生活网络化的新形势下如何认识和行使权力具有重要的启示。在过去漫长的政治史中，无论何种社会形态的权力掌握者，都是以稳定的机构和稳定的手段去维持社会的稳定。只要政府、军队、监狱、警察这些国家机器能够被稳定地控制，社会秩序就能被稳定下来。然而，这种情况在今天发生了权力掌握者难以理解的变化。卡斯特称之为："流动的权力优先于权力的流动"②，即流动本身就是强大的权力，传统社会相对静止的权力机构在其面前已经遭遇尖锐挑战。

由国家机器行使的权力是实体权力，而网络社会中的流动权力是可以隐匿实体的信息权力。实体权力依托于在场设置，进而有效作用于在场交往；信息权力依托于网络交流，由此而有效作用于缺场的网络交往。于是，这里不仅面临着实体权力和信息权力的关系问题，而且还面临着在场交往和缺场交往的关系问题。暂且不论前一个关系问题，首先就在场交往和缺场交往的关系而言，这是一个很多人已经敏感觉察但未必清楚理解的重大问题。一个最明显的事实是，世界各国政府纷纷加强网络安全管理，而这不仅是因为网络本身存在安全问题，更重要的是以信息交流为基本内容的缺场交往对在场交往已经产生了难以阻挡的影响，实体权力如何有效制约缺场交往，已经变得令人捉摸不定。

事实上，虽然缺场交往隐匿身体并超越了社会空间，但并非完全脱离在场事物而虚拟化，其实质不过是在场交往中已经包含的某些内容的复杂表现。由身体行动在一定实体环境中开展的在场交往，不仅有可以直接观察到的外在客观性，而且一定有不能直接观察到的内在主观性，因为人们的交往行为一定是在主观心理过程的支配下展开的，没有主观心理活动的在场交往是不可能的。然而，虽然在场交往是心理活动的外现，但在场交往并不能把自己的心理活动全部表现于外，一定会受在场环境的影响而隐匿某些心理过程，由此决定了在场交往的两面性。缺场交往超越了实体环境的限制，并因此而使心理活动能够得到比较充分的表达，特别是在特定实体环境中不能随意表达的价值信念和批评言论，也能够比较自由地表达出来，由此显得同在场交往有很大区别。其实，那些在缺场交往中充分表现的价

① ［美］卡斯特：《网络社会的崛起》，383页，北京，社会科学文献出版社，2006。

② 同上书，434页。

值信念和批评意见，在在场交往中就已经存在，只不过受在场条件限制而被暂时隐匿起来了。

尽管缺场交往表达的某些思想观念是在场交往中已经存在的，但这并不意味着缺场交往是在场交往的简单表现。缺场交往因其环境的特殊性而一定具有同在场交往不同的特点与功能，其中最突出的是缺场交往对在场交往的导引作用。在传统社会，以信息交流为基本内容的某些身体不在场的交往行为，如信函邮递和电话沟通等，也能起到引导个体甚至群体社会行动的作用，但是因为通讯技术、交往规模和传递速度的限制，信息交流不仅在规模上而且在能量上，都难以达到由网络微博形成的便捷而活跃的效应，进而很难在较广的社会层面上产生缺场交往对在场交往的导引作用。

互联网等新媒体技术的广泛应用，迅速改变了在场交往和缺场交往之间的关系。借助互联网展开的缺场交往，不仅使社会生活增添了新形式，而且也直接影响了在场交往和在场社会的秩序。蔡文之比较深入地揭示了网络空间中在场与缺场之间的矛盾，他把网络空间称为“异位空间”，认为“网上活动进一步推动网络空间作为一种独特的反场所（counter-site）而出现。计算技术在原子与电子、此处与彼处、机构与个人之间带来了产出性混乱，但是这些模糊性正是在用户的各种各样的活动中，才找到了政治上的表达，从而构筑了既是规训的又是无政府的、既是档案类的又是匿名的，既是个人的又是非个人的、既是社交性的又是不露面的网络空间。这种网络空间往往被体验为一个另类空间，一种向我们传统的物理性的社会空间发出挑战的异位空间”①。

蔡文之所论的异位空间，是其中包含着矛盾冲突的网络空间，并且，不仅这个网络空间本身有着不断的矛盾冲突，而且更重要的是它对社会空间的尖锐挑战，并因而引起了现实社会的秩序变迁。② 面对互联网等新媒体技术引起的社会生活的变化，福山发现在工业社会基础上形成的社会秩序正在趋向分裂，而一种新的社会秩序将会诞生，他指出：“正当西方社会的经济从工业化时代向信息化时代过渡之时，却出现了这样一些负面的社会趋势；这些趋势说明，西方社会中使人们团结在一起的那种社会联系和普遍价值观念正在变弱。”“这些变化本身使20世纪中叶工业社会中盛行的社会价值观念形成了大分裂。”③ 不过，福山对这种“创造性破坏”并不悲观，他相信人类理性可以重新构造新的社会秩序，“社会秩序一旦遭到破坏，就

① 蔡文之：《网络：21世纪的权力与挑战》，69～70页，上海，上海人民出版社，2007。

② 同上书，70页。

③ ［美］福山：《大分裂——人类社会本性与社会秩序的重建》，5页，北京，中国社会科学出版社，2002。

会再次得到重建，而且很多情况表明这种事情今天正在发生。我们可以期待发生这种事情，原因也很简单：从本性上说，人是社会的产物”[①]，所以，人类一定会使自己生存其中的社会保持一种相对稳定的秩序。

二、传递经验的地位提升

自2011年突尼斯、埃及和利比亚等北非国家爆发大规模的社会运动以来，英国伦敦、德国汉堡也爆发社会骚乱，乃至美国爆发的占领华尔街、占领华盛顿社会运动，这些在不到一年时间内相继爆发的一浪高过一浪的震惊世界的大规模社会运动，都表现了网络信息交流对在场行动的导引甚至煽动作用，人们称之为网络事件的蝴蝶效应或网络助燃。这些遍及非洲、欧洲和美洲的社会运动，不仅充分表现了网络行为对在场行动的导引作用，而且还令人看到或直接感受到一种新的经验正在社会生活中上升为主导经验，这种经验不是传统社会中在特定环境下形成的相对稳定的局部经验，而是在网络交流中形成的动态不定的传递经验。

吉登斯曾依据电视等电子媒体的迅速发展论述了传递经验（mediated experience）。[②] 在吉登斯看来，在高度现代化的时代，十分发达的信息技术和通讯媒体使信息流动空前加速，特别是各种影视技术在人们面前展示了越来越丰富的影像画面，一个似乎可以独立于在场事物的象征系统或符号世界使人们产生了丰富的新体验，这不仅呈现了在场事物同象征符号分离化的趋势，而且更为重要的是，使传递经验成为人类社会生活中一种基本经验。传递经验是通过信息沟通而形成的超越身体经历和在场事物的缺场经验，是人们通过信息沟通而相互影响和持续传导的动态经验。

应当承认，在互联网和手机通信中形成的传递经验，比起吉登斯所论述的依据电视等影像媒体所形成的传递经验，无论在传递内容和传递形式上，还是在传递速度、传递广度和传递深度上，都已经有了难以估量的扩展和提升。如果人们赞成吉登斯把依靠电视媒体技术形成的传递经验看做社会生活基本经验的观点，那么可以把当前正在迅速扩展的传递经验称为具有主导性的基本经验，因为通过互联网和手机通信形成的传递经验比吉登斯所论述的传递经验已经扩大并强大了数倍。巴奇和

① ［美］福山：《大分裂——人类社会本性与社会秩序的重建》，5页，北京，中国社会科学出版社，2002。

② 参见［英］吉登斯：《现代性与自我认同》，25～29页，北京，生活·读书·新知三联书店，1998。

麦克纳认为，互联网是继电报、电话、录音机、电视以后的最重要的技术突破，它具有一定程度的匿名性，但同时可以使人们寻找具有相同兴趣和相同品质的同伴，进而跨越距离的阻隔。巴奇和麦克纳考察了互联网对个体生活的心理存在、个人人际关系、群体成员关系、社会认同、工作场所和社群卷入的影响。“在被社会边缘化和污名化（stigmatized）的人群中，互联网上的群体提供了一种新的社会认同。与面对面的交往相比，互联网的交往相对匿名和安全，人们可以投入更多，对网络社群产生新的认同。”①

把网络中的传递经验称为主导经验，是对同时存在的各种经验的结构关系做出的判断。以经验研究为基础的社会学对经验的结构关系重视不够，缺乏对经验结构的具体分析。事实上，任何时代的经验都是多元的，正如马克思所分析的那样，生产实践、科学实验和阶级斗争，是最基本的三大实践经验。如果进一步分析，还可以划分出审美经验、道德经验等。在传统社会，基本的经验是作用于客观存在的生产经验和科学经验，而这些经验的共同特点是在特定环境中经过人们的身体活动而形成的局部的在场经验。到了网络化时代，凭借现代网络技术快速扩展的传递经验，虽然不能完全脱离各种在场经验，但却获得了越来越大的相对独立性。尤为重要的是，传递经验在网络社会的崛起中成为社会经验结构中的重要构成，并且已经上升为可以引导甚至支配在场经验的主导经验。

犹如福柯等人论述的语词秩序独立化一样，传递经验在广阔的网络空间中获得了一种相对独立的扩散能力与传播途径。虽然从归根结底的意义上说，传递经验的根据存在于在场经验之中，但在网络传播的某段过程或某个环节，网民们依靠不断更新提升的网络技术，大量接受接连不断的动态信息，特别是一些具有强烈刺激性的信息，可以激发一种含有集体兴奋的网络意识或网络情结，网民们可以在持续的信息传递和网络情结体验中积累并扩散传递经验。胡泳在分析这种网络行为形成的传递经验时指出，网络空间中的“地点逐渐变得捉摸不定之后，与地点相关的社区似乎失落了。所以，一种流行的看法是，现代社会是一个庞大的非个人体系，它日益吞噬着大多数人的生活。而在实际上，人们所获得的是一种复合的或者矛盾的经验”②，正如吉登斯所指出的那样：“已经发生的并不简单地是地域性影响的日渐式微，并变成更具非个人化的抽象体系，相反，恰恰是组织空间经验的形式在变化

---

① John A. Bargh and Katelyn Y. A. McKenna, “the Internet and Social Life,” *Annual Review of Psychology* 55 (2004): 573-590.

② 胡泳：《众声喧哗——网络化时代的个人表达与公共讨论》，78页，桂林，广西师范大学出版社，2008。

着，它以特有的方式把空间上的远与近连接起来，这是以前任何时代都没有发生过的。”①

这种传递经验的积累与扩散，在非洲、欧洲到北美的社会运动的扩散过程中已经清楚地展现出来。当突尼斯、埃及和利比亚等非洲国家爆发大规模反政府社会运动之时，英国、法国、意大利和美国等欧美国家领导人曾为之兴奋，欢呼民主运动在非洲已经掀起高潮。然而，这些西方领袖没有想到，非洲的动荡局面还没有停止下来，“底层社会的狂欢”在英国伦敦和德国汉堡大规模爆发，并且，欧洲“底层社会的狂欢”又“传染”到美国，占领华尔街、占领华盛顿的社会运动浪潮席卷美国一千多个城市。陈季冰在一篇比较全面评述美国占领运动的文章中写道：“在许多人眼里，‘占领华尔街’运动就是年初点燃的‘阿拉伯之春’在美国和西方发达国家的翻版，而位于纽约曼哈顿下城的祖科蒂公园，则就是他们心目中的开罗‘解放广场’。”② 这里要进一步追问的问题是：是什么把远隔万里重洋且在不同制度环境中的社会运动联系起来了？答案还在于网络超越时空限制的“传染”作用。虽然这些社会运动都是在场行为，但都接受了网络信息的强烈刺激，美国的占领运动首先就是由一家名为《广告克星》的网络杂志发起的，网络组织“无名氏”则大力推动了占领运动的进程。从开罗游行到美国占领运动，facebook 和 twitter 这样的网络交流形式都已成为这些大规模社会运动的导引或推手。

从非洲、欧洲和美国社会运动的扩展过程可以看出，传递经验不仅可以在网络中传递扩展，而且网络中的传递经验还可以快速地影响在场经验，以无孔不入的信息流动把间隔于不同环境中的在场经验联系起来，使在场经验也具有了传递性。大量消息证明，从开罗到伦敦直至华盛顿的社会运动，虽然发生在不同的社会环境之中，物质条件、政治制度、文化传统等方面都有很大差异，但是在网络交流的传递作用下，不同地域、不同民族、不同制度环境中的底层社会成员形成了共同的价值追求、政治目标和冲击对象，民主、自由、平等、公正是这场波澜壮阔的社会运动的共同呼声，这是网络交流促成在场经验快速传递的典型事例。正如拉尔（Jeroen Van Laer）和阿尔斯特（Peter Van Aelst）所指出的：“在政治和经济的权力已经逐步进入全球化水平的同时，互联网已经开始把社会运动的展开与运行推向全球化层面。”③

---

① ［英］吉登斯：《现代性的后果》，123 页，南京，译林出版社，2000。

② 陈季冰：《解读“占领华尔街”运动》，见 http://blog.caijing.com.cn/expert_article-151364-27104.shtml，2011-12-03。

③ Jeroen Van Laer & Peter Van Aelst. “Internet and Social Movement: Action Repertoires, Opportunities and Limitations,” in *Information, Communication & Society*, 13 (2010): 1-26.

网络交流促成在场经验大规模形成传递性的事实，是传递经验在当代人类社会上升为主导经验的有力证明。经验是人类实践活动的展开和记忆，不同环境中的不同实践一定会形成不同的经验累积，并为具有明显条件差异的人类生活提供相互区别甚至分隔的基础。虽然在工业社会乃至前工业社会人类经验也有传递性，但限于地理空间和社会空间的间隔，特别是限于社会制度的制约，不同环境中的人类经验在传递速度和传递广度上都要受到层层阻隔。进入网络化时代，网络交流首先在人们的精神生活和心理结构中产生了无限丰富的共同体验与相似记忆，思想观念中的传递经验不可阻挡地要支配人们的实践行为，导致在场经验的传递。

传递经验上升为主导经验，其意义首先体现在政治领域。传递经验最重要的意义在于突破经验的间隔，而人类社会中最严重的间隔便是政治制度的间隔。政治制度的间隔作用具有强制性，是人们在实践行为中难以超越的限制，因此不同政治制度下的在场经验具有很大的差异。而当信息沟通在网络传递中超越了政治制度的限制，并直接作用于人们的在场经验，使之也产生传递性时，就意味着传递经验引发了吉登斯所论述的制度抽离化效应，证明了卡斯特所论述的“流动的权力优先于权力的流动”[①] 的观点。

肯定网络交流促进传递经验的地位提升，无疑强调了网络化发展对各种局部经验的联动或整合作用，但这种现象在一些人那里不仅没有引起重视，相反他们却提出了截然不同的观点：网络化条件下的行为主体及其行为过程趋向离散化或碎片化。段永朝深入地阐述了互联网引起主体及其行为离散化或碎片化的观点：“电脑和互联网之后，世界的格局将发生重大变化，人有可能在不知不觉中葬送掉自己通过500年努力获得的主体资格，走向主体爆裂之路，这就是主体的碎片化之路。”[②] 段永朝通过对计算机或网络技术过程的分析（比特化、符号化、格式化和编程），明确地论述了主体及其行为在网络化条件下的离散化和碎片化，他称之为“绞碎主体的‘四个齿轮’”。[③]

在段永朝笔下，主体在互联网中碎片化最突出的表现是，原来在工业化、科学化和理性化的现代化进程中形成的普遍的、统一的主体，在网络化时代已经分裂为具有异质性、个别性或多样性的他者。“过去那种漠视‘他者’的所谓‘主体’先天有某种优越地位，这种优越地位通过自我的膨胀得以维持。但是，在互联网上富足的‘主体’之间，他者的存在不容漠视，‘主体’几乎成为笑话。假如有谁绷着、

① ［美］卡斯特：《网络社会的崛起》，434页，北京，社会科学文献出版社，2006。

② 段永朝：《互联网：碎片化生存》，131页，北京，中信出版社，2009。

③ 同上书，156～162页。

端着，在网络上一定无法生存。因此，在互联网世界里，主体只能在‘他者’的重重包裹下，进一步稀释、碎裂。”①

如果段永朝的论断符合实际，那么一个必然导致的现象是，网络化条件下传递性经验将难以发生。因为在段永朝看来，把一切可以表述的事物都表达为0、1序列的二进制代码，这种比特化或数字化的编码过程，其形式上尽管抽象统一，却创造了一个充满个性和差异性的多样化的网络世界，笛卡尔所论述的能把人类统一起来的理性思维和理性原则，在这个世界中已经无能为力，因此那种能把人们的经历和体验统一为共同经验的理性化玄想也必然灰飞烟灭。因此，段永朝的结论是："在电脑和网络高度普及之后，我们必须重新面对的两个基本问题：一个问题事关‘主体存在的状态’，另一个问题事关‘主体与他者的关系’。在电脑和网络导致‘主体破碎’、‘关系重构’之后，笛卡尔主义所假设的‘独立存在的个体’必将走向‘多个版本存在的个体’，即‘碎片化’。”② 而碎片化网络社会也就难以形成具有整体联动的传递经验。

三、社会认同的力量彰显

传递经验是接受、理解和评价信息的经验，其生成与扩展的根据在于社会认同。其中道理并不复杂，因为传递经验的本质是网络信息的社会传递，而每个社会成员都是根据特定的价值取向和利益关系形成对网络信息的接受与传递，当他们的价值信念和利益追求同其所面对的信息形成对立排斥关系时，即不能形成认同时，对这个信息的否认、拒斥甚至阻隔也就随之而生，于是传递经验也就难以生成。因此，传递经验的生成与扩展一定要以社会认同为前提，没有社会认同的传递经验是不可能发生和传递的。

正是在这个意义上，研究网络社会的学者都十分重视社会认同问题。不过，在网络社会学研究中，社会认同已经被赋予同传统社会学或传统心理学界定的社会认同不同的基本含义。卡斯特对此观点十明分确，他指出：在网络社会崛起的新形势下，认同已经有了同传统社会学所界定的认同截然不同的含义，"认同是人们意义与经验的来源"，"认同必须区别于传统上社会学家所说的角色和角色设定"③。传统社会学所说的角色认同是指个体的社会归属感，是社会成员对自身属于何种身份、

① 段永朝：《互联网：碎片化生存》，151页，北京，中信出版社，2009。

② 同上书，XVI页。

③ ［美］卡斯特：《认同的力量》，5页，北京，社会科学文献出版社，2006。

何种阶层的接受，是被动的归属性心理过程。在卡斯特看来，网络社会的崛起唤醒了社会成员的自主、自立、自主选择的自我意识，人们已经不再仅仅被动地接受自己在社会生活中属于哪一个层面、处于何种位置，而是对社会的存在状况、资源配置和发展态势提出自己的评价与要求，这是一种主动的建构性认同。

主动的具有建构意义的社会认同，是在社会生活网络化过程中个体获得了比较明确的自主性和自觉性的基础上形成的，并且，自主自觉的个体在网络交流和意义沟通中，能够更加清楚地认识相似个体的共同处境和共同利益，进而对周围的事物形成共识、结成群体。于是，网络社会中的认同一定会从个体认同联结为群体认同或集体认同，即真正意义的社会认同。在这个意义上，卡斯特说："我在这里的关注点首先是集体的认同，而不是个人的认同。"① 并且，卡斯特所指的集体认同不是政党、政府和领袖集团的认同，而是基层群众的社会共识。虽然卡斯特以墨西哥萨帕塔游击队、美国民兵与爱国者运动、日本奥姆真理教和拉登基地组织等反政府的社会运动为个案来论述他的观点，表现了反政府主义倾向，甚至有宽容恐怖主义的倾向，这难以令人接受，但他也论述了反全球化的各种社会运动、环境保护运动、女权主义运动，就其主要理论追求来看，他在张扬来自基层社会或广大群众的社会认同的力量。

来自基层群众的社会认同，虽然有爱憎分明的价值评价和明确具体的利益要求，但未必是经过周密逻辑思维而形成的理性认同，相反更多的是处于社会心理层面的感性认同。所谓感性认同是在人们的感觉、知觉和表象等感性认识过程中形成的认同，其认同尚未达到概念化、理论化层面，而主要表现为具体的形象的感性认识。这里没有说来自基层社会的认同全部都是感性认同，而是就其主流或大部分构成而言。事实上，单纯的感性认识和单纯的理性认识都是不存在的，人们的认识过程一定是感性和理性的统一。强调基层群众社会认同的感性特点，是将其同专家系统、政府机构或某些社会管理系统经过充分论证而形成的理性认同比较而言。

从基层群众社会认同的主要内容与主要形式强调它的感性特点，具有充分的实践根据和十分重要的现实意义。从蜂拥而起的开罗群众游行示威，到硝烟弥漫的伦敦、汉堡骚乱，再到旌旗招展的占领华尔街、占领华盛顿运动，人们可以在影视媒体中看到浩浩荡荡的游行队伍，激动热烈的面部表情，五彩缤纷的"占领"场面，笑容与愤怒同现，冲击与欢庆共生。既没有清楚的政治纲领，也没有明确的理论表述，但有身体、表情、仪式、阵容和行动，这些生动的感性形象一目了然地表达了

① ［美］卡斯特：《认同的力量》，6页，北京，社会科学文献出版社，2006。

参与者的社会认同。这些如火如荼的场面，再次呈现了涂尔干所论的基于集体表象而生成的集体兴奋。

涂尔干所论集体表象是一种在集体活动中形成的具有生动性的感性认识。他说："在所有能够产生这种强烈效果的事物中，首先应属我们的反向状态所造成的表现。实际上，这种表现并不只是一种简单的现实图像，也不是事物映射给我们的死气沉沉的幻影。相反，它是搅起机体和生理现象之波澜的力量。"①引文中的表现（representation），应当译为表象。表象是心理学和认识论用来指谓感性认识的一种形式，即在感觉和知觉基础上对认识对象的形象性、回忆性再现，是一种具有一定程度反观性、概括性和能动性的感性认识。表象能对人们产生较大作用，根本原因在于它以形象意识直接同具体事物联系起来，进而对人们的行为产生明确的支配作用。

更重要的意义在于，集体表象是在集体活动中形成的感性认同，作为集体成员在交往互动中形成的集体意识，它包含了集体成员共有的价值评价、利益追求和行动取向，"形成社会生活网络的表现产生于由此结合起来的个体之间的关系，或者是存在于个体和总体社会之间的中间群体的关系"②。并且，正是因为集体表象源于个体或集体的社会关系，而不是源于个体意识，所以集体表象对个体意识和个体行为具有外在的强制作用，并且因为是感性表象，可以得到集体成员具体而形象的理解，因而具有对集体行动的直接导引、激励作用，进而激发集体兴奋，实现集体成员的感性整合。

正如涂尔干所论，由集体表象而构成的感性认同具有强大的整合功能，它不仅可以使人们在面对面交往的在场群体中实现团结，还可以作为宗教的现代形式在广阔的社会空间中掀起狂热的集体兴奋。而在网络交往中，这种集体兴奋不仅可以引发网络信息以排山倒海之势不可阻挡地快速宣泄，而且可以直接引起数以万计社会成员投入实际的集体行动之中，实现网络的缺场行为与特定区域中的在场行为的联动传递，引爆在网络社会来临之前难以实现的蝴蝶效应。在2011年7月23日发生的温州动车事件中，网民们通过微博发表关于动车事件的消息和评论，引起越来越多网民和其他社会成员的热切关注，数以百万计的微博纷纷表达对温州动车事件的看法与批评，对调查动车追尾事故的真相起到了积极推动作用。2011年发生的"郭美美事件"、"药家鑫事件"、"李昌奎事件"等，都引发了网民的热烈围观，产

---

① ［法］涂尔干：《社会分工论》，59页，北京，生活·读书·新知三联书店，2000。

② ［法］涂尔干：《社会学与哲学》，24页，上海，上海人民出版社，2002。

生了影响广泛的蝴蝶效应。

段永朝在论述主体在网络社会中碎片化时也提出了感性认同问题。在他看来，碎片化的主体不再相信统一的或普遍的理性原则，人们在网络中注重的是个别的感性存在，人们之间的沟通也就超出崇尚普遍性的理性逻辑，转而开展感性的“会意”沟通。“人们已经不是通过语言的论辩力、感染力来彼此接近，人们通过‘会意’而不是‘同意’来彼此接近。”① 这里的“会意”与费孝通所论“意会”概念相似，意指“人和人交往过程中的‘不言而喻’、‘意在言外’的这种境界……感觉上甚至比说出来还清楚”②。实际上，会意和意会都是指没有进入逻辑思维或理性认识的感性意识，也包括直觉。“‘会意’的文字完全不理会语法、词法、句法，完全漠视既定的表意逻辑，恣意肢解词语，拼贴画面。这种超越线性语法逻辑的语言，在互联网上比比皆是。似乎有一种动向：这种新式语言，行走在‘说’与‘非说’的边缘。”③

感性意识在网络化条件下的地位提升，这一点已经引起了很多学者的重视，但人们并非都像段永朝那样予以明确肯定，相反有些学者得出了否定性结论。在一部题为《浅薄——互联网如何毒化了我们的大脑》的著作中，尼古拉斯·卡尔（Nicholas Carr）深入分析了快速发展的互联网已经改变了人们的阅读方式、认知方式或思维方式，这将是当代人类社会一个最深刻的变化。卡尔惊呼：“过去几年来，我有一种不祥之感，似乎某些人或某些东西正在熔化改造我的大脑，重布我的神经电路，重写我的记忆程序。”④ 而这种变化就是在数字化和网络化背景下的认知或思维的表层化。“无论上网还是不上网，我现在获取信息的方式都是互联网传播信息的方式，即通过快速移动的粒子流来传播信息。以前，我戴着潜水呼吸器，在文字的海洋中缓缓前进。现在，我就像一个摩托快艇手，贴着水面呼啸而过。”⑤

如果互联网导致人们思想意识活动表层化、浅薄化已经成为广泛事实，那么人们就难以达成对社会现象或社会问题的深层的本质认识，对人类社会共同目标、整体利益和发展趋势的理解也就难以达成共识，卡斯特所论述的网络化时代的以建构意义和价值评价为主要内容的社会认同也就难以形成。卡尔认为，互联网以其神奇的魅力吸引着人们关注表层、走向浅薄，并且互联网也因此而使人们分散注意力，难以形成共同认识。因为事物的表层是以大量的不确定的偶然现象存在的，流于表

---

①③　段永朝：《互联网：碎片化生存》，152页，北京，中信出版社，2009。

②　费孝通：《试谈扩展社会学的传统界限》，载《中国社会学年鉴1999—2002》，10页，北京，社会科学文献出版社，2004。

④　［美］尼古拉斯·卡尔：《浅薄——互联网如何毒化了我们的大脑》，3页，北京，中信出版社，2010。

⑤　同上书，5页。

层就会不断地被拉向千变万化的不确定性之中，而仅仅面对千变万化的不确定性，只能导致人们迷茫困惑，共同的价值认同也就荡然无存。“互联网吸引我们的注意力，只是为了分散我们的注意力。我们全神贯注于传媒本身，专心致志地盯着忽明忽暗的屏幕，可是通过屏幕快速传来的各种信息和刺激让我们眼花缭乱，心神不宁。”①

然而，事实并非像卡尔所推断的那样悲观，在美国占领运动和其他一些影响了社会生活秩序的社会运动中，数以万计的基层社会成员正是在互联网的影响下形成了广泛的社会认同，进行了规模浩大的群体行动。而这并不否定卡尔所论述的互联网引起人们思维方式的变化，在美国占领运动中没有系统的思想理论作指导，也没有条理清晰的政治纲领和行动战略，更没有政治精英充当政治领袖，这正说明卡尔所论理性思维在互联网时代已经被人淡忘，注重表层现象、面对具体事物的感性意识成为网络化背景下的主导思维，占领者们正是在感性层面上结成了广泛的价值共识或社会认同。

感性认同之所以能够形成强大的社会力量，其根据在于群众认识与群体实践共有的感性本质。虽然群众中蕴涵着无尽的智慧，但群众的认识活动通常是在感性层面展开的。无论是马克思主义者论述的作为人民群众基本认识活动的社会心理，还是涂尔干论述的集体表象、布迪厄论述的“具有前逻辑的实践感”、吉登斯论述的“只做不说”的实践意识，其实质都是由感觉、知觉和表象等感性形式构成的感性认识活动。群众的感性认识活动直接来源于人们的社会实践，而人们的社会实践则是“感性的人的活动”②，这不仅在于人们以自己的身体行动投入实践行为，作用于特定的实践对象，使实践具有了物质现实性和具体可感性，还在于人们的思想意识活动，只有转化为可以同具体环境和作用对象发生直接对应关系的感性认识时，才可以真实地支配人们的实践行动。

如果感性是实践的本质，而实践一定是由感性意识活动直接支配的，那么以感性认识为主要内容的社会认同不仅是一种可以表达广泛社会心理的精神力量，还可以直接统一于广大人民群众的社会实践之中，进而转化为强大的物质力量。并且，可以改变社会事实的存在状态和社会秩序的运行模式的社会力量就是社会权力。这就意味着，借助网络沟通形成的社会认同具有实践的品质，它焕发出来的精神力量是网络化时代具有实践基础的社会权力。这种社会权力来自基层，流动于网络，是

① ［美］尼古拉斯·卡尔：《浅薄——互联网如何毒化了我们的大脑》，128页，北京，中信出版社，2010。

② 《马克思恩格斯文集》，第1卷，499页，北京，人民出版社，2009。

传递于广大人民群众生活实践之中的新型社会权力。

凭借网络传递的广泛性与迅捷性，网络化的社会权力不仅流动于群众的实践活动之中，而且可以传递到社会结构各个层面，进而改变社会的权力结构，形成有别于传统社会的网络化时代的新型权力结构。马克思、韦伯和帕森斯等很多社会学家都论述过传统社会的权力结构，在经典社会学家看来，传统社会的权力结构是一种自上向下发生控制作用的结构，处于权力结构顶端的，是以维护统治者利益的价值体系或思想理论实现对社会成员观念控制的意识形态权力机构，其次是掌握着政府、军队、监狱、法庭和警察等国家机器的政治权力机构，再往下是掌握着市场、银行和各种经济资源配置的经济权力机构，而处于最底层作为这些文化权力、政治权力和经济权力沉重控制的对象的，是广大人民群众，是无权无势的基层社会。

不过，传统的基层社会并非没有任何权力，起码还存在街头巷尾议论思想文化、政治局势和市场行为的言谈权力。但是，在网络技术没有充分发展起来之前，经由基层群众表达出来的言谈权力，尽管对经济社会发展变迁也有某种程度的作用，但一定是十分微弱的。只是在网络等新媒体技术的作用下，基层群众的言谈权力开始在网络中迅速汇集起来，不仅在不断流动的信息传递中整合成强大的横向的认同权力，还形成了从底层向中层乃至上层发生直接作用的纵向认同权力，处于社会上层的各种掌权者也不得不对这些在传统社会可以忽略不计的社会权力刮目相看。

四、社会结构的再次转型

很多学者深入分析了社会生活网络化可能引起的深刻变迁，纷纷认为这是人类社会即将经历的又一次重大转型，甚至有人认为，这是意义可以同工业化引起的从农业社会转入工业社会相比的社会结构的再次转型。卡斯特明确地指出，网络社会崛起不是一般意义上的社会发展变迁，而是人类社会在工业社会基础上进入了一种新社会形态。在卡斯特看来，这个结论是依据马克思的基本立场而得出的。他指出："信息技术革命和资本主义的重构，已经诱发了一种新的社会形式——网络社会。"[①] "这个新社会的组织形式以其普遍的全球性，扩散到了全世界，一如工业资本主义及其孪生敌人——工业国家主义在20世纪所做的那样，它撼动了各种制度，

① ［美］卡斯特：《认同的力量》，1页，北京，社会科学文献出版社，2006。

转变了各种文化，创造了财富又引发了贫穷，激发了贪婪、创新和希望，同时又输入了绝望。不管你是否有勇气面对，它的确是一个新世界。”①

如果承认卡斯特的观点是符合实际的，那就意味着人类社会发生了继工业社会崛起以来的又一次深刻转型，并且仅从上述三个方面的变迁来看，也可以说这是一场空前深刻的社会结构转型。农业社会和工业社会的崛起，分别引发了人类历史上两场重大的社会结构转型，其变化之深刻已经印记在各民族的历史进程中。然而，无论农业社会和工业社会带来的转型有多么复杂、多么深刻，人类的交往方式、经验过程和权力结构都没有发生本质的变化，在场交往和在场经验是贯穿在游牧社会、农业社会乃至工业社会的基本形式，自上而下的控制模式是权力运行的基本结构。而网络社会崛起之后，不仅缺场交往和传递经验的地位迅速提升，而且权力结构的运行模式也发生了崭新的变化，自下而上的权力运行结构发挥越来越重要的作用。

交往是社会的展开形式，经验是社会的展开过程，而权力则是社会的支配力量，在社会结构中，这三个方面无疑具有根本性地位，而当这些具有根本性地位的因素发生变化之后，必将引起社会生活其他因素的广泛而深刻的变化，一个崭新的社会形态必然应运而生。因此，不能低估网络社会崛起之后的社会结构变迁，应当根据马克思的社会形态理论来进一步认识这场变迁的深远意义。事实上，当卡斯特论述网络社会是一种新社会形态时，他确实是承继了马克思的社会形态理论。马克思说：“手推磨产生的是封建主的社会，蒸汽磨产生的是工业资本家的社会。”② 在马克思看来，社会形态是经济基础和上层建筑的统一，经济基础在社会形态的变迁中起着基础作用，而经济基础又是生产力和生产关系的统一，其中起根本作用的是生产力，生产力的发展变化是社会形态变迁的根本动力，生产工具则是生产力发展变化的标志或尺度。由此可见，马克思把生产工具或生产技术的变化看做是社会形态变迁的根本标志。

正是沿着马克思的这个基本观点，卡斯特认为，计算机和新通信技术是当代人类社会最先进的生产工具，它们的广泛使用必将引起生产力的变革，并推进生产关系直至上层建筑的变迁，进而实现整个社会结构的变迁，迎来一种崭新的社会形态，他称之为网络社会。如果卡斯特的观点成立，那就意味着网络社会的来临将导致人类社会发生整体性变化，从经济基础到上层建筑，社会生活的存在状态、活

---

① ［美］卡斯特：《认同的力量》，1～2页，北京，社会科学文献出版社，2006。

② 《马克思恩格斯文集》，第1卷，602页，北京，人民出版社，2009。

动方式和运行机制都要发生变迁。迪马乔等人早在2001年就曾经指出："对于社会学家来说，互联网是一个非常重要的研究领域，它可以检验技术传播和媒体影响的理论，尤为重要的是，它是能够有效整合交流方式和交流内容的中介。"[①] 在迪马乔等人看来，社会学应当克服仅从个体的隐匿行为研究互联网现象的局限，充分重视互联网可以产生的强大的政治经济动员效应，从互联网的技术作用、制度结构、组织关系和集体选择等更重要的视角开展社会学研究，这不仅使社会学获得一个面对新社会现象的重要机遇，而且也会使社会学研究展开一种新境界。[②]

在卡斯特等人为网络化时代到来引起的深刻变化而欢呼时，也不断有学者向人们发出警告，不要对网络化给社会带来的变化估计过高，应当理性地判断它给社会生活造成的影响。唐魁玉在其题为《网络化的后果——日常生活与生产实践的变迁》的著作中概括了评价网络化的三种立场：信息决定论背景下的"超限论"、信息技术悲观论背景下的"低限论"，信息技术中庸论背景下的"中限论"。[③] 唐魁玉在评价这三种立场的基础上提出了网络影响社会生活的"有限论"："在信息时代网络作为一种新的媒介技术工具或理性，它对处于复杂系统中的社会生活的影响是有一定限度的，而不是随着它的技术的普及与发展无限地影响并可以重构社会生活及其意义的。"[④] 唐魁玉从技术与人的相互关系、技术进步对社会生活影响的渐进性和曲折性、信息资源的有限性、互联网的虚拟性、网络技术的受控性和发展不平衡性等几个方面论述了他的"有限论"。[⑤]

美国著名媒体人的安德鲁·基恩（Andrew Keen）出版了一部题为《网民的狂欢——关于互联网弊端的反思》的著作，其中以大量事例为根据论述了互联网的负面效应。在基恩看来，Web 2.0技术把大批浮躁、不规范、没有专业素质的网民变成了互联网的操纵者，互联网成了"打字机"，而操纵打字机的就是被基恩称为"猴子"的网民，"猴子"们兴奋、疯狂地敲打着打字机，制造了铺天盖地的垃圾信息，难以抵挡地冲击甚至破坏了人类文化！基恩指出："很多网民虽然能力平平，却毫不谦虚地生产出不计其数的产品。"[⑥] 基恩甚至说："Web 2.0就像打开的潘多拉的盒子，它让我们的社会产生了频繁接触色情文化的年轻人、从事网络剽窃的盗

---

①② Paul DiMaggio, Eszter Hargittai, W. Russell Neuman, and John P. Robinso, "Social Implications of the Internet," *Annual Review of Sociology* 27 (2001): 307-336.

③ 参见唐魁玉：《网络化的后果——日常生活与生产实践的变迁》，7～9页，北京，社会科学文献出版社，2011。

④ 同上书，10页。

⑤ 同上书，10～12页。

⑥ [美] 安德鲁·基恩：《网民的狂欢——关于互联网弊端的反思》，2页，海口，南海出版公司，2010。

贼、患有强迫症的网络赌博者以及各种各样的痴迷者；它诱使我们将人类本性中最邪恶、最不正常的一面暴露出来，让我们屈从于社会中最具毁灭性的恶习；它腐蚀和破坏整个民族赖以生存的文化和价值观。”①

虽然唐魁玉和基恩的观点能引起人们对网络化的局限性和弊端的重视，但从他们的论述中也能看到一个共同认可的基本事实：网络化不可置疑地推动社会生活发生了重大变迁。当然，变迁并非仅是积极的变化，无论中外历史，但凡重大社会变迁总会有利与不利同在，积极与消极并存，然而运动变化是不可否认的，这也就是马克思及德国古典哲学家们崇尚的历史辩证法。就连强调网络化有限论的唐魁玉也明确地指出：“信息网络及技术的进步与迅猛发展不仅重整了当代社会结构、形塑了人类生活模式，而且也在很大程度上改变了现代学术面貌，特别是对我们思考和体验社会行为以及社会现象的方式产生了很大的影响，以至于我们再也不能在讨论现实社会事件或社会事实时采用单向度的思维，而必须将它们纳入到虚拟实在的问题域中。”②

应当指出，尽管唐魁玉强调了网络化对社会生活作用的有限性，但他不仅承认网络化已经引起了社会结构和人类生活方式的深刻变迁，还强调了应当在新的思维方式和新的视野中去观察认识网络化引起的各种变迁。基恩对网络社会变迁的完全否定性的指责，就是以唐魁玉所论的那种“单向度的思维方式”观察和评价网络化变迁，在对工业文明的深深留恋中简单地拒斥网络化中的各种新现象或新趋势。如果能够坚持以一种动态的发展变化的眼光来观察和评价网络化引起的社会变迁，那就不仅应当承认它的局限性，也应当肯定它引起社会生活的深刻变迁。

网络化给人类社会带来的变迁首先是信息交流、观念沟通和认同评价方面的变化，这些变化主要是精神层面的变化，而不像纺织机和蒸汽机发明之后立刻大规模地提高了生产能力和产品产量。因此，人们对网络化引起社会变迁的感受，不像对工业生产推动社会物质财富快速增加的感受那样明显。但无论如何，缺场交往、传递经验和自下而上的信息权力或社会权力，已经不可回避地呈现在社会生活中，并且还常常以轰轰烈烈的形式表现。虽然这些变化不是物质财富或物质关系的变化，而主要是思想观念或价值认同方面的变化，但这些变化也是社会结构重要内容的变化，并且是社会的内在结构或深层结构的变化。因此，这些变化已十分清楚地表明，人类社会确实发生了社会结构的再次转型，确实展现了前人无法预料的崭新

① ［美］安德鲁·基恩：《网民的狂欢——关于互联网弊端的反思》，2页，海口，南海出版公司，2010。

② 唐魁玉：《网络化的后果——日常生活与生产实践的变迁》，429页，北京，社会科学文献出版社，2011。

形态。

社会形态转变意味着社会学的研究方式也将随之发生变革。以实证方法为代表的社会学研究方式，就是社会形态转变的产物：正是工业社会的来临才推动社会学家用新的研究方式替代面向农业社会的研究方式。而网络社会崛起后，工业社会地位下降，顺应网络社会给人类生活带来的复杂变化，社会学也要更新自己的研究方式，以便对这个按传统社会学眼光来看是“虚拟的”、“飘忽不定的”网络社会有一个清醒的认识。正像科罗图（David Croteau）和霍因斯（William Hoynes）指出的那样，互联网等新媒体已经对当代人类社会产生了空前深刻的影响，“从社会学的观点看，新媒体几乎在日常生活的所有方面都扮演了至关重要的角色，并且，新媒体的影响已经超出了我们的认识。新媒体的社会学意义已经扩展到媒体通讯领域之外，它已经影响了我们怎样了解我们的世界，影响了人们之间怎样交往互动，简言之，大众媒体已经同社会关系的展开过程紧密联系起来”①。

针对网络社会新现象而转变社会学的研究方式，并不意味着传统社会学的研究方式都已没有意义。因为尽管网络社会将表现出越来越强劲的发展态势，但这不能代替以工农业生产为基础的在场行为和在场社会的存在与发展，人类的日常社会生活永远不能完全脱离具体环境，以身体行动为依托并指向具体目标的在场社会行动必将持续存在下去，所以针对在场社会形成的研究方式在一个较广的层面上仍然可以继续发挥重要作用。但是，社会学自诞生以来就一直在追踪社会生活的最新变化，当一个崭新的社会形态已经呈现在社会学面前时，社会学应当责无旁贷地对之作出新的思考，也一定能够以新的思维方式和新的概念构架呈现出一个新的面目。对此，吉登斯指出：“互联网在全球的普及给社会学家提出了重大的问题。互联网正在改变日常生活的形态，模糊了全球性和地方性之间的界限，为沟通与互动提供了新的途径，并使越来越多的日常事务可以在网上完成。”② 因此，互联网为社会学探索人类社会带来了令人振奋的新机遇。

就中国社会学研究而言，网络社会的崛起提出了更加复杂的问题。改革开放以来，中国社会学一直在开展社会转型研究，但过去 20 多年关于中国社会转型的研究主要是在传统社会学的概念框架和研究方式中开展的研究，其主要内容是个体身份转变、社会阶层分化、利益格局变动和生活方式变迁等在场社会现象的变化，而网络社会崛起带来的缺场交往、传递经验和网络社会认同等新的社会现象并不在传

---

① David Croteau & William Hoynes. *Media Society*. Pine Forge Press, 2003, p. 15.

② ［英］吉登斯：《社会学》，5 版，488 页，北京，北京大学出版社，2009。

统社会转型研究的视野之内，但这是更加深刻的变化，因为网络社会带来的变化是在新的社会展开形式、存在基础和权力关系中的变化，是用传统概念框架和研究方式难以说明的新现象、新问题。因此，中国社会学更应以新视野和新境界面对在中国迅速崛起的网络社会。

并且，更为重要的是，虽然中国社会的网络化水平未必赶上了西方，但其网络化的速度却远远快于西方。短短几年的时间，网络微博不仅成为有 3 亿多中国人参与的重要社会活动，而且在一些重要社会事件中发挥了引人瞩目的十分重要的作用。“网络围观改变中国”，已经不仅仅是一些网民的浪漫口号，而是在社会生活中确实起到真实作用的社会行动。概而言之，中国网络社会快速发展的主要原因大概有三个方面：其一，社会阶层分化和利益格局变迁导致了人们价值观念的分化冲突，越来越多的社会成员需要找到合适的途径表达自己对社会分化和利益变迁的价值评价，而网络微博则为人们表达观点、评价现实提供了一个便捷的途径；其二，社会民主化程度的局限和言路表达渠道的狭窄，突显了网络微博的表达效率和便捷形式，吸引了越来越多的人对网络微博产生参与兴趣，提升了广大社会成员的民主参与意识和民主参与能力；其三，重视人际交往和社会关系的中国文化传统，是广大社会成员迅速接受和广泛利用网络微博的文化底蕴，虽然网络微博是缺场交往行为，但这种缺场交往行为如此活跃却直接反映了中国社会注重交往、乐于交往的深厚文化传统。

从网络微博在中国社会快速兴起的这些特殊因素可以看出，当中国社会学直面中国快速兴起的网络现象时，将直接面对由网络信息活动而折射出来的社会结构变迁、思想观念变化和传统文化持存等复杂社会矛盾。这些通过缺场交往、传递经验和社会认同表现出来的社会矛盾，以新的形式呈现在中国社会学面前，这是一种貌似虚拟但却更加真实的社会矛盾，并且因为其信息传递的本质而突出地表现出其中的心理冲突和观念排斥，亦即具有强烈的评价性、内在性和精神性。这一点不禁让人想起费孝通晚年关于中国社会学的一系列重要论述。费孝通晚年一再向中国社会学界呼吁，不仅要开展科学研究，也要开展价值评价；不仅要研究客观性，也要研究主观性，要研究中国社会的精神世界、内在世界，研究中国社会特有的交往方式、沟通方式，研究中国文化传统对当代中国社会生活的深远影响。[①] 费孝通的这些殷切期望，对于研究中国的网络社会现象具有十分重要的启发意义。

---

① 参见费孝通：《试谈扩展社会学的传统界限》，见《中国社会学年鉴 1999—2002》，7 页，北京，社会科学文献出版社，2004。

参考文献

[1] 安德鲁·基恩. 网民的狂欢——关于互联网弊端的反思 [M]. 丁德良，译. 海口：南海出版公司，2010.

[2] 蔡文之. 网络：21 世纪的权力与挑战 [M]. 上海：上海人民出版社，2007.

[3] 陈季冰. 解读“占领华尔街”运动 [EB/OL]. [2011-12-03] http://blog.caijing.com.cn/expert_article-151364-27104.shtml.

[4] 段永朝. 互联网：碎片化生存 [M]. 北京：中信出版社，2009.

[5] 费孝通. 试谈扩展社会学的传统界限 [M]//中国社会科学院社会科学研究所. 中国社会学年鉴 1999—2002. 北京：社会科学文献出版社，2004.

[6] 福山. 大分裂——人类社会本性与社会秩序的重建 [M]. 刘榜离等，译. 北京：中国社会科学出版社，2002.

[7] 胡泳. 众声喧哗——网络化时代的个人表达与公共讨论 [M]. 桂林：广西师范大学出版社，2008.

[8] 吉登斯. 社会学（第 5 版）[M]. 李康，译. 北京：北京大学出版社，2009.

[9] 吉登斯. 现代性的后果 [M]. 田禾，译. 南京：译林出版社，2000.

[10] 吉登斯. 现代性与自我认同 [M]. 赵旭东，方文，王铭铭，译. 北京：生活·读书·新知三联书店，1998.

[11] 卡斯特. 认同的力量 [M]. 曹荣湘，译. 北京：社会科学文献出版社，2006.

[12] 卡斯特. 网络社会的崛起 [M]. 曹荣湘，译. 北京：社会科学文献出版社，2006.

[13] 马克思. 关于费尔巴哈的提纲 [M]//马克思，恩格斯. 马克思恩格斯文集：第 1 卷. 北京：人民出版社，2009.

[14] 马克思. 哲学的贫困 [M]//马克思，恩格斯. 马克思恩格斯文集：第 1 卷. 北京：人民出版社，2009.

[15] 尼古拉斯·卡尔. 浅薄——互联网如何毒化了我们的大脑 [M]. 刘纯毅，译. 北京：中信出版社，2010.

[16] 唐魁玉. 网络化的后果——日常生活与生产实践的变迁 [M]. 北京：社

会科学文献出版社，2011.

［17］涂尔干. 社会分工论［M］. 渠东，译. 北京：生活·读书·新知三联书店，2000.

［18］涂尔干. 社会学与哲学［M］. 梁栋，译. 渠东，校. 上海：上海人民出版社，2002.

［19］研究显示全球网民已超 22 亿　每秒新增 8 个用户［EB/OL］.［2012-04-21］http://chinadaily. com. cn/hqgj/jryw/2012-04-21/content_5735042_10. html.

［20］Bargh J A，McKenna K. the Internet and Social Life［J］. Annual Review of Psychology，2004，55：573-590.

［21］Croteau D，Hoynes W. Media Society［M］. Pine Forge Press，2003.

［22］DiMaggio P，Hargittai E，Neuman W R，Robinso J P. Social Implications of the Internet［J］. Annual Review of Sociology，2001，27：307-336.

［23］Laer J & Aelst P. Internet and Social Movement：Action Repertoires，Opportunities and Limitations［J］. Information，Communication & Society，2010，13：1-26.

［24］McKenna K，Bargh J A. Coming Out in the Age of the Internet：Identity "Demarginalization" through Virtual Group Participation［J］. Personality and Social Psychology，1998，75（3）：681-694.

第一章　渴望真相与寻求对话：解读“归真堂事件”

引　言

福建归真堂药业股份有限公司成立于2000年，注册资本为人民币6 000万元，是一家以稀有名贵中药研发、生产、销售为一体的综合性高科技中药制药企业。公司形成了黑熊养殖，熊胆系列产品的研发、生产和销售业务体系，拥有独立的品牌、技术和销售网络，目前已发展成为国内规模最大的熊胆系列产品研发生产企业之一。①

2012年2月，归真堂的上市资格及其“活熊取胆”活动，引发了全社会的广泛关注和争论，被称为“归真堂事件”。归真堂事件之所以引起轩然大波，除了“活熊取胆”本身引发的道义与利益之争外，网络媒介的作用不可忽视。正是因为互联网，尤其是微博这一媒介，使社会舆论对“活熊取胆”之是非利弊的关注迅速发酵，进而演变成一起网络事件。

该事件的起因是，2012年2月1日，中国证监会公布了一批企业排队上市的名单，从事黑熊养殖，熊胆系列产品的研发、生产、销售等经营活动的归真堂也位居其中，于是引发众多网友以及亚洲动物基金的声讨，声讨者主要围绕“活熊取胆”野蛮残忍、有违动物保护精神进行。2月14日，北京爱它动物保护公益基金会（以下简称“它基金”）联名冯骥才、韩红、毕淑敏、崔永元、陈丹青、周国平等72位知名人士向中国证监会信访办递交吁请函，反对归真堂上市。

① 数据来自归真堂药业股份有限公司网站 http://www.gztxd.com/enterprise.aspx。

当月16日，中国中药协会出面为归真堂说情，该协会会长房书亭语出“活熊取胆，非但不难受，还很舒服”之言。此言一出，舆论哗然。公众在争论“养熊取胆”是否合乎道德伦理，医学界在争论“熊去氧胆酸能不能完全代替熊胆”，商界在观察归真堂是不是在利用媒体进行炒作，养熊业企业和动物保护组织之间也争论不休。2月20日，随着公众对“活熊取胆”的争议愈演愈烈，归真堂在其官方网站发出“归真堂养熊基地开放日”邀请函，决定将2月22日和24日两天定为开放日，邀请社会人士参观养熊基地，马云、莫文蔚、李东生等人位列邀请名单中。

2012年2月22日，归真堂的开放日，来自全国100多家媒体的记者，在福建归真堂黑熊养殖园参观，并进入熊胆汁引流室拍摄。然而，开放日并没有迎来平静，而是进一步的质疑，因为有些反对者并未被允许进入养殖园，而且归真堂在记者入园之前进行了哪些“准备活动”也不得而知。同时，甚至有动物保护主义者以向黑熊磕头谢罪的方式表达对“活熊取胆”的不满，相关文字和图片迅速被各大网站转载，产生更大的舆论效应。

从社会学的角度看，“归真堂事件”的意义已经远远超出了该事件本身，其更重要的意义在于反映了互联网时代的“真相情结”。也就是说，网络围观本身不是目的，目的是通过围观引发不同部门之间的对话和信息公开，进而获得一个大致清晰的“真相”。但是，如果企业和社会之间在信息的占有与发布方面是不平衡的，那所谓的“真相”也只是“被建构的真相”。这便引出一个问题：在信息驳杂的环境中，面对舆论的分歧，我们如何通过制度化的方式，增进社会各界的对话，以达成较为理性的共识。这样一来，社会舆论对归真堂事件的关注，其实也反映了转型期“社会共识何以可能”这一重要问题。

一、网络化时代的“真相情结”

归真堂的“活熊取胆”之所以成为一起网络事件，不仅因为“活熊取胆”本身、熊胆产品的使用等方面存在争议，导致归真堂的上市资格受到质疑，也不仅因为互联网的信息传播作用，而是还有其产生的社会背景和心理因素。在这个意义上，看似偶然的网络事件，往往有其产生的必然性。

众声何以喧哗？

我们可以通过一个类比，分析“活熊取胆”之所以引发激烈讨论的一些原因，这一类比就是“活熊取胆”和“杀猪吃肉”的区别。二者的区别主要表现为：其一，猪是家畜，“杀猪吃肉”是约定俗成之事（有宗教禁忌的族群除外），而黑熊是国家二级保护动物，更显“金贵”；其二，猪很常见，熊则比较稀少，养猪者众多，养熊者量小，相比之下，少数人经营的“金贵”事业自然更容易吸引人的眼球；其三，杀猪几乎没什么技术含量，也不需要特殊的复杂技术，而养熊取胆则需要相对专业的技术程序，不是人人可以养之、取之，相比之下，养熊取胆更带有技术上的神秘性，也更容易勾起人们的好奇心；其四，对于猪，无论散养还是圈养，无论繁殖幼崽还是杀之吃肉，人们几乎没什么异议，而把黑熊圈养、重复地取胆，带有非人道的意味，因而容易遭到动物保护主义者的谴责。

基于上述原因（但不止于此），活熊取胆显示出其容易引起广泛关注的特殊性。但问题是，活熊取胆并非今日才有，归真堂的熊胆产品经营活动也已持续多年，那为什么唯独在 2012 年 2 月，归真堂的活熊取胆才成为一个炙手可热的网络事件？如果说反对活熊取胆的机构或人群是秉持保护动物观点的人道主义，那这种人道主义是否姗姗来迟了呢？

其实，我国的生态保护和动物保护组织及其活动已有多年历史，如著名的NGO 组织绿色江河、自然之友、北京地球村、中国小动物保护协会等。只是在互联网大规模兴起以前，动物保护主义者的活动引起的关注和反响相对有限，因为这种活动受到具体时间和地点的限制，最多只能借助平面媒体进行宣传，但平面媒体的信息传播主要是单向的，难以快速地引起信息源与受众之间的广泛对话和讨论。

而互联网时代则不同，随着网络社会的兴起，“点击网页”、“转载搜索”成为获得信息、了解社会的重要方式，它极大地提高了信息传播速度、扩展了信息传播范围，也吸引大量民众参与其中。我们可以举例言之。同样是核事故，1986 年的切尔诺贝利事件与 2011 年的日本福岛核电站事故在信息传播上有着很大不同——后者作为一个社会事件借助互联网很快就传遍全球，成为一起网络事件，而且引起与日本相邻国家和地区的警惕甚至恐慌。

加拿大传播学家麦克卢汉在 1967 年出版的《理解媒介——论人的延伸》一书中首次提出“地球村”（global village）概念，意指随着广播、电视等电子媒介的出现和各种现代交通方式的飞速发展，人与人之间的时空距离骤然缩短，整个世界紧缩成一个“村落”。如今，在信息传播的速度和广度上，网络社会俨然将世界变成了一个“地球屋”（global room）。网民可能素未谋面，却可以互通有无；即便相隔万里，也能在瞬间穿越到大洋彼岸。在网络世界中，信息传播已经超越了具体时空条件的限制，因此，一个有争议的社会事件，一经大量网民参与其中，就可能成为一个全国性的网络事件，“归真堂事件”就是如此。

微博的力量

回到“归真堂事件”上，该事件发生之初，便体现出微博的巨大作用。这个人们并不太了解的企业，因为一条微博而迅速为人所知。归真堂“成名”的起因是云南卫视《自然密码》制片人余继春的一条微博。他写道：“福建的归真堂上市募资将用于年产4 000公斤熊胆粉、年存栏黑熊1 200头两个项目。已经省厅初查并且通过了！如果真上市，那今年就是黑熊的末日。”文字后面附有一段视频，血淋淋的“活熊插管采胆汁”的画面，引来了上万次的转发。因此，说“一条微博引爆归真堂事件”似乎并不过分。

正是无数网友的点击、转载、评论、搜索，使“归真堂事件”迅速传播开来，进而成为一起全国性的网络事件。与传统的读书看报相比，“转载搜索”不必发出声音，也不必直接与人对话，它只需一台接入互联网的电脑（或其他上网工具），轻轻地敲击键盘、移动鼠标或触摸屏幕，便可以在瞬间获得不计其数的信息。更重要的是，“转载搜索”实现了“双向选择”：一方面是信息“选择”受众，人接受外部信息的影响；另一方面，受众在接收信息的同时，也可以进行信息反馈，主动发布、修改、删除信息或对来自他人的信息做出评价。而且，“转载搜索”的内容已经不限于文字，还包括图片、声音、视频和各种符号，其内容和形式的丰富性是言传口述和平面媒体等信息传播方式所无法比拟的。

微博提高了信息的传播速度，但问题是，为什么“归真堂事件”会引发如此广泛的关注，或者说，众多网友为什么对该事件这样感兴趣？在我们看来，除了前文所言“活熊取胆”的特殊性外，还有一个信息识别问题：一方面，网友对归真堂的自我解释和有关专家的解释表示怀疑，例如，归真堂声称的活熊专业化养殖和技术化取胆的合理性并未消除网友的怀疑，而中药协会会长房书亭的一句“活熊取胆，非但不难受，还很舒服”，更招来无数网友的谩骂；另一方面，互联网上的信息多元驳杂，网友难以鉴别其真伪，这样一来，信息传播没有带来答案和共识，却需要用更多信息来解释一种信息，以信息澄清信息，信息量几乎成倍增加，可能反而分散了受众的注意力，甚至淹没了事件的真相。

网络社会中的“真相情结”

在一定程度上，“真相情结”推动着越来越多的网民关注“归真堂事件”。我们可以给“真相情结”下一个大致的定义：所谓“真相情结”，就是民众在众多信息中难以识别有效信息，或对发布信息的人士或机构存有疑问，而质疑与被质疑的双方或多方又缺少及时有效的对话机制，进而导致信息越多，民众越难以辨识有效信息，也就越渴望寻求事件的真相。

就“归真堂事件”而言，关于该事件的言论多元驳杂，而在众多信息中，权威的信息源是缺失的，即便归真堂对活熊取胆有诸多自称合理的解释，但却有自说自话之嫌，而中药协也被指偏向归真堂说话。与此同时，归真堂、中药协与其他质疑声音之间的对话和沟通却并不充分，加上网络论坛、博客、微博等工具的快捷的信息传播力量，推动“归真堂事件”演变成了全国性的网络事件，争论此起彼伏，共识却“千呼万唤难出来”。

问题是，“真相情结”一定与网络社会相伴而生吗？在我们看来，网络媒介固然重要，但只是“真相情结”得以产生的技术环境，转型时期的制度环境才是“真相情结”得以产生的更深层根源。或者说，在现有的制度环境中，“真相情结”之所以产生，恰恰在于“真相”难求，“求之不得”才“辗转反侧”。

具体来说，这样的制度环境主要体现在如下几个方面：其一，公共权力部门滥用权力、执法不严不公的现象屡有发生，造成政府的公信力不足。其二，信息获得机制不健全。政府的政务信息透明度不够，虽有所公开，但往往含糊其辞、不够精细，民众的质疑难以得到及时而有效的答复。其三，利益协商和矛盾调解机制有待完善。近几年的征地、拆迁所引发的人身伤亡事件屡见报端，虽然存在暴力拆迁和暴力抗法的情况，但有时冲突之所以产生，并非因为拆迁无法律依据，也不是民众刁钻蛮横，而是双方缺少畅通的利益协商机制，以至于往往只能通过对抗解决问题。其四，要求表达的机制急需建设。在“稳定思维”下，有些正当的利益表达可能被当做“不稳定因素”而被封堵，有的地方政府甚至将上访者关进精神病院，不仅扼杀了其利益表达的权利，还侵犯了其人身自由。

在上述制度环境下，当重要的社会事件发生时，普通民众往往难以通过正式的、权威的渠道获取和了解信息，或者说，在获取和了解信息上，普通民众处于弱势地位，由此，民众对事件的真相和真伪便常常存有疑问。更重要的是，在这种制度环境中，社会公信力不足，公共权力部门所发布的信息难以获得民众的充分认可，甚至有时正确的信息也可能被质疑或误读。在这种情况下，“渴望真相”、“寻找真相”便成为一种较为普遍的社会心态。概言之，因为“缺少真相”、“怀疑事实”，才“渴望真相”。

在“归真堂事件”中，社会舆论的焦点不仅在于道义与利益之争，而且在于对

“真相”的追问：熊胆是否可以人工替代？“活熊取胆”究竟对活熊带来什么样的影响？归真堂所发布的信息究竟是事实还是自导自演的骗人把戏？除了“渴望真相”的心理之外，事件的性质不同，也会引发不同程度的参与。如果不考虑其他因素，关注事件所带来的风险越低，关注的程度就越高；反之，关注事件所带来的风险越高，关注的程度就越低。

二、“低风险关注”与“高风险关注”

不同的事件往往引发不同的关注，就好比看热闹，如果是两个人赤手打骂，围观的人会较多。但如果打架的两个人手持凶器，暴力互殴，因为害怕被误伤，围观人数定会减少。进一步说，如果产生冲突的是荷枪实弹的敌对双方，那现场恐怕要观众全无了。这个比方说明，事件的性质以及事件可能给观众带来的危险或风险，会影响观众的多寡和事件被关注的程度。

关注因风险而不同

广大民众之所以对“归真堂事件”如此关注，一个重要原因是关注该事件属于“低风险关注”。所谓“低风险关注”，是指事件的关注者对事件的关注、评价甚至参与不会给他的健康、财产和人身安全带来风险。反过来说，如果关注“归真堂事件”意味着人身伤害或财产损失，那么关注者的数量恐怕要骤减。也可以说，关注活熊取胆与社会矛盾并不直接相关，因此可能不会被理解为“不稳定因素”。相比之下，在“稳定压倒一切”的氛围下，表达和维护弱势群体利益，尤其是当这种利益涉及官民双方的矛盾时，则可能属于“高风险关注”，因此会受到更多管制。所以，相比之下，“关心熊”比“关爱人”更容易。

在归真堂的媒体开放日，有的动物保护主义者以下跪向黑熊谢罪的方式，表达对归真堂活熊取胆的不满。据《新京报》报道，2012 年 2 月 24 日上午，归真堂黑熊养殖基地在 22 日的开放日之后，再次向媒体记者和公众开放。当天，行为艺术家“片山空”在参观引流过程后，突然脱掉外套，穿着印有“我替人类向动物谢罪”的 T 恤衫，先双手合十祷告，随后向熊场放养区的幼熊下跪磕头，让归真堂的现场工作人员措手不及。“片山空”说：“熊受到了伤害，我们应该向它们谢罪，应该向它们忏悔。”

随后，工作人员再次安排“片山空”参观引流过程。第二次进入熊舍，“片山空”双手合十，到每个笼舍前行礼。离开后，他念着“南无阿弥陀佛”，拒绝回答记者的提问。在当天的座谈会上，“片山空”对归真堂的高管们说：“熊养了你们那么多年，你们要怀感恩之心，善待它们。”归真堂副董事长蔡资团随即答之：“我们很爱它们。”“你们是爱它们的胆。”“片山空”的反驳赢得现场几位社会人士的掌声。他表示，归真堂不应该被动等待，而应该主动谋求发展转型，从事熊胆替代品开发。①

可见，“片山空”对归真堂事件的参与属于“低风险关注”，虽然其行为特立独行，但因其表现并不牵涉社会矛盾，也无关社会和谐之大局，他的行为不会给他本人带来什么伤害，也不会引发尖锐的矛盾冲突。这位使媒体记者“丈二和尚摸不着头脑”的行为艺术家，曾在寒冬中赤身钻进狗笼 20 分钟，呼吁民众不要吃狗肉。据他的计划，他将用三年时间走遍全国各地的动物园，向包括狗在内的所有笼子里的动物下跪，替人类请罪。他至今已向老虎、豹子、蟒蛇、鸡、熊等动物下跪谢罪。这些都说明“片山空”的动物保护行为属于“低风险关注”，可以“畅通无阻”。

社会争议与社会矛盾

“低风险关注”与“高风险关注”的区别，在根本上源于二者指向的事件的性质不同。我们可粗略地将“低风险关注”指向的事件的性质称为“社会争议”，而将“高风险关注”指向的事件的性质称为“社会矛盾”。“社会争议”与“社会矛盾”的关键区别在于，前者事件的双方或多方只是对事件本身有不同的看法，但彼此之间并无利益冲突；而后者事件的双方或多方不仅对事件的看法不同，而且这种不同乃基于不同的利益考虑，这种利益和态度上的差别，使事件的双方或多方容易产生较尖锐的冲突。

我们所言的归真堂活熊取胆事件中的各方，所面对的主要是“社会争议”，其焦点在于“活熊取胆”是否属于虐待动物，熊胆产品是否可以人工代替，归真堂有没有敷衍说谎，等等。当然，该事件中也有利益存在，如对归真堂来说，该事件涉及其核心经济利益，但这种利益与众多参与该事件的社会人士并无直接关系。而在 2011 年广东汕尾“乌坎事件”这样的例子中，抗议的村民和村委会之间存在根本的利益冲突（土地的买卖与收益上的矛盾），无怪乎该事件僵持达百天之久，被基层政府看做具有风险的“群体性事件”。因此，同样是在互联网上引发广泛关注的事件，其被关注的原因和性质却可能不尽相同。

---

① 参见刘夏等：《归真堂再开放 参观者跪拜黑熊谢罪》，载《新京报》，2012-02-25。

我们可以把“归真堂事件”和“富士康事件”做一个对比。自2010年1月23日富士康员工第一跳起至2010年11月5日，富士康已发生14起跳楼事件，引起社会各界乃至全球的关注。2011年7月18日凌晨3时，又有一名员工跳楼，年仅21岁。和“归真堂事件”中较多的对话不同，“富士康事件”中劳资双方的对话、企业与社会人士的对话比较匮乏，社会力量难以介入其中。究其原因，可能在于富士康的十几连跳涉及人员伤亡，是个较为“敏感”的话题，无论该企业还是其所在的深圳市，都希望大事化小、小事化了，社会力量的介入无疑不受欢迎；而“归真堂事件”问题比较明确，就是活熊取胆是否合理、熊胆产品可否替代的问题，并不涉及人身或生命安全，因而其对话相对容易，社会力量介入的阻力较小，也不会触动政府的敏感神经。

“保卫社会”难于“保护黑熊”

近几年，保护动物的义举频频出现。例如，2011年4月15日中午12时许，一辆载有520条狗的货车在京哈高速出京方向被动物保护志愿者拦下。这一消息通过微博引发众多网友的关注，数百人陆续赶往现场支援。但由于运狗货车各种手续齐全，警方无法对货车采取强制扣留措施。双方僵持中，爱宠网和中华慈善总会上善动物基金的工作人员闻讯赶到。至16日凌晨3时许，双方达成收购协议，爱宠网和上善基金会出资11.5万元将整车狗买下，连夜送往流浪动物收留中心安置。①

不论是“归真堂事件”中的“熊”，还是“拦车救狗事件”中的“狗”，都属于“弱势群体”，它们被伤害时难以自保，只能由人加以保护。不过，我们发现一个有意思的现象：在关注所具有的风险的意义上，“保护黑熊”似乎比“保卫社会”更容易。无论是社会人士对活熊取胆的质疑，还是动物保护主义者救狗的义举，似乎都没有遇到强大的阻碍，其原因在于二者均属于“低风险关注”，不仅不属于群体性事件，而且也不触及社会制度问题。

相比之下，“保卫社会”的难度更大，如“乌坎事件”中，农民不满村委会私下变卖土地而集会示威，双方僵持长达3个月之久，甚至发生了人员伤亡。与“活熊取胆”不同，“乌坎事件”成为一起“群体性事件”，这在“稳定压倒一切”的制度环境中无疑具有一定的政治敏感性，关注该事件属于“高风险关注”。因此，似乎没有哪位行为艺术家能够用自己的肢体语言特立独行地表达对弱势群体利益的关

① 参见张太凌：《高速路拦车运狗》，载《新京报》，2011-04-16。

注。人代表熊的利益易，而人代表弱势群体的利益难。

三、眼见未必为实：被建构的真相

我们常说“眼见为实”，意思是，道听途说未必可信，只有自己亲眼所见的才是真实的。但在传播媒介越来越发达的信息大爆炸时代，“眼见的”可能是被加工、被修饰过的“事实”。问题的关键在于，看与被看之间，并不是平衡对等的关系，被看者可能会有意修饰自己，把观众希望的、好的一面呈现出来，而观众之所见，可能与事物的“真相”相去甚远。在某种意义上，归真堂的开放日也是一种虚实结合的表演。

开放日的表演

2012年2月22日早上，来自全国百余家媒体的近200名记者，坐着大巴车驶往位于福建惠安郊区的归真堂黑熊养殖基地。基地共有大小9个房区，其中1～7号房为取胆室，8～9号房为黑熊手术及休养室。根据归真堂方面的安排，所有记者被分为10人一组，依次经过更换防疫服、鞋底消毒等程序后进入1号取胆室，观看活熊取胆过程。

据归真堂负责技术管理的总经理陈志鸿说，“无管引流”技术是归真堂的专利。在取胆前，每头3岁以上、体重超过100公斤的黑熊，要先接受一个“人工造瘘”手术，先把胆囊皮从肝脏附近牵拉到腹壁，从胆囊上切下一片做成管子，再缝合在腹壁上，造出一个瘘口。熊被关在熊舍里，每个熊舍大小约5平方米，关着两头成年黑熊，每个熊舍都连接着一个引流笼子，笼子大小基本与黑熊大小相称。取胆时，工作人员打开熊舍与引流笼之间的隔板，在引流笼前的食盒内放入食物后，黑熊便“自觉”地走进引流笼趴下进食。

不过，归真堂的“老对手”亚洲动物基金并未见证取胆的过程。2012年2月22日6点半左右，出现在候车现场的亚洲动物基金中国区外部事务总监张小海一行立刻引起媒体关注，但“不请自来”的亚基会显然未能受到归真堂的欢迎，张小海和他的同事被归真堂以“没有事先报名”为由拒之门外。张小海称，亚基会此前已向归真堂提交申请并电话沟通过，并在看到归真堂有关放宽参观批次的公告后决定提前去，结果却遭到归真堂的拒绝。就此，归真堂副总经理吴亚回应称，之所以将亚基会拒之门外，是因为张小海一行未按预定流程进行登记报名。22日下午，归真堂再度邀请时，却遭到了亚洲动物基金的拒绝。张小海称，此后不再与归真堂有任何互动，并不再发表任何与本次探访有关的言论，但亚基会将继续针对拯救黑熊展开一系列活动。

被建构的真相

归真堂的本意是通过开放日，向那些持有异议的人士展示活熊取胆的过程，进而证明其生产经营的合法性。归真堂的开放日场景，通过新闻记者的摄影作品而迅速进入广大网友的视野，起码在直观印象上，归真堂的企业环境、设备、活熊取胆的大致过程比较符合科学要求，而且没有出现人们所质疑的黑熊多么痛苦的场景。

不过，对于这种在规定区域、规定时间看到的现场，人们深表怀疑。其原因在于，归真堂所呈现的活熊取胆的“真实”画面，都是其自导自演的。观众之所见，不过是被加工过的现实而已。所谓的“开放日”，其实是归真堂“有准备的开放”，就归真堂而言，它肯定会把最好的企业形象呈献给社会，以减少质疑的声音，确立活熊取胆活动的合法性，而这可能并不是这个企业的常态，也许开放日一结束，如此井然的活熊取胆过程便不复存在了。同时，除了在开放日允许进入现场的观众以外，其他人主要是通过媒体报道，尤其是互联网的信息了解活熊取胆的过程，现场观众对活熊取胆尚且存疑，何况间接所见的场外观众了。

这使我们想起法国思想家居伊·德波（Guy Ernest Dobord）的观点。在其影响巨大的论著《景观社会》（*the Society of the Spectacle*）中，德波指出：“在现代生产条件无所不在的社会，生活本身展现为景观的庞大堆积。直接存在的一切全都转化为一个表象。”[①] 先前那种以政治强制和经济占有为主要手段的统治方式已经为文化意识形态的控制所取代，景观创造了一种伪真实，通过文化设施和大众传播媒介构筑起一个弥漫于人的日常生活中的伪世界。概言之，景观已经成为人们主导性的生活模式，人们在对景观的顺从中无意识地肯定现实的统治。

在传播媒介日益发达的今天，德波所说的景观社会的支配力量更加明显。报刊、杂志、电视、电影、广告、海报、电子信息屏等多种媒介每天在制造和传播着不计其数的信息，人们无论身在家中，还是走在户外，总是被电视、广告牌、电子屏幕的图像或声音所包围。信息在选择人，而人无法自由地选择信息。过度的信息充斥着社会生活，甚至成为人无法摆脱的负担。网络空间中的信息获得也许只是变换了一种获取信息的方式，而未必提升人的理性选择能力，甚至相反，对搜索引擎的依恋，已经成为很多人的“无意识”行为——“知之为知之，不知 Google 之”。

① ［法］居伊·德波：《景观社会》，3 页，南京，南京大学出版社，2006。

表面上的信息搜索和选择，实际上也潜在地意味着人被信息“搜索”和“选择”。

如果说归真堂的开放日是一种表演，那么被邀请参观的社会人士之“眼见”也就“不为实”了，而所谓的“真相”也就成了“被建构的真相”。旁观不是改变，进入未必是介入。参观者，不过是归真堂的配角或助演而已，不但发现不了“真相”，反而让“假相”变得更“真实”。因而，可以说，“开放日”并不“开放”。

信息权力的运作

真相之所以“被建构”，在于信息权力的作用。所谓“信息权力”可以理解为，在信息成为一种稀缺资源时，那些掌握信息的人或机构所具有的权力，这种权力包括制造信息的能力、加工信息的能力、发布信息的能力和解释信息的能力等。

在归真堂和应邀的参观者之间，前者掌握着更多的信息权力。主要体现为：决定呈现企业哪个方面的权力，决定参观路线、环节的权力，对现场的活动进行解释的权力，等等。而参观者，并不都是动物医药学方面的专家，其所见所闻在很大程度上还依赖于归真堂自己的解释。因此，在活熊取胆的信息掌控方面，归真堂占有优势。在一定程度上，归真堂是利用设置开放日邀人参观的方式，给自己做了一次免费广告；而众多参观者，无论其抱持何种态度，其实也都为归真堂的自我释疑和广告宣传出了一份力。

如果说社会事实是通过信息来表达的，那么，掌握信息权力的人或机构，便可能通过制造、加工和发布信息来“建构”社会事实。从这个角度看，可以说，信息权力之下无真相，或者说，所谓的真相，更多的是信息掌控者的真相，而不掌握信息权力或掌握这种权力较少者，则只能主动或被动地接受被建构的社会事实。

虽然中药协会会长房书亭当时一再表明，目前的无管引流式活熊取胆对黑熊健康并无影响：“如今活熊取胆是自体造管，无痛引流，并未对黑熊产生影响。”但世界保护动物协会项目协调员孙全辉博士向记者表示，实际上从熊第一次做手术准备取胆起，风险就存在，对熊的疼痛的“虐待”就存在，因为这个手术对专业的要求是相当高的，而目前并不知道手术的成功率、引发的疾病及并发症等数据。“它基金”的一名工作人员表示，归真堂的公开参观将媒体和环保人士分开，如果不具备专业知识，是根本无法观察到本质问题的。

“归真堂事件”发生后，曾出现一个奇怪的事，从中可以窥见信息权力之一斑。2012年2月23日，已故网友Shina719的微博中，出现支持归真堂活熊取胆的言论。经微博调查，系该网友微博账号被盗。同时，也有其他网友反映，账号被盗后，微博空间里出现了支持归真堂的言论。部分网友认为，归真堂雇用“水军”盗用微博用户的信息。归真堂回应称，没有雇过“水军”，这是诬蔑。归真堂表示，以Shina719微博“死而复活”来抨击公司雇用“水军”的，有特定的微博，它们进行了上千次转发。在这个事件中，归真堂与部分网友其实在争夺信息权力，即双方都对以Shina719名义发表的微博信息进行解读。

有人说，“围观改变中国”，意味互联网及其众多网络产品的兴起，使更多民众能够表达自己的声音，起到指点江山、激扬文字、推动社会发展的作用。如果围观者只是根据互联网上的二手信息进行围观，那围观者之所见不一定是真实的事实。其实，有时“围观”未必“改变中国”，“围观”可能增加了无数无效信息，带来瓦釜雷鸣的结果。

四、寻求对话：网络社会中的心理诉求

互联网及其众多产品的兴起，为更多民众表达自己的观点提供了条件，但“表达”只是网络发言的一个目的，此外还有一个目的，就是“对话”。“表达”只是言说，表达者还希望自己的观点被他人看到、转载或评论。发言者的观点引起别人的回应，就是一种“对话”过程。虽然这种对话不是传统的、即时性的双向沟通，但从互动双方的信息往来上看，这种沟通也是对话的一种。而且，这种对话能够在很多陌生人之间进行，它超出了原有的熟人圈子和时空条件的限制。

对话的渴望

“归真堂事件”留给我们的思考是，众多网民热情参与其中，也许并不指望得出一个最终的答案，而仅仅是寻求表达自己声音的渠道和机会而已，或者说，在该事件中，渴望“真相”与渴望“对话”同样重要。前文已经分析了网络化时代的“真相情结”，这里不再赘述，而“渴望对话”可以理解为，在网络化时代，网民有一种渴望沟通、对话，希望自己的观点被重视的心理。反过来说，因为网络化时代的兴起，社会生活个体化的趋势增加，网络中的个人往往是“一个人的舞蹈”，面对面的对话相对减少，这使得个体化境遇中的孤独者试图寻找沟通和被关注的机会。

渴望对话，除了社会生活趋向个体化之外，还有一个重要原因，即我国整体上的社会沟通对话机制尚不健全。例如，当发生群体性的利益冲突时，由于缺少充分的利益表达机制，利益冲突可能带来破坏性，而在“稳定思维”下，这种利益冲突往往被“压”下来，但冲突的心理并未因此而化解，反而可能变成潜在的

压抑情绪，这种压抑情绪会在其他方面释放出来，甚至造成重大的破坏。例如，在“郑民生事件”[1] 中，郑民生因在实际生活的沟通中受挫，而将自己的愤恨转向手无寸铁的孩子。他以“想象的征服”的心理，释放内心的不满，对幼童的屠杀被想象为对社会或体制的“征服”，然而，这种“征服”没有胜者，只是制造了更多悲剧。[2]

在“归真堂事件”中，争论的焦点看似在熊的身上，其实是在人与人的关系上，也就是说，事件真正的互动双方是归真堂与众多持反对观点的社会人士，熊只不过是一个中介因素罢了。如此一来，“与熊为善”实为“与人对话”，对于那些反对归真堂上市的人士来说，“与人对话”是“与熊为善”的前提。虽然“归真堂事件”中出现了很多争论，但争论本身也是对话的一种，它起码说明了沟通的存在。可以说，争论比“沉默的共识”更重要，前者尊重个人表达观点的权利，而后者更多的是隐藏了不同的意见。

不过，在“归真堂事件”中，归真堂的言论存在不妥之处，妨碍了对话的进行。例如，归真堂创办人邱淑花对记者说：“养熊是林业部颁发批文，生产熊胆粉是 1995 年卫生部颁发药准字号，都合法。”“可以说，如果反对我们就等于反对国家。”显然，这句话逻辑有误，虽然林业部批准“养熊”，但未批准“虐熊”；卫生部许可生产熊胆粉，但并未准许熊胆用于保健品生产。而“虐熊”和“熊胆非药用”，正是活熊取胆的质疑者的手中利剑。“如果反对我们就等于反对国家”一语，大有猖狂挑衅之嫌，因而遭到众多网友的“炮轰”。

“众声喧哗”的意义

一个社会存在不同的声音，是一个社会言路开放、思想健康的标志，寻求沟通和对话也是增强社会思维活力的必要条件。同时，越来越快的工作与生活节奏、社会生活个体化趋势的增加，也使沟通对话显得越来越重要。互联网的兴起，为普通民众提供了表达自己观点的便捷渠道，如果说平面媒体主要是精英的言说平台的话，那么互联网的兴起则使更多普通民众表达自己的声音成为可能。虽然网络舆论可能是“众声喧哗”，但如果这种“喧哗”是言论自由的体现，便无可厚非。

互联网，尤其是近几年微博兴起之后，普通民众有了表达自己观点的便捷渠

---

① 孟昭丽、涂洪长：《南平案凶手郑民生一审获死刑》，载《新华每日电讯》，2010-04-09。

② 参见王建民：《想象的征服——网络民意背后的社会结构》，载《社会学家茶座》，2011（4），28～31 页。

道，和平面媒体相比，互联网参与的门槛更低，传播信息的速度更快，而且网民可以通过发帖、评论等方式参与其中。可以说，互联网可以使一个“小事件”引起“大讨论”，进而影响事件发展的速度和方向。网络空间中，无数彼此不相识的个体的信息会聚在一起，其所产生的传播效果远远超出个体的意图和作用。对个体而言，网络舆论影响社会事件的进程和走向，是一种“非预期后果”，也许每个人不经意的留言、转载、评论都在推动网络舆论的发展。

“网络民意”甚至推动了很多事件的发展和解决，如“药家鑫事件”、“故宫失窃案”、“郭美美事件”、“甬温动车事故”，等等，这些事件甚至还被网民们不断地重新提起。网络民意对于监督政府权力、密切党群关系、伸张社会正义、帮扶弱势群体等起到了积极的推动作用。在这个意义上，我们应该肯定“众声喧哗”的意义和价值。

从“小事件”到“公共论题”

在《社会学的想象力》一书的开篇，米尔斯（C. Wright Mills）写道：“现在，人们经常觉得他们的私人生活充满了一系列陷阱。他们感到在日常世界中，战胜不了自己的困扰，而这种感觉往往是相当正确的：普通人所直接了解及努力完成之事总是由他个人生活的轨道界定；他们的视野和权力要受工作、家庭与邻里的具体背景的限制；处于其他环境时，他们则成了旁观者，间接感受他人。”① 米尔斯这句话至少包含两层主要意思：一是在复杂多变的现代社会中生活的个人，经常感受到来自其内心和社会外部的困扰；二是个人的困扰往往具有明显和强烈的“个体性”，他人难以或无法感知这种困扰，这使得个人困扰难以与他人建立起共同性，因而难以确定问题、达成共识、寻求化解之道。

米尔斯半个世纪前的论述似乎同样可以揭示改革开放30多年来中国社会的部分生活境况。一方面，从“单位制度”到“去单位化”的变革，使得高度组织化的生活空间渐趋弱化。随着国家权力逐渐从基层社会撤出，社会个体也逐渐从稳固的组织中分离出来。在社会团结的意义上，个人与其所在组织之间的联结纽带出现弱化甚至断裂。另一方面，抽象集体主义的式微与急速的社会转型共同催生了社会价值观念多元化，个人在其精神世界里同样日益感受到个体与社会的距离和张力。概而言之，这两个方面在实在与价值的双重意义上深刻地塑造着个体的社会生活。在这种情况下，互联网将个体困扰或小事件转化成公众论题，无疑有助于个体生活与

① ［美］米尔斯：《社会学的想象力》，1页，北京，生活·读书·新知三联书店，2001。

社会生活的联结。

诚然，有的网络舆论带有非理性色彩，但非理性不意味着破坏性，有时我们将非理性舆论“妖魔化”了，想象它可能会引发某种社会后果，但实际上，我们设想的后果可能并不会发生。如果非理性舆论确实反映了实际存在的社会问题，那么这些情绪反而起到“晴雨表”的作用，提示我们正视和解决实际问题。如果一些非理性言论表达的是民众对社会不公正现象的愤懑，那么这些情绪的发泄反而能起到“安全阀”的作用。正如美国社会学家刘易斯·科塞所言，“安全阀”是一种社会运行的安全机制，如果不满甚至敌对的情绪通过适当的途径得以发泄，就不会导致冲突，像锅炉里过量的蒸汽通过安全阀适时排出而不会发生爆炸一样，有利于社会结构的维持和发展。互联网上的一些非理性情绪表达也有这样的特点和效果。

五、从“归真堂事件”看社会分歧

在改革前高度政治化的生活中，社会共识往往是通过自上而下的政治宣传或政治运动来实现的，尽管这种社会共识比较集中一致，但却是一种机械的、刚性的共识，个人的不同意见和想法往往无从表达。改革开放以来的30多年中，社会空间与言路空间的开放程度相对增加，个人有更多机会表达自己的观点，尤其是互联网的兴起为这种表达提供了便利的渠道。

透过“归真堂事件”，我们看到对话和争论的重要性。面对社会分歧，对话和争论的意义未必在于快速达成共识，而在于把不同的声音表达出来，在言语交流和思想碰撞中形成新观点。唯其自由表达，方有真知灼见。在这个意义上，“对话”可能比“同意”更重要。当然，对话不是自说自话者的喧哗，而是基于一定规则的讨论。

争论的声音

对于归真堂上市，始终存在支持和反对的意见。支持者的观点认为，归真堂未必会被取消上市资格，因为证监会只是对上市文件作调查，不会涉及伦理方面的审核，只要是合法存在的公司，都有可能获批上市。西南证券并购总部董事陈波表示，单纯从上市资格角度看，一家公司从事的行业属于国家产业政策鼓励的行业，股权的历史演变均合法有效，公司的主营业绩不存在虚假欺诈，历史业绩能证明公司具有可持续经营能力，在理论上就应该具备上市资格。

在归真堂开放日的说明会上，国家药监局药品注册司原司长张世臣说，活熊取胆在我国已由一代的杀熊取胆、二代的给熊穿“铁马甲”发展至如今第三代的无管引流，对熊的创伤已降至最低，并称医学界在人工熊胆方面做了很多工作，能够替代自然更好，但从人工麝香、人工牛黄的效果来看，并不能完全替代。针对媒体关于活熊取胆的存续性等问题，张世臣称：“只要是在法律允许范围之内就可以做。”

然而，质疑和反对的声音似乎更大，也正因为存在众多质疑，“归真堂事件”才会在互联网上传播开来。除了活熊取胆是否人道这个主要问题外，质疑的声音主要有三：一是熊胆是否可以人工替代？二是活熊取胆的质量真的好吗？三是归真堂是否滥用熊胆了？

对于第一个问题，沈阳药科大学原副校长姜琦介绍说，人工熊胆研制于1983年经卫生部批准立项，相继由沈阳药科大学、辽宁省医药工业研究院等单位共同承担。科研人员经过几十次配方选择，最终使人工熊胆的化学组成、理化性质、稳定性等均与优质天然熊胆一致，主要有效成分相同、含量接近，而且质量稳定。经过研究，人工熊胆由上海中医药大学附属龙华医院、上海曙光医院等完成了二期临床试验，结果显示：在治疗急性扁桃体炎、肝火亢盛型高血压上，人工熊胆与天然熊胆的疗效无显著差异，可以1∶1等量替代。姜琦说，截止到2007年，人工熊胆已完成了研制、试验、批产权等全部工作，一直在等待国家批准。

对于第二个问题，姜琦介绍说，人工研制的熊胆中，主要成分牛磺熊去氧胆酸钠的含量和优质天然熊胆一致且质量稳定，而引流熊的胆汁在肝肠循环不足，加之长期引流使引流口发生了生理变化，所以质量很不稳定。广州一家医院的主任中医师丁教授表示，活熊取胆肯定有创伤，创口长期不愈合就容易发炎，而为避免发炎，多半会给熊使用抗生素，那么取胆制药的药效就会因此打折扣。亚洲动物基金公关教育部负责人则表示，曾多次在养熊场的黑熊胆汁中发现抗生素残留。此前，亚洲动物基金中国区外部事务总监张小海曾说，熊的取胆伤口常年不愈，且插入导管取胆时很难彻底消毒，所以熊的取胆口常常发炎溃疡，肝胆病变也十分常见，导致胆囊感染、肝脏感染甚至癌症，可能会给消费者带来健康威胁。

关于“归真堂是否滥用熊胆了”这个问题，2012年2月15日的《经济参考报》报道说，国家食品药品监督管理局的资料显示，目前归真堂生产的众多产品中，只有“熊胆粉”和“熊胆胶囊”两种产品获得国家药监局批号，而其他30多种产品均未获得熊胆药品或含熊胆药品批号。归真堂生产的30多种产品，除了上述两种药品外，其他产品主要为熊胆茶、清甘茶等产品。不过，记者查询国家药监局网站后，并未发现归真堂产品获得任何保健品批准字号；而获得熊胆保健品批号的只有两种产品，也非归真堂产品。①

中国保健协会秘书长贾亚光表示，尽管国内目前尚未取消活熊取胆，但其根本原则是“熊胆入药”，如果厂家并非把熊胆“入药”而是挪作他用，毫无疑问应予以严格限制。亚洲动物基金中国区外部事务总监张小海也曾表示，以归真堂的一款产品为例，仅仅 3 克熊胆粉被包装在 50 厘米见方的盒子里，包装得很豪华，售价也高达 400 多元，大部分的熊胆消费都是礼品消费，而不是药品消费，而这些礼品消费都是建立在黑熊的痛苦之上的。②

可以说，上述观点都有理有据，而不是单纯的“众声喧哗”，这种对话方式无疑值得效仿。不可否认，网络空间的发言难以这样理性，互联网参与的匿名性可能使一些网友发表一些与事实不符的言论，造成不良影响。对于这个问题，除了制定相关法律之外，政府和媒体应该以引导为主。互联网和日常生活一样，总会存在多元的声音。在多元的舆论生态中，即使存在一些“不良社会情绪”，也会被多元的舆论生态中和。所以，问题的根本不是网络舆论有多大的破坏性，而是政府、媒体和社会机构如何积极地引导舆论走向，保护多元舆论生态的发展。

有原则地对话

多种声音的对话需要基本的游戏规则，或者说，对话的各方要有基本的“对话点”，否则，自说自话的争论只能带来更多分歧，而离共识越来越远。对“归真堂事件”来说，将法律原则与道义原则分开讨论很有必要。

从法律上分析，说归真堂“活熊取胆”违法并没有明确的法律依据。《中华人民共和国野生动物保护法》第十六条规定“禁止猎捕、杀害国家重点保护野生动物”，而归真堂活熊取胆不涉及猎捕和杀害野生动物，并不违反这一规定；并且，我国的法律也没有关于禁止虐待动物的规定。《中华人民共和国民法通则》中“民事活动应当尊重社会公德，不得损害社会公共利益”的法律原则、《中华人民共和国公司法》关于股票上市的规定以及《首次公开发行股票并在创业板上市管理暂行办法》等法律规定，也没有明确禁止虐待动物或者“活熊取胆”。所以，归真堂活熊取胆与上市行为并未违反法律。

---

① 参见侯云龙：《归真堂熊胆产品“身份”疑点重重》，载《经济参考报》，2012-02-15。

② 参见曹虹：《归真堂邀百人观活熊取胆　万人签名抵制多地停售》，载《东方早报》，2012-02-20。

但是，归真堂生产含有熊胆粉的产品作为保健品销售，则存在法律上的问题，因为，根据《卫生部关于不再审批以熊胆粉和肌酸为原料生产的保健食品的通告》的规定，国家卫生部2001年起不再审批作为保健品的熊胆粉，从这个规定出台开始，熊胆粉等原料不可以再用于任何保健食品。而且，该规定出台前，卫生部只审批过两种含熊胆粉的保健品，都不是归真堂生产的。但是至今，归真堂仍然以保健养生为加盟定位，销售熊胆茶等含熊胆粉的保健品，这种行为违反了卫生部的相关规定。

归真堂活熊取胆事件反映出的最大问题就是动物受到虐待，而反虐待动物在法律上尚属空白。目前，归真堂“活熊取胆”虽然不为现行法律所禁止，但并不意味着这种状况应当继续存在，因为人类总是向文明进步的，而反虐待动物立法是国际动物保护立法的趋势。目前世界上已有100多个国家出台了反虐待动物法案，而在我国，2009年就有专家提出了反虐待动物法专家建议稿，只是尚未进入立法机构或政府部门的立法规划或立法程序。

再从人道的角度看，活熊取胆是否人道，是否符合动物福利，是可以讨论的，动物保护主义者有权将这一问题变成公共议题。动物保护主义者有权号召大家关注归真堂的活熊取胆活动，也有权号召大家拒绝使用归真堂含有熊胆粉的产品。这种情形犹如当年网友号召抵制“家乐福”一样：你有权自己不进“家乐福”，也可以说服与你具有同样理念的人不进“家乐福”，但你无权阻止他人进入“家乐福”。动物保护主义者还有一个领域可有作为，那就是呼吁反虐待动物立法，推进保护动物福利的法律出台。①

以包容的心态对待分歧

就“归真堂事件”而言，之所以存在众多质疑声音，或者说，之所以难以形成社会共识，其原因至少有几个方面：其一，归真堂是利益主体，其自我解释是“自说自话”，难以令人信服；其二，无论是中药协、媒体还是动物保护主义者，都不是绝对的专家或权威，没有哪一方能够提供可以服众的解释；其三，很多质疑的声音来自互联网，众说纷纭，莫衷一是，又缺少将各种声音汇集起来的社会机制；其四，到过现场的是少数人，而旁观者（尤其是网络围观者）甚众，旁观者声音多而杂，亲历者的解释往往难以回应所有的质疑声音。

上述第二个方面尤为重要。在网络社会中，不仅信息多元，而且权威多元，信

① 参见杨文浩：《法律与人道别混为一谈》，载《法制日报》，2012-02-24。

息传播不限于固定的空间，传统的、依赖于时空条件的权威弱化了。这与传统社会有着明显不同，在传统社会中，老人是集经验、知识与权力为一体的权威形象，其社会权威的来源在于空间上“走得远”和在时间上“活得久”，年龄越长则权威越大。年长是时间与历史的见证，也是经验、智慧与权威的表征。人们对长寿的追求不仅仅在于生命的延续，也在于权威的保存。但在网络社会中，老人的权威弱化，而时尚、新奇、有趣、非主流等成为网络社会中备受推崇的价值。与此类似，长辈、老师、领导等角色的权威形象也非比往常，代际关系、师生关系、领导与下属的关系需要在网络社会中重新定位。长辈、老师和领导的权威只在某一方面有效，而难以在所有方面都比晚辈、学生和下属高出一筹。

在网络社会中，多元化、个性化和差别化的事物才能吸引人的眼球。同时，多元化、个性化和差别化事物的增多也意味着深度意义的消解。一方面，多元异质且更新迅速的网络信息充斥着人们的思维，缩短了人们的思考时间，并不断地冲击着人们头脑中已有的信息存量。另一方面，在驳杂的网络空间中，立论者多，说理者少；转载搜索者多，独立原创者少；消极模仿者多，积极甄别者少；作壁上观者多，积极参与者少。“转载搜索”是知识与信息获取的方式，也是休闲娱乐的方式，新奇、有趣往往比“深度意义”更重要。由于深度意义的消解，人们之间沟通与共享的往往是符号、口号和奇闻轶事，而不是意义和价值，争论与分歧往往淹没了共识与同意。

回到“归真堂事件”上来，该事件中的质疑与回应也许并不会得出一个最后的答案，而只是寻求沟通对话而已，沟通对话的理想结果也并不是各方完全一致，而是以包容的心态对待分歧，使不同的意见得到表达和讨论，进而被异见者接受。所以，多种声音共存而不是一家之言独大，也许才是“归真堂事件”的最后归宿，甚至可以说，这也是网络化时代很多社会分歧的最终归宿。

结　语

滴水藏海，透过“归真堂事件”，我们可以管窥网络社会中信息与真实、现象与本质、个人与社会之间的张力关系。在网络社会中，“真相情结”驱使人们破除重重信息迷雾，逼近事物的本质，但以信息识别信息、以信息澄清信息，反而可能带来信息重叠，妨碍人们对事物的判断。同时，不同的主体出于自身利益的考虑，会制造和发布对自身有利的信息，或为自身发布的信息寻找合理的解释，以获取和掌握更多的信息权力，而对局外的旁观者而言，这却进一步增加了信息识别的难度。正因为信息多元驳杂，制度化的对话与沟通才显得更加重要。渴望对话与关注，成为网络社会中重要的心理诉求。当然，渴望对话，并非希冀一个毫无差别的共识，而是实现多元声音的和谐共存。

网络社会中信息多元驳杂，可能带来社会认同难度的增加，但我们认为，社会认同难度增加的问题无法通过网络本身来解决，而是依赖于现实生活世界，家庭、学校、社区、职业团体等依然是社会团结与社会认同的主要来源。网络世界与现实世界不是截然分离的，在本质上，现实世界是网络世界的基础和来源。网络世界塑造了人的虚拟感，现实世界则造就了人的真实感，应该用一个意义丰富的现实世界包容虚拟的网络世界。

网络社会是一个个体化的社会。虽然数据传输将身处不同时空的人远程地连在一起，但人们直接面对的是显示器而不是活生生的人，个体与社会不会自动联结，二者的疏离却大有可能。在这里，我们有必要引述法国社会学家涂尔干的一段话："热爱社会，就是热爱既超出我们之外、又存在我们之中的事物。若我们不想结束我们作为人的存在，就无法实现摆脱社会的愿望……人们所能提出的唯一问题，就不再是他们能否离开社会而生活，而是他们希望生活在什么样的社会里。"① 我们应该以积极乐观的心态迎接网络社会的到来，但希望生活在什么样的社会里，如何在寻求个人自由的同时实现社会共识，是摆在每个人面前的问题。

参考文献

［1］曹虹．归真堂邀百人观活熊取胆 万人签名抵制多地停售［N］．东方早报，2012-02-20（A2-A3）．

［2］侯云龙．归真堂熊胆产品"身份"疑点重重［N］．经济参考报，2012-02-15（3）．

［3］居伊·德波．景观社会［M］．王昭凤，译．南京：南京大学出版社，2006.

［4］刘夏等．归真堂再开放　参观者跪拜黑熊谢罪［N］．新京报，2012-02-25（A14）．

［5］孟昭丽，涂洪长．南平案凶手郑民生一审获死刑［N］．新华每日电讯，2010-04-09（1）．

① ［法］涂尔干：《社会学与哲学》，59～60页，上海，上海人民出版社，2002。

[6] 米尔斯. 社会学的想象力 [M]. 陈强，张永强，译. 北京：生活·读书·新知三联书店，2001.

[7] 涂尔干. 社会学与哲学 [M]. 梁栋，译. 上海：上海人民出版社，2002.

[8] 王建民. 想象的征服——网络民意背后的社会结构 [J]. 社会学家茶座，2011 (4)：28-31.

[9] 杨文浩. 法律与人道别混为一谈 [N]. 法制日报，2012-02-24 (7).

[10] 张太凌. 高速路拦车运狗 [N]. 新京报，2011-04-16 (A14).

第二章　网络互动与社会认同："郭美美事件"引爆慈善危机

引　言

郭美美真名郭美玲，新浪微博昵称"郭美美 baby"，新浪微博身份认证"中国红十字会商业总经理"。2011 年 6 月 21 日，郭美美在网上炫耀的奢侈生活被网友揭露并迅速经多方转发，引起全社会广泛关注，其争论焦点集中于 20 岁的中国红十字会会员为何能有如此强大的经济实力，这其中是否存在挪用民众所捐善款的现象。一时间，网络兴起全民扮演福尔摩斯的运动，从追寻郭美美身份牵扯出一系列的个人与群体。

如今回头看"郭美美事件"，郭美美早已不算是事件的女主角，真正的主角是中国红十字总会。而它自事件发酵时起就一直处于被动的状态，网友质疑什么，红十字会则否认什么，但又不拿出有力的证据证明，似乎正应了那句俗语："解释就是掩饰，掩饰就是事实。"如此几经波澜，红十字会的公信力被大大削弱，而公信力历来都是公益组织存在的根基。

"爆料—围观—热炒—处理—散去"①，这一模式几乎成了每一个网络热点事件的解决路径。只是"郭美美事件"并没有那么容易解决。"郭美美三天毁掉红会一百年"，不是郭美美有多大威力，而是我们的"官办慈善"红十字会太过脆弱。信息不透明、效率低下、与公权力捆绑不独立、审计与监管不当等亟待沐浴改革之风的"体制上的尴尬"，绝不是随郭美美的名字淡出网络焦点就可以不了了之的。相

① 《郭美美事件不能不了了之》，见 http://news.ifeng.com/opinion/special/guomeimei/，2011-06-28。

反，红十字会作为慈善事业的重要带头人应长期不懈地为重塑公信力努力，以实事求是的态度化解慈善危机。

从社会学的角度看，"郭美美事件"在抽象意义上与近年来许多网络公共事件一样，都以缺场交往的网络互动贯穿始终，反映出网络社会的崛起已深入社会生活的方方面面。网络技术的更新与信息化的发展，不仅便于自上而下的信息传递，更是开启了自下而上表达意愿与社会监督的新模式。同时，这也说明了在全球网络化易导致个体独立分散的大背景下，网络还具有将原子化个体聚合于公共论题、营造共同体想象的功能，正是在这一过程中，网络社会中的社会认同得以爆发出巨大的能量。另一方面，从具体的现实意义角度讲，自孔德建立社会学起，它就负有应对社会危机、面对和参与现实、力求把现实从困境中解脱出来的使命。从社会认同与社会管理的角度分析"郭美美事件"，意在充分认识社会转型期的社会认同危机，推动社会管理体制改革，从而有助于实现一个更加和谐美好的社会。

一、网络互动：胜似现实的缺场交往

社会交往是社会学研究的经典课题之一，齐美尔谈交往，涂尔干谈交往，哈贝马斯也谈交往，从古典社会学到当代社会学，大师们所研究的是面对面相互可见的在场交往。但这并不是交往的全部形态，在网络虚拟社会中还存在着一种胜似现实的缺场交往。说它胜似现实，是因为社会的本质不仅在于个人及群体形式的存在，更重要的在于个人及群体的交往活动。在这场虚拟世界的互动中，变化的只是交往的形式，不变的是交往，只要进入实际的交往关系中，网络行为所展开的社会空间就是一个不是真实却胜似真实的现实社会，一个比在场活动更具活力，更能真实表达人们的愿望、意志乃至本性的社会。[①]"郭美美事件"就是这样一个从缘起到发展都彰显着缺场交往力量的网络事件。

果断围观只因炫富?

郭美美，真名郭美玲，湖南人，新浪微博昵称"郭美美 Baby"。2011 年 6 月 21 日，这个在新浪微博公然炫耀"背爱马仕包，住大别墅，开玛莎拉蒂"奢华生活的女孩，在网络上引起轩然大波。天涯网友首先在天涯社区发帖《微博又有新发现，20 岁"红十字会商业总经理"，各种炫富！火速围观!!》。随后，短短几个小时，新

① 参见刘少杰：《网络化时代的权力结构变迁》，载《江淮论坛》，2011 (5)，15～19 页。

浪微博上有数以千计的网民关注、转发或参与评论。围观，自此开始。

一个90后女孩的个人微博炫富事件为何一夜间成为了无数网民搜索争论的公共事件？果断围观难道只因炫富？其实，关键就在于她的新浪微博“中国红十字会商业总经理”的身份认证。继2011年4月上海卢湾红十字会“天价餐费”事件被曝光[①]后，民众心中的人道组织“总经理”又公然炫富，这不禁又一次激起民众对红会不透明制度的强烈不满，质疑其存在挪用善款的现象。

6月21日晚23时，“郭美美Baby”在新浪微博再度现身，澄清身份，称自己“所在的公司与红十字会有合作关系，简称红十字商会，我们负责与人身保险或医疗器械等签广告合约，将广告放在红十字会免费为老百姓服务的医疗车上。之前也许是名称的缩写造成大家误会”。3个多小时后，“郭美美Baby”将上条微博删除，又发表一条微博解释：“红十字协会和红十字商会根本就是不同性质，为什么会有那么多人揪着红十字这三个字不放过呢，这跟人同姓或者同名是一个性质。”但不久后这条微博也被删除。随后，中国红十字会内部工作人员对外公布，该会并无该女子，也并无“商业总经理”这样的职位。中国红十字会理事杨澜也否认了郭美美为中国红十字会副会长郭长江之女的说法，但天涯网友以及新浪网民“人肉”出来的各种信息，让红十字会陷入信任危机。

没有筛选严密且单向强制输入信息的传统媒体的介入，郭美美的炫富言论就这样在网络平台上出现，在网民中激起千层浪；没有面对面肖像、声音与举止交流的传统交往模式依托，不曾谋面的网民就这样在微博上因聚焦共享信息，以符码交流心声，使不同时不同地的缺场交往得以可能。早在20世纪中叶，加拿大传播理论家马歇尔·麦克卢汉（Marshall McLuhan，1911—1980）就曾说过“媒介即信息”。尽管这句话有多种诠释，但其核心意义在于媒介决定了信息的存在方式与传播方式，对于整个人类史而言，不断发展和变革的媒介本身远比那些转瞬即逝的信息更为重要，因为在媒介改变了我们传播和接受信息的方式的同时也更为深远地造就了一种新的生活方式。网络媒介的兴起使得世界“处处是中心，无处是边缘”。对于“郭美美事件”来说，“逃避或者不逃避，关注已经在那里，只增不减”，这里就是中心；对于关注“郭美美事件”的网民来说，无论你在哪里，只要你的目光聚焦在这里，都可以超越时空的限制参与到事件的追踪、观察、评析中去，这里没有边缘。微博作为网络媒体去中介化的代表，不但改变了事件必须经由传统媒体的选择审查才能传达到受众的传播路径，也反过来为用户可以直接地、真实地表达其思想

① 参见王卡拉：《网曝红十字会一顿饭花近万元》，载《新京报》，2011-04-16。

感情提供了缺场交往的互动平台。

全民动员：真相才是奢侈品

郭美美到底是谁？她和红十字会究竟有什么关系？红十字会有没有滥用捐款人的钱？这一系列问题，不仅在网民的评论与转发中被喊了出来，更是引发了一场关于真相是什么的全民福尔摩斯运动。

网友们在极短的时间内展开了热烈的搜索，将郭美美的身世进行大起底，陆续曝光其个人信息：真名为郭美玲，曾经当过演员，并且曾整容，跟妈妈一起生活，来自单亲家庭，家境一般。除此以外，郭美美的整容前后照片、现今车牌号、居住地址及照片、SCC[①] 的新成员身份、18 岁生日收到 16 万的手表等信息也随后被曝光。

一个普通女孩何以过着非普通人的生活？在查清郭美美的基本信息后，网友们的焦点逐渐转移到郭美美妈妈及王军（郭美美黄色兰博基尼的车主）身上。除了对郭美美个人关系网的调查，网友还发现了与郭美美在微博中所描述的业务内容极为相似的深圳天略集团，该集团老总丘振良即刻被卷入这场全民追踪郭美美的浪潮中。[②]

随着网民不断挖掘信息，"郭美美事件"逐渐发酵进入白炽化阶段。各大媒体开始跟进，CCTV、《人民日报》等各大媒体开始关注并报道"郭美美事件"。央视新闻频道《24 小时》栏目报道"郭美美事件"，追问郭美美是谁，并指出"有声明，更需要证据"，红十字会有责任用事实来向公众证明真假。而在风口浪尖的郭美美接受了土豆网的采访，采访中她的解释发生了变化。她说自己最初的身份认证是"演员"，"红十字商会总经理"是表妹修改的，自己并不知情。采访结束后，针对"郭美美事件"所暴露出"微博认证混乱"的问题，新浪负责人表示将严惩兜售"微博付费加 V 认证服务"的内部违规人员。2011 年 6 月 26 日，郭美美再次发微博向红十字会和公众表示道歉，她说，"本人出于无知在微博上自称为中国红十字会商业总经理"、"本人从未在中国红十字会工作，这个身份完全是本人杜撰出来的"。但是，几天之内她的说法一变再变，这不能不让人们感到疑惑。6 月 28 日，中国红十字会召集中央级媒体召开新闻发布会，重申该会并没有所谓的"红十字商会"机构，并再次撇清与郭美美之间的关系。同时，中国红十字会总会以郭美美虚构事实、扰乱公共秩序为由向公安机关报案。公安机关立案，并依法开展相关工作。

---

① 北京超跑俱乐部（Sports Car Club）。

② 参见八你皮：《全方位解读郭美美事件，给你一个最完整的真相!》，见 http://www.tianya.cn/publicforum/content/funinfo/1/2716484.shtml，2011-07-05。

“郭美美事件”发展到这一阶段，一方是郭美美与中国红十字会总会各自的“清白”声明，一方是各大媒体记者的跟进采访与公安机关的立案调查，还有一方则是与网民潘欣一样高喊着“玛莎拉蒂不是奢侈品，爱马仕不是奢侈品，百达翡丽也不是奢侈品，真相才是奢侈品”的亿万民众。

事件发展中网民渴望真相、逼近真相的网络互动过程，可谓在胜似现实的虚拟社会展开了一场胜似真实的缺场交往盛宴。为什么这么说？首先，让我们给网络互动下一个大致的定义。网络互动是指处在网络信息传递两端的行为主体（个人或组织），借助网络符号实现相互联系、相互影响、相互作用的动态信息交流的活动过程，互动的实质是彼此在行动中交流信息和互构认识体系。

网络互动是一种缺场交往，和传统的在场交往相比，其特征可以归结为以下两点：第一，网络互动行为的主体由于身体缺场从而具有相对的隐秘性。“郭美美事件”发生以来，可以说在某种程度上，缺场交往的主体隐秘性使许多普通网民与知情人产生了普遍的解放感，使他们更主动、更敢于去表达自我感受或沟通相关信息；同时，缺场交往超越了在场交往中主体的某些社会属性，使所有参与者之间所占据的发言地位更加平等，每个网民既是参与者，又是组织者，他们可以自己为自己做主，而这也正有助于实现交往的真正用意。第二，网络互动具有跨时空的特征，具有比传统在场交往更便捷、更广泛的传播效应。“郭美美事件”中每一个新的信息、新的进展，网民在任何时间、任何地点都可以接收或传播，缺场交往不会因错过某个特定的时间地点而使人失去信息收发的能力，大大提升了交往的便捷性，同时突破物理时空局限的缺场交往也在更广的范围内实现了平面化“信息共享”。缺场交往的这两大特性推动“郭美美事件”逐渐演变成了全国性的网络事件。

马克思曾指出：“社会——不管其形式如何——是什么呢？是人们交互活动的产物。”[①] 在网络这个由比特（bit，信息单位）所组成的信息世界里，起主导作用的是信息的流动与人们的思想，虽然缺少面对面可见的实在感，却有更多的人可以带着他们真实的愿望与互动的活力参与到胜似真实的交往中来，从“信息共享”到“思想共享”，共同创造一个比在场存在表现出来的社会空间还要真实的社会。

网络炒作？慈善事业“信任墙”的坍塌

回到“郭美美事件”本身，在全民追逐真相的缺场交往中，多数网友以平缓的

① 《马克思恩格斯选集》，2版，第4卷，532页，北京，人民出版社，1995。

言辞或激动的口吻，从理性或感性的角度转载评论了此事，普遍表达了对郭美美自表清白的不信任，对红十字会善款去向的质疑。与此同时，也有网友猜测"郭美美"这一名字旦夕间红遍网络，会不会是幕后有推手团队，帮助她进行了一次全民推广。对此，另有网友认为"郭美美事件"并没有炒作嫌疑，试问哪个人愿把自己炒得如此声名狼藉还被警方传讯？可以说"郭美美事件"发展到中期，网络炒作与否的争议与事件本身同在。虽然对是否是网络炒作我们不得而知，但"郭美美事件"作为一个公共事件已经像一颗手榴弹炸向了中国的慈善事业，不仅如此，还"冲出亚洲走向世界"——登上美国《纽约时报》A8 版面，题为《网络丑闻损害中国人对政府慈善事业信任度》。①

截止到 2012 年 8 月 29 日，搜狐网开展的一项长期有效的名为"郭美美事件是否影响你对中国慈善事业的看法"的调查显示，在投票总人数 12 682 人的情况下，有 72.28%（9 172 人）的民众于"与慈善相关的负面新闻，是否影响您慈善捐款的意愿"一题下选择"再也不捐了"这一选项；23.44%（2 974 人）表示负面新闻对他们的慈善捐款意愿"影响较大"。② 此外，民政部最新统计数据表示，自 2011 年 6 月下旬"郭美美事件"等一系列事件发生后，社会捐款数以及慈善组织接收的捐赠数额均出现锐减，2011 年 7 月份全国社会捐款数为 5 亿元，和 6 月相比降幅超过 50%，慈善组织 6 月到 8 月接收的捐赠数额降幅更是达到 86.6%。

可见"郭美美事件"无论炒作与否，都已实实在在地令慈善事业的"信任墙"坍塌了。诚然，网络社会与现实社会有所不同，但网络社会的存在绝不是为了与现实社会相对抗或分离，而是通过网络打破传统媒介的禁锢，由民众自发地揭开一些可能被遗忘的问题，在缺场交往的争议探讨中前行，最终以实践的方式回馈现实社会，使之更加美好。"郭美美事件"虽然以网络围观的力量重创了我国慈善事业，使红十字会由光明的国际性救死扶伤、赈灾济困的公益组织身份跌落为尽遭质疑与否定的"人民公敌"，但它也通过缺场交往最终撬动了现实。

二、网络空间：从原子化个体到共同体想象

越来越多的思想家发现高速发展的现代化社会极大地丰富了人们的物质生活，

---

① Edward Wong，An Online Scandal Underscores Chinese Distrust of State Charities，*The New York Times*，2011-07-04。

② 参见搜狐调查"郭美美事件是否影响你对中国慈善事业的看法"，见 http://news.survey.sohu.com/poll/result.php?poll_id=50117，2012-08-29。

但物质的丰腴却没能挡住精神家园的贫乏。狭隘的个人主义情绪在蔓延，普遍的漠不关心在盛行，曾经具有公共性的共同体正走向衰落。为解决在现代化、城市化人际关系疏离状态下社会何以可能的问题，社会学家试图以对结构组织的诉求来实现“新公共性构建”，未曾想一度被认为使现实社会成员蜷缩在各自屏幕背后而缺乏彼此间有效互动的网络空间，恰有将原子化个体聚合于公共论题，为复兴共同体想象建设凝聚型社会贡献力量的巨大作用。

现实生活的原子化趋势

伴随着城市化进程，人们开始以前所未有的速度集中到城市中来，但集中于城市中的人们不再像农业时代那般充满温情与集体意识，而是代之以陌生人法则，彼此渐行渐远，走向社会原子化。主要表现有人际关系的疏离、个人与公共世界的疏离、规范失灵与社会道德水准下降等。① 具体说，即社会转型期单位制度的变迁，使人们被从一个个共同体中“解放”出来作为独立的个体存在，社会纽带开始松弛，你我他的关系开始疏离，逐渐步入利己主义的小圈圈；原子化的个体缺乏对公共问题的热情，不愿意思考也常常看不到解决公共问题的可能途径，即便是表达自己的利益诉求也往往以原子化个人的身份面对国家，缺少组织的形式，更缺少组织的效力；当社会走向原子化以后，加之市场主义盛行，个人的逐利动机便难以统合在社会道德规范中。

社会学家不愿意看到这样“一种只顾自己而心安理得的情感”使“每一个公民与其同胞大众隔离，同亲属和朋友疏远”，更不愿看到“每个公民建立了自己的小社会以后，就不管大社会而任其自行发展了”②。因此他们走到社会建设的前线，提出将自上而下的社会建构力量与自下而上的社会组织发育结合起来，培育中间社会。而网络空间的存在正是从源头处，在“碎片化”结构的现代社会中连接了茕茕孑立的个人，重新唤醒了现代人的共同体情愫，为以后中间社会的建构培育意识凝聚力，并在涉及公共性组织的建设里发挥了重要的推动和监督作用。

“郭美美句式”折射集体共鸣

曾经有一种以“亲”开头的淘宝体红遍网络，如今“郭美美事件”发生不久，

---

① 参见田毅鹏：《转型期中国社会原子化动向及其对社会工作的挑战》，载《社会科学》，2009（7），71～75页。

② ［法］托克维尔：《论美国的民主》，下卷，625页，北京，商务印书馆，1988。

“郭美美体”就已横空出世，成为常用网络用语——郭美美的事没弄清楚，没心情上班，没心思踢球，没心情捐款，没心情结婚……面对红十字会的声明，也“没心情听”。各种“没心情”的郭美美句式，作为象征符号有效地在参与者和旁观者的“生活世界”中激起共鸣，一个分享共同的生活场域、经验和集体记忆的“我们”逐渐清晰起来。近年来许多网络事件都经历了相似的过程，网络空间起初通过点对点的无数链接，将信息瞬间扩散在你我他之间，然后又以某种独特的象征符码或关键点将你我他吸附到一个“我们”之中——原来关注“郭美美事件”不只是“我”的兴趣使然，还有太多和“我”一样的“我们”。也许最初思考的问题仅仅是“我的捐款去哪了？”但在事件持续的升级与关注中，网络空间的所见所闻所想所言营造出一种关乎全民公共利益的凝聚力，人们开始自发地在意识和行动上组织起来，在追逐“郭美美事件”真相的征途中思索：“我们的慈善事业怎么了？”“我们的社会怎么了？”

在郭美美句式沸腾荧屏之时，各大媒体也加紧了对“郭美美事件”的跟踪调查。2011 年 6 月 30 日，《南方都市报》记者王星率先报道了对商红会机构、对“郭美美事件”中相关企业及负责人的调查。在郭美美此前的微博中曾经提到她所供职的公司与中国红十字会有合作，业务涉及“医疗车体广告”等，而这些业务与 2007 年中国红十字会主办、“中红博爱”公司实施的“红十字博爱服务站进社区”活动的内容高度相似。据项目负责人王鼎介绍，该项目以红十字会的名义，以无动力房车为载体，在全国 3 万个社区建立服务站，为各级红十字会推广人道、博爱、奉献的理念，并在社区开展紧急救护、募捐宣传等便民服务，最终通过无动力房车车体销售广告获取收益。那么整个项目由谁创办？与商业红十字会和红十字会总会是什么关系？我们需要从头追溯。

中国红十字会是中华人民共和国统一的红十字组织，是从事人道主义工作的社会救助团体，具有社会团体法人资格。按照中国红十字会法的规定，县级以上按行政区域建立地方各级红十字会，全国性行业根据需要可以建立行业红十字会，地方各级红十字会和全国性行业红十字会是两个独立的部分，同是中国红十字会的分会，需要依法取得社会团体法人资格。目前，中国红十字会在两个行业设立红十字会组织，一个是商业系统，一个是铁道系统。据中国红十字会介绍，行业红十字会本身并不从事商业活动，它们的主要工作是立足商业系统，传播人道主义和红十字精神，开展红十字宣传、救助和救护培训等工作，与中国红十字会也不存在募捐分成的问题。“对行业系统红十字会的管理，我们是一种指导性的关系，就是对行业系统红十字会干部的任免我们总会不参与，对它的工作经费我们也没有拨给，它的主管部门是商业联合会，我们主要是在业务上对它进行指导。”中国红十字会秘书长王汝鹏说。[①]

但是，据媒体调查显示，商业红十字会（简称“商红会”）曾与诸多企业进行过合作，商红会的主要负责人甚至就是企业的创始人或法人代表；与此同时，在“博爱之窗”的活动中，商红会有权统筹安排部分募集款项，且该活动与保险公司、广告公司亦产生了合作关系。[②]

商业红十字会成立于2000年12月8日，成立10多年仍未在民政部登记，未获得法人资格。根据中国红十字会的解释，没有注册就不是独立的法人，商红会就没有募捐账号。中国商红会副秘书长李庆一告诉记者，目前商业系统红十字会的收支管理是参照商业联合会资金使用管理办法，由商业系统红十字会会长王树培审批，副会长兼秘书长孙莲负责执行。从《王鼎公司与商业系统红十字会的来龙去脉》[③] 一文看来，商红会成立的初衷是为了实施商红会副会长王树民策划的一个项目，而为了弥补商红会的人员和经费不足，王树民又成立了王鼎市场营销咨询有限公司（以下简称“王鼎公司”）（王鼎即王树民的笔名），借用王鼎公司的账号。而王树民策划的这个项目，本质上就是一个户外广告载体，10年来借用红十字会的名义，在商场、社区、火车站候车室等地放置橱窗，通过销售广告获利，盈利模式一直没有变化。中国商业系统红十字会副秘书长李庆一的另一身份就是王鼎公司副总经理。

王鼎公司与前文所提到的“中红博爱”公司又有什么关系？原来，“红十字万站进社区活动”最初是由王鼎公司与民丰控股合作成立的“民丰博爱资产管理有限公司”经营的，2008年香港联交所发布公告，民丰控股与王鼎公司的合作伙伴关系中止。为了接手“红十字万站进社区活动”，王鼎公司组建了一家新公司，即中红博爱资产管理公司（简称“中红博爱”）。而中红博爱的股份发生变动后，郭美美的商业伙伴兼男友王军（中红博爱负责人翁涛透露）通过深圳物华公司控股中红博爱。也许是王军曾开玩笑许诺让郭美美在中红博爱担任职务，才导致了郭美美将其新浪微博认证由“演员”改为“中国红十字会商业总经理”，闯入这个未知、封闭而利益既得的体系。而前文提到的天略集团，据该集团董事长丘振良接受采访时所述，与郭美美并没有直接关系，只是中红博爱公司的项目运作模式与早年天略集团设计的模

① 参见周东旭：《揭秘商业红十字会运行模式和管理》，见 http://news.ifeng.com/opinion/special/redcross/dujia/detail_2011_06/30/7338404_0.shtml，2011-06-30。

② 参见《红十字会再发声明：暂停“商红会”一切活动》，载《今日早报》，2011-07-03。

③ 参见商业红十字会：《王鼎公司与商业系统红十字会的来龙去脉》，见 http://www.s1979.com/news/china/201106/3014980530.shtml，2011-06-30。

式不谋而合。[①]

网络空间中的共同体想象

至此，"郭美美事件"中的部分疑团相继有了答案。2011 年 7 月 8 日，北京警方公布"郭美美事件"的调查结果[②]：(1) 郭美美及其母与中国红十字总会无直接关联。(2) 郭美美不认识红十字会相关人员，也未担任相关职务。(3) 郭美美与深圳商人王某交谈中，知道王某与商业系统红十字会相关单位的合作意向。(4) 郭美美认为原来在微博上注册认证的"主持人、演员"身份层次较低，为满足其炫耀心理，自行杜撰了"中国红十字会商业总经理"身份。另一方面，中国商业系统红十字会表示自身以及所有相关机构都与郭美美无关，并表示可以公开成立 10 年来的所有账目，欢迎监督查询。

事件进展到这一步，尽管网民对于郭美美本人与红十字会的关系仍各有猜测，但此时更多的注意力已经开始转移到社会性制度与管理的层面。

依靠网络空间发展起来的"郭美美事件"在传统媒体加入后愈演愈热，而前文所述的缺场交往也时刻体现了群体的所感所思。信息在共享，思想亦然。在同步更新中，一个颇具凝聚力的共同体正在悄然形成。"真相"、"慈善"、"捐款"这些频繁出现在网友的评论里、与个人精神诉求或亲身体验相关的词汇，通过网络空间的传递，唤起了现实中原子化个体对共同利益的认知，使"不在场"的共同体想象成为可能，无形中塑造出了一种集体认同感。从重提 2002 年希望工程丑闻[③]，到议论现今的"郭美美事件"；从选择性地重述过去，到比较现在所处环境中的某些情境、事件和体验，这其实是一个极具草根自发性的简化与压缩的过程。充斥"负能量"的公共事件使人们将他们面前的这个世界辨识和标记为"我们的利益被他们侵害"或"我们被他们深深伤害"等不公正境遇，特别是在社会阶层鸿沟较为明显、垄断群体频繁被曝依靠其特权实现欲望这样的环境下，人们更容易集结成"我们—他们"的解释框架来表达群体的被剥夺感。在感情找到共鸣、得到宣泄的同时，"我们"也就社会状况的不公正程度发展出了共同的目标，即在网络空间彼此的互动中社会性地建构了对集体行动的预期，比如后文将提到的对红十字制度与慈善事业管理改革的建议。

---

① 参见李涛：《天略集团董事长回应郭美美事件》，见 http://bjyouth.ynet.com/article.jsp?oid=79621451，2011-07-01。

② 参见《北京警方通报郭美美案都是美美一人的错》，见 http://news.ifeng.com/society/special/guomeimei/content-3/detail_2011_07/08/7568334_0.shtml，2011-07-08。

③ 参见韩寒：《没希望工程》，见 http://blog.sina.com.cn/s/blog_4701280b010185jh.html，2011-06-30。

三、社会认同：翻江倒海的精神力量

网络化时代的到来，赋予了人们比以往更多的表达权力与表达机会。近年来不少网络社会事件由于网民的参与而使结果更加合理，网络行为能推动事件发展归根到底源于认同的力量。新时期的社会认同不同于传统的、从个体心理学角度出发的身份认同，而是主动地表达社会评价和社会期待的、富有建设性价值的社会认同。

实践中的社会认同危机

社会认同论起源于20世纪70年代初期，并一直处于持续而快速发展的过程中。在社会心理学研究中，英国社会心理学家泰菲尔（Tajfel）最初将社会认同（social identity）定义为：个体认识到他属于特定的社会群体，同时也认识到作为群体成员带给他的情感和价值意义。[①] 应该说这一定义中的社会认同还是从个体立场出发的对社会归属一致性的认识，它的核心问题是围绕“我是谁?”“谁和我一样?”而展开的。与此不同，社会学中的社会认同是社会成员共同拥有的信仰、价值和行动取向的集中体现，本质上是一种集体观念。在学术研究中多侧重“表达某种社会情绪和价值观念”，“表达社会成员对身份、主要制度安排、社会转型过程的认知和评判”[②]。

在全球化扩张的浪潮中，伴随中国本土社会的转型及工业化与城市化的推进，社会现代性与传统性相互交织，人们的实践系统逐渐开放起来（例如沟通的开放性、知识和经验的开放性、选择的开放性等[③]）。同时，经济体制的变革、社会结构的调整、利益格局的分化等，使得现代性的液化与流变特征日益明显，个体、社群、阶层之间愈发独立，价值观念与社会信念也走向多元化。

虽然社会认同的多样性对社会统筹是个挑战，然而更大的挑战和困难在于，某些社会认同整体较为一致地朝负方向积累。也就是说，社会认同本身在某些方面是呈现共识状态的，但所形成的共识却是消极的、理想中不该如此的。例如关于社会

---

① H. Tajfel, *Differentiation Between Social Groups: Studies in the Social Psychology of Intergroup Relations*. London: Academic Press, 1978, chapters 1-3.

② 李友梅：《重塑转型期的社会认同》，载《社会学研究》，2007（2），183～186页。

③ 参见杨敏、郑杭生：《个体安全：关于风险社会的一种反思及研究对策》，载《思想战线》，2007（4），82～89页。

公众对政府机构的信任，近年来不少突发的群体性事件都凸显了民众的负向社会认同：2008年贵州的"瓮安事件"，2010年"钱云会事件"，2011年"河南强制施工轧死人案"等，均反映出政府的信任危机。这些案例最明显的共同特点就是在已经发生事故的既定事实上，公众集体表现出对政府公开声明的质疑，认为政府"维稳压倒民众诉求"，而这些行为从根本上说还是集体价值、集体观念的社会认同危机问题。

"郭美美事件"也没能摆脱相似的运行轨迹。尽管红十字会总会与北京公安局已经对郭美美与红十字总会的关系做出澄清，但依然有不少网民表示天涯论坛"高楼帖"的倒塌背后一定有不可告人的秘密，政府的"舆论维稳"必定是为了掩饰什么内情。据网友统计，当红十字会在官方微博表示"真诚感谢广大公众和媒体对红十字会工作的关心和监督，希望在今后的工作中继续得到大家的支持和信任。我们将以谨慎务实的态度和作风，继续发扬人道主义精神，致力于保护人的生命与健康，把每一份爱心，每一笔善款，传递给最需要帮助的人"，短短1小时20分钟就收到6.3万多次评论，11.5万次转发，恶评率高达99.9%，"呸"字被用过数万次，被冠以新浪微博有史以来"最呸的微博"称号。纵然网民的言语会有失理性、略显偏激，但集体性不信任的社会认同危机已昭然若揭。

非比寻常的社会能量

现在网络社会中的社会认同更是不同于传统社会学或传统心理学所界定的社会认同。传统社会学所说的社会认同指的是个体的社会归属感，强调社会成员找寻他们在社会处于何种层面，获得何种身份、地位、角色，是被动的、带有强烈顺从意识的归属性心理接受过程。网络社会的崛起唤醒了社会成员独立的、自主选择的自我意识。尽管在网络的缺场互动中依然可见归属于某共同体的力量凝聚过程，但是人们已经不再仅仅被动地关注自己在社会生活中属于哪一个阶层，而是对社会的存在状况或发展势态有自己的价值判断与意愿诉求，希冀提出自己对社会的评价与要求，表达对"社会应当如何"的看法，这是一种主动的建构性认同。并且对比传统社会认同或共同体所强调的归属感，网络社会的社会认同是一种内化了的、更加稳定的观念力量。

卡斯特在《认同的力量》一书中对网络社会的社会认同做出了论述，他称网络时代的信息权力为精神或心灵的权力，是通过符码影像呈现出来的社会认同力量。"新的权力存在于信息的符码中，存在于再现的影像中；围绕着这种新的权力，社会组织起了它的制度，人们建立了自己的生活，并决定着自己的所作所为。这种权力的部位是人们的心灵。"[①] 也就是说，信息权力就是存在于人们心灵中的观念力量，通过象征符号来传递，其基础不是别的，正是人们的价值认同与意义接受。当"郭美美事件"经由网络技术进行横向信息传递时，面对共同处境与共同意义的个体针对某些信息或某个问题形成共识，在事实陈述、意见表达中结成群体。从个体认同联结为群体认同或集体认同，这就是网络社会真正意义上的社会认同。

在卡斯特的叙述中，从墨西哥萨帕塔运动、美国民兵与爱国者运动、日本奥姆真理教运动、伊斯兰运动等一系列由社会认同而引发的社会分裂运动中，都可见社会认同是一股非比寻常的社会能量，其破坏力与影响力是巨大而深远的。古语云：水能载舟，亦能覆舟；防民之口，甚于防川。如果不尊重公众的发言权，不给其发言机会，对其言论充耳不闻，那么这股暗藏的强大社会能量很可能一泻千里。

但是，我们说网络社会的社会认同是一股非比寻常的社会能量，并不仅仅是因为从消极方面来说，它可能带来反社会的组织运动，更重要的是，在公开、自由的网络平台上，来自基层民众的价值评价汇集而成的强大社会共识具有改进社会的正能量。即便是负向社会认同也是如此，一方面它显现出民众心里所感受到的我们的社会存在着哪些问题，出现了哪些危机；另一方面它指引出了社会应如何构建才能解决问题，缓解或消除危机。

伴随网民此起彼伏的质疑与要求，背负审计指责与网络社会认同压力的审计署在2011年6月27日由审计长刘家义在第十一届全国人民代表大会常务委员会第二十一次会议上作了《关于2010年度中央预算执行和其他财政收支的审计工作报告》。《报告》中提到，2011年1月至3月，审计署对中国红十字会总会2010年度预算执行情况和其他财政收支情况进行了审计，并在审计过程中发现红十字总会在预算执行和其他财政收支中共存在5处问题。[②] 针对问题所在，审计署已依法出具了审计报告、下达了审计决定书，并建议红十字总会"加强预决算管理，严格按预算规定的支出用途使用资金，进一步加强政府采购管理"。2011年6月28日，针对审计署审计报告中披露的5个问题，中国红十字会迅速作出回应。[③] 其一，红十字会表明在2010年财政拨款使用的问题上，并不涉及社会捐款；社会捐款一直在接受国家审计署和第三方的独立审计机构的审计监督。其二，审计公告中披露的5个问题只涉及操作层面的技术及会计核算不规范的问题，绝不存在贪污腐败或假公济

① [美] 卡斯特：《认同的力量》，416页，北京，社会科学文献出版社，2006。

② 参见《审计署：中国红十字会多笔资金存在问题》，见 http://realtime.zaobao.com/2011/06/110627_23.shtml，2011-06-27。

③ 参见《中国红十字会回应审计署审计公告中披露的5个问题》，见 http://society.people.com.cn/GB/15022269.html，2011-06-28。

私的问题。此后，2011 年 7 月 6—7 日，中国红十字会在北京召开全国红十字会系统廉政工作会议。会议向社会承诺"两公开两透明"，即捐赠款物公开，财务管理透明，招标采购公开，分配使用透明。2011 年 7 月 31 日，中国红十字会总会的捐赠信息发布平台已上线试运营，平台首先发布了青海玉树地震捐赠收支和资助使用的有关情况。

公众社会认同能量大爆发后，有了"郭美美事件"中政府相关检查部门的介入，有了红十字会主动挽救及重塑信誉的一系列措施。然而，"天下围观的人群，面对的其实不是一个郭美美，也不是中国红十字会……而是隐匿在这些人、这些单位背后的，一张看不见摸不着、巨大无形、被相当一部分有权有钱有地位的人掌控的网"，"捅破一张纸容易，戳烂一张网难"[①]。但要知道，网若形成必有空隙，只要围观的人群聚合精神、寻求共识，要面包、更要玫瑰，要生活、更要美好生活，那么，隐匿于空隙中的黑色地带将无处遁形。

社会认同何去何从?

作为社会化的人，我们生于社会、长于社会，社会每时每刻都在为个人和群体的行动提供着意义与价值，这些意义与价值既注入人们的生活，潜移默化地环绕并呵护着人们，同时又为人们行动提供依据和理由。社会认同的形成在宏观上离不开经济、政治、文化的共同作用，李友梅在论述社会认同的基础领域时也应用了"福利渗透"、"社会组织"和"意义系统"三个与经济、政治、文化密不可分的理论概念。进入 20 世纪 90 年代中后期，产业结构调整、社会结构非均衡配置，以及网络化与全球化对人们生活的广泛影响使得各阶层间的福利渗透失衡、社会组织结构复杂化和意义系统多元化，导致社会认同难以整合。[②] 对此，国家已采取一些相应的治理措施，例如减少社会阶层间的收入差距，完善再分配系统；转变政府职能，改善社会治理结构；在协调不同群体利益关系的基础上塑造核心价值体系，等等。

但是，不要忘记，按照 identity（认同）在英语中的语义，其自身就包含了"同一性、一致、相同"和"特征、特有的、个性"两方面的含义。[③] 言外之意，认同本身就包含着"同"与"异"两方面。在这个信息快速扩散、迅速流变的时代，

① 西蒙周：《天下围观：草根弱势阶层要夺回劳动果实》，见 http://blog.caijing.com.cn/expert_article-151485-21739.shtml，2011-06-25。

② 参见李友梅：《重塑转型期的社会认同》，载《社会学研究》，2007 (2)，183～186 页。

③ 参见 identity 释义：《牛津高阶英汉双解词典》，6 版，873 页，北京，商务印书馆、牛津大学出版社，2004。

我们无法，也永远不能使集体的观念认同回归到“铁板一块”的状态。力求“求同存异”、“异中求同”才是新时期社会认同整合的真正目标。

社会认同的存在是一个社会主体与社会相互建构的过程。社会的多元主体在共同参与社会行动的过程中，通过平等对话、民主协商、共同探讨，将社会认同的力量用于社会建设；社会在公共利益与个人利益相互交融的基础上的每一次变革或创新反过来也在人们的思想中塑造出新的社会认同。人与人、人与社会、社会与国家间的相互嵌入和胶着，使得社会认同的沟通与互动格外重要，现时如何在实践中获得最大限度共同认可的社会正义，成为万众瞩目的焦点。

从近年来诸多网络公共事件的影响来看，我们已经进入了一个要求对现行的管理系统、社会政策和政治体系的规则制度不断反思的时代。“郭美美事件”体现出的民众对慈善事业的不信任与要求建设公开透明体制的声音，都一再说明社会认同的良性整合不是喊喊口号就可以的事，它必须要有实践行动的改善作为反馈。因此，诉说民愿、倾听民声及回馈民心是社会认同良性发展的必由之路。

四、网络时代：让社会管理行走在阳光下

沸沸扬扬的“郭美美事件”逐渐落下帷幕，但中国红十字会、中国慈善事业、社会管理制度完善的漫漫之路还等待着我们上下求索。当它们作为茶余饭后谈资的身份渐渐淡去，展露在眼前的是一个“规范公开程序，建立绿色慈善”的良好契机。身在一个信真相、讲证据的时代，一切泛泛声明都太过苍白。唯有切实行动起来，让权力行走在阳光下，朝着公开透明接受监督的“坦荡荡”修为不懈努力，才能找回失去的公信力，再次迎来慈善事业的春天。

慈善事业亟待改革之风

虽然“郭美美事件”以“事件”著称，但细细想来，这其实是一个有开始却没有结束的故事。郭美美炫富而引爆的慈善危机并没有因郭美美本人从舆论的风口浪尖退下而得到缓解，相反，亟待沐浴改革之风的慈善事业又开启了一段新的征程。也许大部分人对红十字会的认识都只停留在红十字会从事慈善事业、是人道组织的程度，对红十字会在我国的性质、组成部分、运行机制都不甚了解。“郭美美事件”犹如一盏明灯，照亮了慈善事业那些模糊不堪的地带，让我们不仅看到，更要求改变。以下选择性摘录并概括《南方周末》就中国红十字会问题的相

关报道。[①]

第一，关于中国红十字会的性质。中国公益组织分为基金会（公募或非公募性质）、会员制社团、民办非企业单位。中国红十字会与妇联、工会一样，是同属第二种的人民团体，它以公募基金的形式面向社会募款。但是从另一角度看，红十字会又比一般的事业单位更加"行政化"。在中国，红十字会总会属国务院直属的副部级单位，中国红十字会从中央到县乡一级，都与政府体系连接。这也就是说，红十字会既是官办的又是慈善组织，这似乎背离了它作为民间组织的中立、独立的人道主义初衷。

第二，关于中国红十字会的运行条件及现状。中国法律规定，民间个人、公司或社团要从事公募性公益慈善事业，必须挂靠在红十字会下面作为二级专项基金，且没有独立账户和法人资格，资金使用受到红会的严格控制。这一政策限制了许多有心做慈善事业的民间力量。红会掌握了大量政府资源，又垄断了公募牌照，一方面没有动力去主动募款，因为旗下二级基金所募款项都托管于其账户上；另一方面也没有动力去有效地使用善款，或使善款保值增值，因为它没有竞争压力；同时这又给权力寻租创造了可能，一些商人打着公益慈善的幌子与红会合作，实际是看重红会背靠的大树。

第三，关于中国红十字会财政情况的管理与审批。在中国红会现行机制中，捐款人在红会官网上的捐款查询系统只能查询善款是否到账，而没有善款流向、使用情况的告知；在慈善立法上，国内目前也处于"真空"的状态，国家仍无专门的法律明确要求善款流向必须公开。国家审计署每年只对红会的政府拨款一项资金来源的收支进行审计，而不对红会的另两笔资金来源（募集的善款和层层上缴的会费）进行审计。

诚然，如果因为"郭美美事件"而对红十字会所做过的大量卓有成效的工作全盘否定，未免以偏概全、缺少理性。但是中国红十字会这些"说不清，道不明"的问题绝对有悖人道组织的身份和红十字会建立之初的"独立"、"公正"与"人道"的宗旨。俗话说"他山之石，可以攻玉"，当中国红十字会陷入困境时，不妨看看我们的同胞——香港红十字会是如何做到让民众满意的。[②]（1997 年后，香港红会成为中国红十字会的一个分会，但享有高度自治权，不受中国红十字会理事会的

---

① 参见冯禹丁、陈新焱：《中国红十字会被指异化为官办组织悖离初衷》，见 http://news.ifeng.com/society/special/guomeimei/content-3/detail_2011_07/08/7577335_0.shtml，2011-07-08。

② 参见《香港红十字会如何守护公信力》，见 http://news.ifeng.com/opinion/special/redcross/，2011-06-29。

限制。）

第一，在整体构架上，香港红会与香港其他6 600个民间慈善机构相同，是一个完全民间的机构。其最高决策机构是董事会或委员会，董事及委员都是社会上的专业人士，有自己的工作及专长。一方面制定大部分政策，另一方面监督红会运行，而他们自身并不领取薪水。往下一层是专职的工作人员，负责运营、推行、策划等工作，只有一部分人有工资。最后是义务的前线志愿者。

第二，在运营机制上，香港红会秘书长陈启明表示："我们高度关注自己的公众形象，与任何团体合作，都抱着非常小心的态度。"据他介绍，香港红会不排斥与商界合作，但合作前提是"不能模糊公众对香港红十字会纯人道的、独立运作的印象"。也正是基于这点，香港红会目前与企业的合作都是一次性的，而且红会是以受惠机构的形式出现，绝不笼统地说是与某公司"合办"的。常用的合作模式是企业作为赞助机构支持红会的某个活动，由企业自身利用网络筹款，再将善款交给香港红会。更值得一提的是，几年前香港政府在全港推广青少年一起参与打击犯罪分子的活动，希望红十字会青少年志愿者也参与到活动中来，但香港红会经内部讨论，认为打击歹人与红十字救死扶伤的宗旨不匹配，容易造成人们对红会形象的混淆，因而拒绝了政府的合作邀约。

第三，在审计监督与善款去向方面，香港红会内部有一个固定账户，根据捐款人的捐款意愿，将善款的用途分开记账，每逢年底，香港红会根据每笔捐款的用途分别进行审计。另外，当专款专用量超过5 000万港币时，就会特别聘请独立审计公司，如普华永道，进行除红会整体审计外的第二次审计。对没有特别用途说明的捐款，香港红会的财务委员会成员每一次开会都会查看财务报表，依照香港慈善机构的审计标准进行审查，而他们本身并不是红会工作人员，而是专业会计师、财务人员。此外，香港红会保证其每一个捐款者（匿名除外）都能在捐款3个星期后打电话或者发邮件查到捐款走向。即便是汶川大地震后面对13亿港币巨款，捐款者也在5个月后收到了红十字会的收据。

一方是与权力体系走得过近，与商业世界结交甚欢的异化组织；另一方则是秉承独立、公正、人道宗旨，处处谨慎、公开透明的民间机构。是不是大有"不比不知道，一比吓一跳"之感？不过有比较才有差距，看到差距，才能迈出进步的第一步。"郭美美事件"的确以前所未有的冲击力重创了我国红十字会，甚至波及整个慈善事业。但它也促使那些不合情理、不合规则、禁不起质疑与监督的阴暗面暴露在阳光之下，等待改革之风的洗礼。

拒斥"关注代替行动"

2011年11月5日，在搜狐企业家论坛上，中国红十字会常务副会长赵白鸽出席并发表演讲，在提及"郭美美事件"时坦言该事件对红会的影响可谓"三天毁掉一百年"，她表态要进行"深刻的反思"，有决心并正在努力改进。总结红十字会改革的预期目标，主要有以下几点：第一，在社会捐赠问题上，要严格按照捐赠人的意向来实行定向捐赠；第二，邀请社会第三方和有关专家参与设定和评审，科学、规范地确定项目和资金投向；第三，加强资金和项目运作的绩效评估、内部审计和外部审计，提高执行力和有效性；第四，保证执行过程的公正与监督程序的透明，建立"中国红十字会总会捐赠信息发布平台"，向捐赠人公布善款去向；第五，在总会与分会的关系上，未来方向是地方分会仍然自行运作和筹钱，直属于各级地方政府，由地方政府承担起问责的职能，总会在资金管理上加强对地方分会的控制。

回望"郭美美事件"发生以来的这一年，政府、中国红十字会确实都着手对我国慈善事业进行了不同层次的改革。比如"中国红十字会总会捐赠信息发布平台"开始了试运行，首次公布了红十字会在青海玉树地震后接收的捐款情况；中国红十字会正式撤销商业系统红十字会；民政部制定的《公益慈善捐助信息公开指引》正式向社会发布；民政部宣布公益慈善类、社会福利类、社会服务类社会组织可以直接登记，不需再找业务主管单位挂靠，等等。这些改革措施以及那些仍在研究与计划中、尚未实施的新政，是红十字会找回公信力的诚意所在，也是现实社会和谐发展的迫切要求。

在红十字会改革重塑公信力的问题上，改革者与学界的共识是红十字会必须去行政化。然而在现行制度之下，"去行政化"之路举步维艰。由于红十字会与各级政府之间既定的利益格局已经形成，以剥离政府、公开透明为指向的改革在地方上普遍缺乏动力。尽管"建立与社会主义市场经济体制和国际人道主义原则相适应的体制机制"① 的改革整体思路意味着不能再走行政化的老路，并且要适应国际规则，但是从历史发展轨迹来看，中国红十字会与政府的关系较之其他国家更为密切，很难形成与国外红十字一样的不接受政府直接拨款，而是由政府购买NGO服务的模式。

---

① 《国务院关于促进红十字事业发展的意见》，国发〔2012〕25号，见 http://www.gov.cn/zwgk/2012-07/31/content_2194990.htm，2012-07-31。

难道说喧哗之后一切都要归于平淡，改革的构想要就此夭折了么？不是的。虽然现实的障碍横亘在改革的路上，无法在短时间内解决，但改革的脚步不能就此停歇。每一个细微的改变都是巨大的进步。例如清理各县级以下基层红十字会组织，将其转轨为志愿者组织而非一级独立法人机构，这样就有效规避了因县级以下基层红十字会缺少监管而产生的风险。又如将决策的实权下放给由来自政、商、学界知名人士组成的红十字会理事会，打破其形同虚设的现状等。改革向来都是任重而道远的，可怕的不是改革结果的失败，而是炙热的决心和可人的计划说着说着就不了了之了，所以一定要拒斥“关注代替行动”。

开启社会管理新模式

网络围观与微博的作用，改变了官民之间的对话结构，开启了社会管理新模式。政府的审计是一年一次，但网络上的监督时刻都在。近年来一些廉政风暴都是由网民抓住蛛丝马迹合力围剿而掀起的，可能因为一包天价香烟，也可能因为一块奢侈手表……既然民主政体应当对人民负责，那么公权力的使用就应当以公开透明的姿态接受民众的监督和问责。

在社会管理上，面对微博等社会监督的新生力量，政府部门或公司机构的心态及相应的制度安排、权力运作理应更加包容、开放。从实践经验看，应对公共突发事件的最好办法其实就是在第一时间公布真相，最大限度地压缩谣言想象与传播的空间。那些拼命找借口、捂住遮掩的行为，最后反倒落得一个越描越黑的结果。貌似清白的证实，都成了针对自己的证伪。原因很简单，这是一个网络的时代，信息都大爆炸了，再试图搞信息封锁也就只能是搬起石头砸自己的脚。

现在很多政府部门都开通了官方微博，这是一种积极的关注社会认同的姿态。但除了让官方本身的宣传或与民众对话的声音徜徉在网络这个公共空间内以外，还应该回到现实社会中思考如何改进公民与政府的互动制度。从某种意义上说，“微博问政”、“微博反腐”等新型社会监督模式的诞生，既是顺应网络化时代发展的必然趋势，也是对现实社会公民参与公共事务的制度通道较为狭窄的侧面反映。我们对网络社会的研究，其最终目的也是为了创造更好的现实生活。因此，要吸收利用社会监督新模式，更要延伸改善现实社会治理模式，共创美好未来。

结　语

网络社会崛起，微博席卷全国，人们都在说“围观改变中国”。也许因为中国

太大、太复杂，没有任何一股单一的力量能够有效改变什么，所以网络社会各种力量形成的合力才如此被看重、被看好。从"郭美美事件"引发的亿万人的网络围观中，我们捕捉到那集聚在一起的目光，犹如一盏高功率的探照灯，一点点穿透利益的高墙，照进我们的现实，在一定程度上也照出我们共同憧憬的未来。

但是，网络围观只是公民表达社会认同、抒发思想感情的一种形式，是改变中国、改善社会的催化剂。建设性的要求与构想只有转化为行动才能稳定，否则只会枯竭。而这不仅需要公民持续地关注与监督，更需要社会管理者切实付诸实践，好的社会是不会从天而降的。

另外，不容忽视的是，网络围观与媒体聚焦其实发现和解决的仍是社会中的一部分问题，好比上涨的潮水不能托起沉于海底的船只，在网络之外、现实之中，还有很多的深层次问题值得发掘，也有很多"沉没的声音"等待打捞。所以，我们关注网络社会、研究网络社会，更应带着从网络社会获得的启示，在现实社会中有所作为。

参考文献

［1］八你皮．全方位解读郭美美事件，给你一个最完整的真相！［EB/OL］．［2011－07－05］http://www.tianya.cn/publicforum/content/funinfo/1/2716484.shtml.

［2］北京警方通报郭美美案都是美美一人的错［EB/OL］.［2011-07-08］http://news.ifeng.com/society/special/guomeimei/content-3/detail_2011_07/08/7568334_0.shtml.

［3］冯禹丁，陈新焱．中国红十字会被指异化为官办组织悖离初衷［EB/OL］．［2011－07－08］http://news.ifeng.com/society/special/guomeimei/content-3/detail_2011_07/08/7577335_0.shtml.

［4］郭美美事件不能不了了之［EB/OL］.［2011-06-28］http://news.ifeng.com/opinion/special/guomeimei/.

［5］国务院关于促进红十字事业发展的意见．国发〔2012〕25 号．http://www.gov.cn/zwgk/2012-07/31/content_2194990.htm.

［6］韩寒．没希望工程［EB/OL］.［2011-06-30］http://blog.sina.com.cn/s/blog_4701280b010185jh.html.

［7］红十字会再发声明：暂停"商红会"一切活动［N］．今日早报，2011-

07-03（A07).

［8］卡斯特．认同的力量［M］．曹荣湘，译．北京：社会科学文献出版社，2006.

［9］李涛．天略集团董事长回应郭美美事件［EB/OL］.［2011-07-01］http://bjyouth.ynet.com/article.jsp? oid=79621451.

［10］李友梅．重塑转型期的社会认同［J］．社会学研究，2007（2）：183-186.

［11］刘少杰．网络化时代的权力结构变迁［J］．江淮论坛，2011（5）：15-19.

［12］马克思恩格斯选集：第4卷［M］．北京：人民出版社，1995.

［13］牛津高阶英汉双解词典：第6版［M］．北京：商务印书馆、牛津大学出版社，2004.

［14］商业红十字会．王鼎公司与商业系统红十字会的来龙去脉［EB/OL］.［2011-06-30］http://www.s1979.com/news/china/201106/3014980530.shtml.

［15］审计署：中国红十字会多笔资金存在问题［EB/OL］.［2011-06-27］http://realtime.zaobao.com/2011/06/110627_23.shtml.

［16］搜狐调查．郭美美事件是否影响你对中国慈善事业的看法［EB/OL］.［2012-08-29］http://news.survey.sohu.com/poll/result.php?poll_id=50117.

［17］田毅鹏．转型期中国的社会原子化动向及其对社会工作的挑战［J］．社会科学，2009（7）：71-75.

［18］托克维尔．论美国的民主：下卷［M］．北京：商务印书馆，1988.

［19］王卡拉．网曝红十字会一顿饭花近万元［N］．新京报，2011-04-16（A20).

［20］西蒙周．天下围观：草根弱势阶层要夺回劳动果实［EB/OL］.［2011-06-25］http://blog.caijing.com.cn/expert_article-151485-21739.shtml.

［21］香港红十字会如何守护公信力［EB/OL］.［2011-06-29］http://news.ifeng.com/opinion/special/redcross/.

［22］杨敏，郑杭生．个体安全：关于风险社会的一种反思及研究对策［J］．思想战线，2007（4）：82-89.

［23］中国红十字会回应审计署审计公告中披露的5个问题［EB/OL］.［2011-06-28］http://society.people.com.cn/GB/15022269.html.

［24］周东旭．揭秘商业红十字会运行模式和管理［EB/OL］.［2011-06-30］http://news.ifeng.com/opinion/special/redcross/dujia/detail_2011_06/30/7338404_0.shtml.

［25］Tajfel H. Differentiation Between Social Groups：Studies in the Social Psychology of Intergroup Relations ［M］. London：Academic Press，1978.

［26］Wong E，An Online Scandal Underscores Chinese Distrust of State Charities ［J］，The New York Times，2011－07－04（A8）.

第三章　网络社会中的传递性经验：从“温州动车事件”谈起

引　言

2011年7月23日晚20点34分，在“杭深线”永嘉至温州南之间，由北京南开至福州的D301次动车与杭州开至福州南的D3115次动车发生特大追尾事故，D301次列车第1至4车脱轨，D3115次列车第15、16车脱轨，造成特别重大的人员伤亡。

此次严重的突发事件迅速在网络中得到光速般的传递。数以亿计的网民几乎同时对动车事件进行密切的关注、追踪，积极参与这一网络事件。但遗憾的是，由于铁道部等部门未能对网络事件予以足够重视，没有充分认识到网络信息传递的重大社会影响力，以官僚化的行政作风对网民敷衍塞责，在广大网民所关注的撞车原因、真实死亡数字、救人具体细节、赔偿具体方案等焦点问题上，没有及时、准确地给予回应，致使网民疯狂传播各种流言。信息的虚假与真实相互交织，让渴望真相的人们如堕迷雾，亦使其对政府部门的质疑和不满不断增加。

“温州动车事件”向人们昭示：当今社会已不同以往，在其中，信息传播速度极快，网络技术使舆论更加难以控制。其实，早在十多年前，著名网络社会学家卡斯特就曾言及，千禧年之交，一个新的社会正在出现。现在回过头来看，此新世界肇端于20世纪60年代末至70年代中。不知是造物主的神力所致还是人类社会发展的必然，抑或是历史的偶然巧合，其时有三个独立发生的过程同步进行：信息技术革命；资本主义与国家主义的经济危机及其随后发生的再结构；文化上的社会运动遍地开花，像自由意志论、人权、女性主义与环境主义等。这三个过程的互动与它们所触动的反应，带来了一个新的支配性社会结构，即网络社会。[①]

目前，这一新社会正蓬勃发展，它以持续的信息技术革命为动力机制；以普通民众由社会失语者转换为共享社会话语权力者，并进而影响政府行为为显著特征；以传递性经验的即时性分享为社会维系的主要信息纽带。当今中国的社会现实，尤其是一系列的社会事件，再明白不过地告诉人们：网络社会迅速崛起，人们传统的日常生活世界与当下的网络社会互相交融；传递性经验日显重要，社会行动越来越离不开网络传递性经验的强力推动。

一、“温州动车事件”中的信息传递方式

网络社会在中国的迅速崛起，引起了现实社会中人们日常生活的复杂变化。在网络空间，技术的更替使人们由被动的信息接收者转变为主动的新闻发布者，自媒体（we media）[②] 时代使人人都能成为“记者”。从最初长篇大论的“博客”，到绘声绘色的“播客”，再到短小精悍的“微博”，人们都在创造、共享自己和别人的故事，在此自觉或不自觉的行为中，很容易凝聚成网络社会共识，呈现网络社会力量（更多地表现为话语权力）的集聚效应。这种力量往往以现实事件为基础，形成不断发酵和广为流传的“网络事件”，对有关各方产生强大的舆论压力。按照我们的理解，这里的“网络事件”主要是指：发生于社会现实或网络，经由少数网民传播，受到众多网民的共同关注，引起社会的广泛热议，并对事件当事人及有关各方产生重大影响的社会事件。此定义强调的是网络事件的空间二重性，即网络空间和现实空间对事态发展所呈现的交互影响，而非二者的相互分离。

“7·23”温州动车事件就是典型的“网络事件”。在两列动车没有相撞之前，就有乘客“Smm 苗”通过新浪微博发布如下情况：“狂风暴雨后的动车这是怎么了？爬得比蜗牛还慢……可别出啥事儿啊……”[③] 作为动车事件相关的第一条微博，它在随后发生的事件中，被热心网友转发超过 2.7 万次，被评论超过 1 万次。

① 参见［美］卡斯特：《千年终结》，403 页，北京，社会科学文献出版社，2003。

② 这一概念最早由谢恩·鲍曼（Shayne Bowman）与克里斯·威利斯（Chris Willis）在一个名为“We Media”的研究报告中提出，美国新闻学会媒体中心副主任戴尔·佩斯金（Dale Peskin）在该报告导言中对自媒体给出了如下定义：“自媒体是一种了解掌握了数字技术、能与全球知识连接的普通大众如何提供和分享自身经历和新闻的途径。”

③ 王亚芸：《中国网络自媒体时代下的交往行动研究》，30 页，华东理工大学硕士论文，2012。

动车事件发生后，相关信息迅速在网络上传播，事实真相与虚假新闻交织在一起，流言与谎言漫天飞舞，形成了在传统社会难以想象的信息传递形式，造成了深远的社会影响。

“信息动车”：动车事件的“光速”传播

虽已过去一载有余，但“7·23”温州动车事件对很多人来说恍如昨日。事件发生之初，众多网民急于了解的是：什么导致两列动车相撞。铁道部的“雷击论”经官方媒体发出之后，该消息在网上迅速传播的同时，也受到公众的强烈质疑。就在当晚，上海铁路局有关领导被撤职，这一做法不仅未能减少网民的质疑，反而增加了他们的疑虑：既然撞车是由于“雷击”这一自然原因，为何撤销与“雷击”无关的领导的职务？随此种质疑而来的是“高铁司机培训只有10天时间”的谣言。

为了应对网民的质疑，铁道部召开了新闻发布会，发言人王勇平的“至于你信不信，反正我是信了”不仅成为微博热议的焦点，也成了网络流行语和笑话，它被人们解读为铁道部的严重不作为，甚至在刻意隐瞒或回避什么。而接下来救人、埋车头等一系列救援工作，由于信息不够及时、透明，铁道部更是遭到网友们的质疑，甚至导致网友们展开不理智的谴责和声讨，一时间，大有舆论环境失控之势。结果，有关铁道部诸多失当的谣言也开始在网络和现实社会中散播，比如“列车事故后当场掩埋活人”、“遗体未经家属同意被集体火化”、“坚持救人的特警支队长被处分”、“吊下动车车厢时有遇难者遗体掉出”，等等。

2011年7月28日，人民网总结了经网络疯传、在社会大众中造成巨大影响的温州动车事故之八大谣言，它们分别为：“重大事故死亡人数上限为35人，否则领导撤职”、“动车事故后当场掩埋活人”、“遗体未经家属同意被集体火化”、“高铁司机培训只有10天时间”、“坚持救人的特警支队长被处分”、“铁路调度系统拘留两名无证程序员”、“港人举旗上街哀悼动车追尾事故遇难者”、“吊下动车车厢时有遇难者遗体掉出”。这八大谣言不仅在网络上迅速传播，而且也在现实社会中通过传统的口头传播等方式快速流传，社会大众集体无意识地充当了传播媒介。

谣言的蔓延，使公众对铁道部等部门十分失望，不少网友在网络空间对之进行“口诛笔伐”，也使人们渴望真相的心情更加迫切。网络社会力量的呼吁，信息传递的失控，引起党和政府高层的高度重视。2011年7月28日上午10时许，温家宝总理亲赴现场，对死难者进行了沉痛哀悼，对受伤人员和死难家属给予安慰，并召开新闻发布会，回答中外记者所提问题，回应网民关于事件的质疑。温家宝总理的亲自答疑，表明了政府对查清动车事件、还民众真相的决心。网民逐渐回归理性，自觉地辨别虚假信息，不再盲目转发、传播谣言，整个事件的网络舆情得到了较好的控制。

回顾整个过程不难发现，此次有关动车追尾事故的网络事件，之所以出现谣言四起、真假莫辨、传播迅速、人人皆知的舆情失控局面，是因为网络媒体在中国的日益发达，尤其是“自媒体”技术的出现与盛行，使人人都可以成为“新闻发布者”，而铁道部等部门对事件处理的失当给人们制造和传播虚假信息以充分的空间与“合理性”。与传统平面媒体不同，网络媒体具有时间的即时性（不存在行动的时间延滞）与空间的灵活性（不受空间限制），同时又具有媒体与受众的交互主体性。在网络媒体中，参与者都是“记者”。仅以“自媒体”中的微博为例，截至2011年7月28日19时，腾讯微博关于此次动车事件的微博达10 694 334条，新浪微博达8 227 093条[①]，这足以凸显网络媒体的独特性；与之相比，由于篇幅的限制、严格的新闻审查，以及记录主体的相对固定，传统媒体的滞后性与受众的被动性则尽显无遗。

显然，作为该事件的主要当事方之一，铁路部门尚未意识到网络媒体信息传播的独特性，没有在事件发生后的第一时间迅速召开新闻发布会，错过了面对质疑、回应网民的最好时机；后续召开的新闻发布会，由于准备不足、人员选择失当、缺乏披露真相的决心等，反而引发了更多的质疑，并造成“八大谣言”的产生，形成难以控制的网络舆情局面。当然，网络媒体的出现与流行，在为政府带来挑战的同时，更带来了机遇。政府如果能够很好地运用网络媒体，并将之与传统媒体有机结合，在遇到重大事件时，不去回避或隐瞒真相，而是积极、真诚地回应群众的意见与要求，必将有助于政府提高公信力；否则，借助于网络媒体，有关质疑将会被不恰当地扩大、传播，可能引发不良的社会后果。在国际上，针对大型网络事件，面对舆情危机，英国公关专家里杰斯特就曾提出过所谓的“3T”法则，值得我们借鉴。其内容主要为：一是以我为主提供情况，二是提供全部情况，三是尽快提供情况。[②] 如果铁道部当时采用“3T”法则面对群众，其受到的质疑将会大大减少。

事实上，与动车事件相隔不到24小时的“7·22”信阳特大交通事故，损失同样惨重，反映出的相关问题可能更为严重，但有关报道与动车事件相比，简直可以说是轻描淡写。其主要原因或许是公路交通部门妥善处理了该事故，网络媒体没有更多介入。在一定程度上，网络媒体的积极介入和铁路部门的应对不当，造成了温

① 参见张瑞静：《在博弈中双赢：微博与传统主流媒体》，载《济南大学学报》，2011（6），53～56页。

② 参见傅达林：《网络时代，政府应学会舆情公关》，载《中国审计报》，2009-09-16。

州动车事故这一网络事件的快速蔓延。这一事件彰显了网络媒体在中国社会舆情中的话语权力，也说明网络媒体正在深刻地改变着人们接收信息的渠道与方式，并深入地影响着人们的社会生活。

“意见领袖”：网络媒体信息传递的引擎

按照不同标准，网络媒体可分为不同的类别。比如，按照网络传播功能的侧重，可以分为网络通讯媒体和网络社区媒体；按照传播主体的性质，可分为大众网络媒体和自媒体，等等。我们将按照传播主体的性质，展开分类描述。大众网络媒体主要包括即时通讯（如QQ、MSN、ICQ、网易泡泡等多种形式）、网络社区论坛（BBS）、评论留言板、聊天室（chat room）和电子邮件等，自媒体主要包括博客（含微博）、播客、维客、掘客等。严格地说，两类媒体的划分，是为了便于研究，其实二者有很多共同之处，如都具有交互性、即时性等；而微群的出现，则使它们的界限更为模糊。

针对“温州动车事件”，在众多的网络传播渠道中，自媒体的重要代表“微博”因其传播速度的即时性和传播方式的便捷性，不仅超越了各大传统媒介，也超越了各大门户网站及论坛，成为这幕悲剧的最早见证者和报道者。微博是微博客（micro-blog）的简称，作为博客的一个缩小版，它构成了一个基于用户关系进行信息获取、分享以及传播的平台；用户可以通过手机IM、e-mail及Web等方式随时在微博上发布信息。微博的文本内容通常限制在140个字之内，并实现即时分享。简单地说，微博就是一种允许用户及时更新简短文本（通常少于140字），并公开发布的博客形式，允许任何人阅读或只允许用户选择的群组阅读。从微博的发送特性上来看，它具备了4A元素（任何时间Anytime、任何地点Anywhere、任何人Anyone、任何事Anything），成为一种流动的互联网装置，保证了极高的信息传递效率。

前文已指出，早在两列动车相撞前的几分钟，就有人发微博描述动车慢速行驶情况，此后该条微博在网络中被广泛转发。在动车相撞时，又有一些乘客发布微博描述当时情况，这些都被各大网站及时复制与传播。尽管在形式上微博用户纷繁芜杂、成分多元、各自为政、一盘散沙，但实质上远非如此。网民有自己的兴趣，有自身的意见领袖，有其主流的网络社会意识，尤其在发生重大的网络事件时。比如，“温州动车事件”之后，众网民在各类意见领袖的影响下，自觉或不自觉地发起了针对铁道部的声势浩大的声讨活动。通过对此事件中微博意见领袖的网络行为进行简单梳理，我们可以将其分为如下几类：

首先，微博意见领袖中许多是知识界的精英，主要包括学者、作家等知识分子。他们本身具有较丰富的知识储备和较高的学识素养，历来关注政府改革和社会事件，拥有几万、几十万甚至更多的粉丝。他们在动车事件中发布的信息与评论，能够被广大粉丝第一时间阅读和转发，再通过粉丝的粉丝转发，形成规模庞大的传播效应，并造成深远的社会影响。如拥有 8 万粉丝的非专业作家“天佑中华 A”，在动车事件发生后发布了一条附图微博，披露铁道部该事件的有关调查官员在调查期间于豪华酒店吃盛宴、喝茅台等信息，结果该条微博竟被热心网友转发达 18 万次之多。一条微博引发网络社会围观，围睹（堵）了铁道部一些官员的不作为，维护了社会公正。

其次，众多新闻媒体工作者也成为重要的微博意见领袖。他们中的很多人尽管在传统媒体中已担任相关职业角色，但作为网络社会的“新闻人”，绝大多数都有自己的微博，并且拥有上万甚至更多粉丝。在事故现场采访时，他们即使不能及时通过传统媒体将信息传播出去，也可以通过官方微博和个人微博发布事件最新消息，并对失当做法展开评论，经由粉丝分享和转发，产生重要的传播效果。例如，拥有 43 万粉丝的央视著名主持人敬一丹，在动车事件期间撰写的质疑赔付协议的博文，很快在网络空间传播开来，并被转发达 2.3 万余次。

再次，各类明星构成了微博意见领袖的第三类别。他们中有很多人拥有几百万甚至上千万的粉丝，并在重大网络事件中敢于发表自己的观点，得到众多粉丝的响应，产生庞大的传播效应。在动车事件中，很多明星都积极关注，发表犀利的评论，引起广泛的社会反响。例如，拥有上千万粉丝的“微博女王”姚晨，积极关注动车事件，其原因不仅是该事件影响重大，还在于其中一位动车司机是其父的朋友，在遇难后遭受冤屈。姚晨在事故发生的第二天晚上 9 时 46 分发布一条微博，替其父好友“申冤”：

> 昨晚事故中不幸去世的火车司机潘一恒，是我父亲的好兄弟，他们曾在一个车组工作。父亲悲痛万分地说：潘师傅的孩子才 7 岁，他为人憨厚，工作尽职。如果昨晚他临阵脱逃，没有拉下紧急制动系统，那伤亡人数将会翻十几倍。可怜他尸骨未寒，却被人猜测事故原因是他疲劳驾驶，这种说法简直混账至极！

该条微博一经发出，便受到众多粉丝的“礼遇”。很多网友跟帖评论，支持姚晨的观点，同时将之转发。据初步统计，该条微博在很短的时间内就被转发近 26 万次，引起网民和社会大众对铁道部处理措施的不满与愤慨，形成一股强大的民意力量，对动车事件的尽快、尽责、尽善处理有一定的督促与推动作用。

在“温州动车事件”中，还有一些微博意见领袖虽非“社会名流”，却在民间有着广泛影响，他们就是各类“草根名嘴”。该类意见领袖虽属草根阶层，但凭借人数众多的粉丝，其评论也能产生重大影响。如拥有122万粉丝的普通80后“作业本”便是其中重要代表，他发布的诙谐贬损铁道部的博文——“雷电天气所致”，很短时间内竟被粉丝转发了1.5万次。

自媒体中除了微博之外，博客、维客、掘客等在动车网络事件信息传递中也起到了重大作用。另外，以各个门户网站、各大论坛、各种网络社区、各类即时通讯工具为代表的大众传媒，在传递动车事件的最新消息中也起到了传统媒体难以发挥的作用，引起广泛的社会关注，并大大推动了事件的妥善处理。例如，在天涯论坛、百度贴吧等网络社区，很多网友用恶搞的形式制作图片、视频资料，讽刺铁路部门关于事件的荒谬解释和不当措施，引发众多网友的认同，形成不容小觑的公共舆论，不断给相关部门施加压力，积极推动了整个事件的处理进程。

网络媒体的直接介入，对动车事件产生了传统媒体难以达到的影响，这表明了其在信息传递中的独特优势。现代社会因网络媒体而导致的信息传递方式之空前变化，引起受众接收信息过程的彻底改变，造成人们经验传递载体的根本性变更，进而引发知识传承与积累方式的历史性变迁。

“微博”：网络信息传递的重要载体

从网络媒体在动车事件中的作用可以清楚地看出，在网络化时代，人们接收信息的方式较之以往产生了巨大变化。在网络空间，人们可以在身体“物理不在场”的情况下，进行没有障碍的沟通，分享彼此的信息，接受众多的知识。随着社会生活网络化步伐的加快，这种在身体“物理不在场”情况下产生的“缺场交往”会更多地发生在人与人之间，信息沟通发生了重大变化：网络交往以文字作为主要的沟通手段，与在场交往的口语不同，它以书面语言的形式开展，但这种书面语言常常会产生口语化倾向，从而使沟通具有亲切感；沟通各方通过网络注册或以游客身份，与现实社会中的身份截然不同，因此具有匿名性，尽管身份隐藏容易造成谩骂等用语不文明现象，但总体来说，这种情况下的交流是一种更平等、更纯粹的交流；由于匿名性的存在，交往各方更容易吐露真言，从而达成一种“心近性”交流；由于很少受到时空限制，网络交往的范围比“在场交往”更广，规模更大。

特别需要指出的是，随着信息传递（即经验传递）与接收方式的改变，人们的经验积累方式也发生了很大变化，传递性经验逐渐引起人们注意，成为网络社会中重要的经验积累方式。所谓的传递性经验，主要指的是通过知识信息和通讯媒体而形成的间接性经验，实质上是知识经验或信息经验。[①] 传递性经验并非起源于网络社会，它很早就出现于人类社会之中，只不过在前现代社会的作用并不明显，因而不为人们所关注。即使到了工业社会，其作用也没有得到足够重视，因为当时人们仍然要征服物质世界，主流生产方式为物质生产，生产性经验在社会中占有主导位置，掩盖了间接性的传递性经验。当然，传递性经验也不同于伽达默尔提出的与个人理解相关、通过艺术作品而获得真理的“艺术经验”[②]。

网络社会的来临，使传递性经验的作用日益凸显，并成为交往参与者的主要经验。传递性经验在网络社会中的重要地位，同大众印刷媒介和电子通讯日益融合与发展有关，这是社会进入高度现代性的根源之一。吉登斯认为，虽然早期报纸（以及所有种类的其他杂志和期刊）在把空间从地点中分离出来上发挥了重要的作用，但直到印刷和电子媒体融合以后，这个过程才成为一种全球化的现象。[③] 伴随着现代化进程的不断加快，电视、电影和音像所呈现的视觉形象创造了普通印刷物无法采用的传递性经验的组织结构，使其在更广的范围中发挥作用。吉登斯指出，传递性经验的重要特征之一就是远距离事件侵入到人们日常的意识乃至生活中，就其内容的生成属性而言，这种经验是依据对自身的知觉而被组织的。所以传递性经验的创造者与接受者之间存在相互建构的过程，人们传递信息、分享经验的过程由此具有了双向性（交互性）。

与中国社会相比，西方社会网络化程度更高。随着网络的普及，这种传递性经验成为网民经验与知识积累的重要方式，这在各类社交网站所显现的网络社会交往行为中表现得尤为突出。2009 年 3 月，美国 InSites Consulting 统计数据显示，具有社交和博客双重功能的社交网站已经成为新宠，全球 72%的网民至少已经成为一家社交网站的用户，总人数达 9.4 亿，且每个用户平均每天登录两次。据 2010 年 2 月份的统计，全球 50%的社交网站用户使用 Facebook，Myspace 和 Twitter 分别为 20%和 17%，平均每个用户拥有 195 个好友。[④] 任一视频、图片或文本都能够通过网站的转发功能在好友之间迅速传播，形成传递性与规模性效应。

虽然网络普及率不及西方发达社会，但中国社会生活的网络化进程也在迅猛发展，网络社会中的传递性经验逐步成为中国众多网民积累经验的重要方式。如上所

① 参见刘少杰：《后现代西方社会学理论》，383 页，北京，社会科学文献出版社，2002。

② ［德］伽达默尔：《真理与方法》，19 页，上海，上海译文出版社，1999。

③ 参见［英］吉登斯：《现代性与自我认同》，27 页，北京，生活·读书·新知 三联书店，1998。

④ 参见东鸟：《中国输不起的网络战争》，185～186 页，长沙，湖南人民出版社，2010。

述，由“温州动车事件”中网络媒体所发挥的重要作用可知，中国网络化形式多样、内容丰富，传递性经验对网民日常生活产生了深远的影响，也对中国社会的进步与发展发挥了独特的功能。近两年，微博的蓬勃发展是一个令人们兴奋的网络现象，新浪微博、腾讯微博等迅速崛起，不断作用于人们的网络交往过程，改变着信息传递方式。以新浪微博为例：它于2009年8月14日开始内测；同年9月25日，正式添加了“@”功能以及“私信”功能，此外还提供“评论”和“转发”功能，供用户交流[①]；2011年5月12日，新浪一季度财务报表公布，新浪微博已有注册用户1.4亿。另外，腾讯微博事业部总经理邢宏宇于2011年6月15日宣布，腾讯微博注册用户已经突破2亿。短短两年时间，微博已经成为中国社会生活中流行极快的一种时尚。

微博的兴起与盛行充分凸显了传递性经验在网民交往行为中的作用。《半月谈》记者闫鹛和俞菀充分肯定了微博的社会价值，她们认为，网络是社会事件的“放大器”和社会情绪的“发泄器”，而微博则能将这两大功能无限放大。这是因为，“微博传播不是点对点、点对面的传播，而是裂变式的广泛传播，一个人的微博可以被其‘粉丝’转发、再被‘粉丝’的‘粉丝’转发，不断蔓延。有关实验表明，一条微博在半天之内可以传到国内各地及十多个国家和地区”。诚如在网络上广为传播的一段话所言：“当你的粉丝超过100，你就好像是一本内刊；超过1 000，你就是个布告栏；超过1万，你就像一本杂志；超过10万，你就是一份都市报；超过100万，你就是一份全国性报纸；超过1 000万，你就是电视台。”[②] 温州动车事件的微博传递效应就是这种现象的有力证明。

当然，在指出网络社会中传递性经验之作用日益显现、愈发重要的同时，我们也必须认识到，虽然随着网络交往的规模性和传递性效应的凸显，人们能够更为及时快捷地了解到各种信息，社会交往的效率得以大幅提升，但是网络社会提供的经验未必完全准确，因为无论是真实还是虚假信息，都能超越时间与空间的限制，在网络空间中被不断传播与复制，而严重的网络谣言将会威胁国家安全与社会稳定，这是我们研究网络社会需要面对的新问题。

二、“穿越时空”的传递性经验

“温州动车事件”的信息传递过程显示：较之传统媒体，网络媒体的信息传递

①② 参见刘少杰：《网络化时代的权力结构变迁》，载《江淮论坛》，2011（5），15～19页。

打破时空限制，达到难以想象的传播效率，这与网络技术的发展紧密相关。从1989年启动互联网建设，到1994年第一个全国性的TCP/IP互联网——CERNET示范网工程建成，中国互联网建设迈出坚实的第一步；1995年，互联网正式向社会提供Internet接入服务；随后，它快速发展，上网人数不断增加，形成蔚为壮观的网民大军。中国互联网18年的发展历程，不仅造成中国网民数量与规模的大幅增加，而且促使网络技术迅速革新。从最初的Web 1.0到如今的Web 2.0和正在形成的Web 3.0，从初级的门户网站到精彩纷呈的各种论坛，从单向浏览新闻到主动发布新闻，中国互联网技术的不断升级与进步使中国网络社会呈现出日新月异的变化。2012年7月19日，中国互联网络信息中心发布的《第30次中国互联网络发展状况统计报告》显示：中国网民数量达到5.38亿，互联网普及率为39.9%。2012年上半年网民增量为2 450万，普及率提升1.6个百分点；其中最引人注目的是，手机网民规模达到3.88亿，手机首次超越台式电脑成为第一大上网终端。

在传统社会，众多信息通过身体的“物理在场”传递，这不仅影响了传播的速度，也制约着传播的范围。在网络化时代，人们不仅可以通过身体的“物理在场”传递信息，更为重要的是，还可以在身体“物理缺场”的情境下进行网络交往，传递信息。同时，网络社会的空间共享性和信息即时性，能够最大限度（某种程度上说是无限）地提升信息传递的数量与范围，造成网络时代的“信息爆炸”。打开搜索引擎，输入关键词，在极短的时间内就能寻找到数不胜数的信息。在Web 2.0的技术环境支持下，个人发布的信息能够在网络上快速传递，实现在传统社会难以想象的传播效率。信息传递方式的变革，使传递性经验成为社会生活中极为重要的经验形式，令人耳目一新。

网络社会中传递性经验不断出现并在社会中发挥重要作用，与网络技术的高度发达和多元的物质支持有关。只要有一台电脑、一根网线、一个调制解调器，人们就可以进入网络空间，讲述故事、分享信息、传递经验。电脑、网络技术为网络社会交往和传递性经验在网络社会中发挥作用提供必要的技术支持。日益更新的印刷技术、不断盛行的电子文档提供符号文字支持；数字化的音频技术提供声音文件支持；推陈出新的多媒体技术提供必要的视频文件支持。

电子文档的盛行

在“温州动车事件”的传播中，以报纸为主的各种印刷媒介起到重要的作用。动车事件作为重要的新闻事件，全国性报纸和地方性报纸争相报道，形成巨大的传播效应，而且随着电子文档的出现，此种效应不断在时空中放大与拓展，公众对动车事件的深入了解和持续关注得以实现。

随着数字技术的划时代革新，人类进入了信息社会，电子媒体不断涌现，在与印刷技术相互结合以后，电子媒体对人类社会产生了重大影响，传递性经验的功能更为凸显。在网络社会中，以印刷为主要技术支撑的传统媒体，也已无法漠视电子文档的作用。一方面，很多报纸注重视觉效果和新闻素材的版面形式，在印刷技术上不断提升；另一方面，它们也注重电子化建设，在印刷报纸的同时，将电子文档在网站中同步推出。于是，受众既可以选择阅读纸质报纸，也可以在其网站中随意阅读电子报纸，获取和纸质报纸同样的新闻。传统媒体的电子化，不仅使其大大地增加了受众，扩大了影响，而且通过网络传播，地方报纸能够超越时空的限制，在全世界范围内为受众所阅读，地球因此变成了“地球村”。

除了传统媒体电子化之外，网络媒体风起云涌，在信息传递过程中发挥着越来越重要的作用。在 Web 1.0 时代，很多门户网站虽不能实现与浏览者的随意交流，网民也只是信息的被动接收者，但网站传递信息的即时性和快捷性还是吸引了众多网民，国内外不断攀升的上网人数就是有力的证明。进入 Web 2.0 时代以后，网民由被动的信息接收者转变为主动的信息发布者，更多网民进入网络社会。他们或者分享故事，评述时事，与明星大腕进行直接对话与交流；或者连线游戏，组团作战，沉溺于虚拟世界的恩怨情仇之中；或者观看视频，聆听音乐，分享和交流对艺术作品的感悟……网络中的多彩世界使受众，尤其是年轻网民乐在其中，分享知识、接受经验或者消磨时光、宣泄情绪。

在“温州动车事件”中，网民不仅通过阅读电子文档获取最新消息，而且通过网络媒体直接讲述自己的经历，发布最新消息。比如在救人过程行将结束、切割列车时发现的幸存女孩“小伊伊”，铁道部发言人将之解读为“生命的奇迹”，这激起了人们的强烈不满。这个事件很快被现场记者和热心网友通过图文并茂的方式发布出来，并引发人们对相关部门的强力谴责。此事件说明，自媒体时代的到来，不仅使网民能够表达观点、发布评论，而且促成“人人都是记者，人人都是发言人”局面的最终形成。与此同时，中国九年义务教育政策的实施，大大降低了人口的文盲率，为网民的快速增加提供了必要的基础。但凡有一定知识的年轻人，无须经过严格的电脑培训，只要身边有上网的人带自己上一两次网络，就能很快掌握上网的简单技术。所以在人数众多的上网大军中，既有城市中的青少年，也不乏来自农村的网民——虽然他们常常由于经济制约，不能在家上网，但网吧的存在，为其上网提供了必要的环境支持。

通过电子文档的快速传播，“温州动车事件”使人们看到，在网络交流和经验分享的过程中，文字交流的作用格外重要。在自媒体时代，网络表达不再是专业媒体工作者和学者的“专利”，普通网民均可以参与，因此，网络语言变得多元化，各种新词汇和表情符号不断涌现，无厘头的话语甚至成为了网络流行语。具体来说，在网络交流过程中，作为电子文档而存在的语言符号，相较传统平面媒体，其表达形式呈现以下几种趋势。

首先，书面语言的“口语化”倾向。在网上的文字交流中，交流各方习惯以口语化的语言展开交谈，加之相当一部分网民知识水平并不高，也难以运用严谨的书面语言进行写作与交流，所以在使用 QQ、MSN 等即时通讯软件交流时，这种口语化倾向十分明显。在一些网络社区，口语化的帖子往往成为网络经典流行语的来源，如在百度贴吧中，一个“贾君鹏你妈妈喊你回家吃饭”的帖子，瞬间受到贴吧网民的热烈回应，在很短的时间内，得到成千上万的回帖，这句话也成为网络流行语，至今仍是很多网民的口头语。

其次，丰富的符号语言不断涌现。在网络空间中，由于身体“物理不在场”，单纯的文字使交流变得枯燥乏味，于是代替身体“物理在场”的各种符号、图片不断涌现，很大程度上增加了彼此交流的趣味性和“在场性”。各种即时通讯工具中的表情符号，以及微博对图片上传和多元表情符号的支持，这些技术手段使网络交往具有很大的吸引力。不唯如此，各种表达特定含义的字母缩写也增加了网络沟通的便捷性和时尚性。这些缩写可以是汉语拼音首字母的缩写，也可以是音近的字母与数字的组合，如“V587”意指“威武霸气”，“88”意指“再见”，“LZ”表示“楼主”（即发帖之人），等等。这些特定情境下约定俗成的符号语言，增加了在网络空间交流的速度，为广大网民所乐于接受，网民们也积极推广此种语言符号的使用。最近，网络文字又出现多种语言混合以及用汉字发音代替英文的现象，如“伤心 ing”表示“伤心中”，“图样”表示“too young”，“图森破”表示“too simple”，等等。

再次，交流主体的匿名性导致语言符号的真假二重性。在网络空间，纯文字交流的参与者难以看到彼此的身体，交往具有匿名性。而匿名的网络交流具有如下双重作用：其一，交流双方由于不知对方身份，缺乏在场行为规则的束缚，往往更容易表达真实想法，互动效果常常更为明显，彼此容易达成“心近性”交流，语言符号与事实的一致性（即真实性）较之传统媒体的信息交流更高；其二，现实社会身份的隐匿，在一定程度上导致社会道德束缚的暂时缺席，促使缺乏道德自律意识的信息发布者“口无遮拦”，胡言乱语，甚至传递虚假信息，还会造成网民间的相互谩骂，实施人身攻击，或者不负责任地进行围观。由于他们的许多不成熟行为，传统媒体常常称这类网民为“网络暴民”。

可见，匿名性的存在会使交流各方对彼此身份及传递信息的真实性产生怀疑，对彼此身份及交流内容的确证就成了参与者重要的心理诉求。网络空间为了迎合这一需求，推出网络实名制的举措。在网络社区，很多人通过公开个人信息打消其他交流参与者的疑虑，如在帖子中上传个人照片并附带 ID 签名等。在用文字传递事件信息时，附上现场拍摄的照片等材料，以佐证传递信息的真实性。对网络信息真实性的追求，一方面说明人们对网络交流的兴趣和依赖在不断提高，另一方面也显示交流双方在寻求网络交流与现实交流的共融。

最后，交流与经验传递效率的不断提升。网络交往不同于现实中身体在场的交往，它很少受限于时间与空间，能够便捷地实施沟通。同一条新闻，世界各地的受众能够在同一时间知晓，并积极作出反应。此种交往不仅使时间无限压缩，也拓展了物理空间，形成卡斯特笔下的“流动空间”。网络交往大大提升了人们接收信息的速度，建构了知识接收的多元方式，增加了传递性经验在社会生活中的重要性，进而促进了人们经验传递效率的不断提高。

电子化声音文件的记录与传播

声音文件是对言说者话语行为的再现，也是现当代人类认知和经验传递的极为重要的新载体。在农业文明时代，由于没有录音技术，加之文字的使用权力往往被少数人所垄断，对于普通大众来说，很多事情的真相唯有靠“眼见为实”来加以确证，信息通过口头进行传播。单一的口头传递方式不仅造成传播效率低下，而且造成信息丢失，不能全面再现传播者的意图，使经验传递受到严重的制约。随着现代科技的发展，录音技术逐渐产生，各种声音文件得以保存，有效地提高了信息传递的效率和真实性，使传递性经验的作用逐渐提高。起初，声音文件主要通过录音器材记录于磁带上，各类磁带就成为声音传播的重要物质载体。正如印刷技术使文字资料实现快速传播那样，各种音乐、语音式学习文件被录制于磁带上，快速地在受众中广泛传播，在很短时间内为不同的人所分享。

随着数码技术的产生，数字化声音文件应运而生，为更加快捷地传播信息作出了巨大贡献。数码技术催生了 CD 唱片与 CD 播放机，提高了声音文件的音质和传播效率，但和传统的声音文件一样，依然存在携带不便的缺点。真正使声音文件传播产生革命性变化的是电子化音频文件的出现。诸如 MP3 等格式的电子声音文件的产生，大大提高了传播效率。这些电子声音文件能够在很小的 MP3 播放器中播放，完全解决了携带的问题；文件的数码化、电子化使复制更为简单，只需动动电脑鼠标，就能在很短的时间内将其复制与传播。于是，守着收音机听歌的时代逐渐远去，因为电子化声音文件出现后，人人都是“DJ”，能够随时随地选择播放自己喜欢的音频文件。

在“温州动车事件”中，很多网友用录音设备记录了一些重要的事件经过，并将录好的文件放到网络媒体上，借助网络技术，将之在受众中不断传播。由此可见，声音文件的电子化，为其在网络中传播提供了必要的前提，而网络空间则为其摆脱时空限制、实现无障碍传播提供了场域支持。通过网站，网民既可以在线收听各种音频文件，在允许的情况下，还可以随心下载声音文件，达到快速接收信息、便捷学习知识的目的，促进间接性的传递性经验在社会生活中发挥积极的作用。

视频文件的发展

“温州动车事件”中，有一段网友剪辑的视频在很短的时间内被不断转发，形成了庞大的传播效应。该段视频就是前铁道部发言人的一段讲话，从“生命的奇迹”到“至于你信不信，我反正信了”，视频文件以多媒体的形式，将铁道部的不当言论和欠妥的处理方式活灵活现地呈现出来，产生了难以想象的传播效果。从这一视频的传播过程可以看出，与文字、声音文件不同，视频文件提供的信息更为直观，更易为受众理解与接受。从最初的无声电影到现在的多媒体技术，视频文件不断赢得观众，受到信息接收者的热烈欢迎，信息传播的效率不断提高。

随着摄像技术的出现，以电影为主的视频文件逐渐走进大众生活，但人们只能被动地欣赏它所讲述的故事，而无法主动地介入其中。电视的出现，使视频文件的传播更为便捷，也大大改变了人们的日常生活。人们不再将大量时间花在户外，而是守着电视，接收信息，获得间接性的生活经验。但是，电视节目的编排都是在政府的监管下、由专业工作人员完成的，大众依然是被动的接收者，设计者的意图和意识形态主导着大众的思想观念和日常行为。随着社会不断进步，观众希望能有适当途径发出自己的声音，分享公共话语权力，但在诸如电视等传统媒体中，该愿望难以实现。这在一定程度上影响了以电视为载体的视频文件的传播效率和社会影响力。

网络技术的出现和视频文件的电子化，使视频文件的传播效率和传播广度得到了极大提升。电子化的视频文件突破了磁带等载体的局限，可以迅速地复制，特别是进入 Web 2.0 时代以后，随着技术的提升，人们制造、传播、分享视频文件的方式又发生了革命性的变化。此时，受众已非纯然的受众，他们在分享视频文件的同时，可以积极参与，发表自己的评论；加之摄像机的普及和操作的高度智能化，以及手机摄像功能的日益革新，都促成“人人都是制片人”时代的迅速来临。在“温州动车事件”中，我们可以清晰地看到，很多网友用手机等工具拍摄的视频文件在网络中快速传播，充分彰显了自媒体时代信息传播的集聚效应。多媒体技术的流行使普通大众有史以来第一次真正成为拥有自主话语权的社会人！

将文字、声音和视频文件剥离开来分析网络时代传递性经验的物质基础，只是为了便于分析问题，实际上，很多传播载体都是三者的复合。尤其是在自媒体时代，网民们编撰的故事、分享的经验不仅是文字的凝练、符号的创作、图片的展示，也有声音的播放、过程的回顾、画面的呈现，用图文并茂、声像俱在的方式传递经验、分享经历、参与事件，以此达到沟通互动的目的。在网络化时代，很多人以图文结合，甚至视频拍摄等方式，通过博客、论坛讲述自己的工作经历和生活体验，阅读者不用亲身体验，就能获取有关知识经验，这大大提高了人们的经验获取效率。换言之，网民获取信息常常无须亲身实践，而更多通过对他人经历的间接性感知、体验，知识获取和经验积累通过网络媒体间接地进行。

三、网络社会传递性经验的积累方式

从“温州动车事件”的经验传递过程来看，传递性经验是一种间接经验，它不同于生产经验和艺术经验，常常不需通过身体的“物理在场”获取，因而大大增加了经验传递效率。网络社会的到来，使传递性经验的作用日显重要，传递性经验的积累因而成为人类经验积累的重要途径。显而易见，传递性经验的积累，离不开网络社会中各种传播途径的支持。“温州动车事件”已经给我们提供了几种传递性经验的积累方式。

按照物质载体的不同，传递性经验的积累有以下几种类型：文字型积累，主要包括各类报纸、杂志和书刊等纸制印刷物，以及诸如电子书、网络小说、文字博客等电子化文本；语音型积累方式，主要包括通过各种途径传播的声音文件，如“播客”上的声音文件；影像型积累方式，主要包括各种视频网站提供的在线观看和下载服务，以及各种论坛贴出的在线视频网址等。

纸质文档与电子文档：传递性经验的文字积累

“温州动车事件”在网络中的快速传播，与报纸等传统媒体的追踪报道紧密相关，也与各类网络媒体及时密集地发布信息有关，在其中，文字信息的传递作用尤为明显。比如，“温州动车事件”已经过去一年，但关于死亡赔偿的问题仍未完结。

报纸和微博刊发了关于“死亡美国人，遭遇赔偿难题”的文字报道，使大众再次关注动车事件，铁道部门再次经受社会舆论考验。

文字在网络和现实社会的传播，使传递性经验在人类生活中发挥着重要的作用。众所周知，很长时间以来，传统平面媒体和各类纸质书籍在人们信息分享和知识获取过程中一直发挥着重要作用，而近 20 年来网络媒体中电子化文档已经成为日益重要的受众传递性经验的积累方式。

当下，纸制文档的复制与印刷非常便捷。每天清晨，打开报箱，你可以随心阅读当地的晨报，了解当地的新闻和国内外大事；翻开杂志，能够获取各种感兴趣的信息，学习各类知识；依据兴趣，你可以购买并阅读各类书籍，获取多种相关知识；走进办公室，你可以通过处理各种文件了解工作动态，解决相关问题……丰富多元的纸制文档，促进了传递性经验的文字积累，为受众接受知识、获取经验提供了保障。

电子文档的兴起，使传递性经验的文字积累更为便捷，大大提高了知识传承的效率和传承的总量。与纸制文档相比，电子文档有其明显的优势：首先，能够大大节省物理空间，只需一台电脑，只要硬盘存储量足够大，人们就可以阅读数不胜数的书籍、杂志、文件等材料；其次，阅读方便，只要有台电脑（或具有相关功能的阅读器或播放器），人们就可以随时随地阅读；再次，复制、传播快捷，人们可以在很短的时间内将大量电子文档根据需要进行复制和传播，而不需要很多的物理材料，这是纸制文档无法实现的；最后，节约资源，纸制文档需要耗费木材等大量资源，而电子文档却不需太多耗材，很多机构实现“无纸化办公”，就是此优势的体现。

如果电子文档仅限于在单个电脑阅读，无法实现联网，其经验的传递效应将会大打折扣。随着网络技术的兴盛，电子文档的传播能力得到前所未有的提升，极大地提高了传递性经验的文字积累效果。“温州动车事件”告诉我们，网络上的文字传播效率极高，信息传递与知识分享达到前所未有的效果。一条只有 100 多字的微博，配上几幅图片，产生的传播影响甚至比传统媒体中的报纸还要大。在 Web 1.0 时代，电子文档的制造者往往是专业新闻媒体工作者或作家、学者等，浏览者常常不能发表评论，此时网络中的文字传播效果与传统媒体类似，只不过比后者更具即时性。但是，随着 Web 2.0 时代的来临，电子文档在网络空间中的传播效率及其社会功能皆大幅提高，因为受众不仅是信息的浏览者与获取者，还是积极的故事讲述者和回应者，人们在分享信息和经验的同时，又在制造和传播信息，文字传播的交互性在网络空间中尽显无遗，传递性经验能够在很短时间内快速积累。诸如“温州动车事件”等网络事件的快速传播，就是在众多网民的交互性交流中实现的。

以个人博客、微博为主的网络文字媒体，是传递性经验文字积累方式的新载体。从“温州动车事件”来看，各类微博“意见领袖”发布的事件动态与观点，能够在最短时间为网友所知晓并加以回应与传播。如果恰好身处某一事件发生地，普通网民也能以图片和文字的形式发表微博，发布新闻，并达到传统媒体无法达到的传播效果。以网络论坛为主的互动平台，在传递性经验的文字积累中同样发挥着重要作用。通过各种“文字直播”，普通网民能够讲述亲身经历，披露行业“潜规则”，揭示社会问题，并引发大量网友围观与回应，进而达到传递知识、分享经验、积极参与、维护正义的目的。而网络论坛中以第一人称撰写的半真半假的网络小说，也能为受众传递生活经验与人生体悟。以QQ为主的网络即时通讯工具，为网民的即时性交流提供了机会。借助它们，网友们既能与单个人聊天，又能与多人群聊；既能与熟人交流，又能与陌生人搭讪，这使人们的交流空间大大拓展、交流效率迅速提高、信息传递更为直接。

播客：传递性经验的语音积累

“温州动车事件”的很多消息，都是以声音文件的形式在网络中快速传递的，而自声音能够被记录以来，不同的受众便能在不同的地点于同一时间收听同一文件、聆听同一音乐，达到学习知识、分享信息和陶冶情操的目的。随着数字化声音文件的产生，此种信息的传递效率得到空前提升。不需身体的“物理在场”，我们也能够聆听大师的声音，感悟他们的人生体验，分享其传递的知识与经验；通过电话连线，我们能知晓万里之外的事件进展；通过音乐网站，我们能随意欣赏所喜欢的音乐……随着自媒体时代的到来，人们在接收声音文件的同时，亦能创造声音文件，这对经验传递产生了重大影响。

通过录音笔、手机等工具，人们能够随时捕捉有特殊意义的声音，并制成文件。这些特殊的声音文件被保存到电脑后，网民可以将之上传到自己的博客或类似的网络空间中，配以文字与图像进行播放，以便其他网友收听与转发，进而达到传播效果。此类网民常常被称为“播客”，他们通过播放音频、视频文件，配以文字图片说明，在网络社会中产生影响。与文字和视频相比，声音文件在某些特殊情境下能发挥独特的作用。比如在不允许摄像的场所，录音能很好地记录事件发生的经过，传递详细的信息。

他者的视听：传递性经验的影像积累

“温州动车事件”之所以引发公众的广泛关注，是因为网络时代信息传递具有多重渠道。在其中，视频文件传播有其独特的优势。事件相关视频不仅能够在网络中快速传播，而且在电视等传统媒体的报道之下，传播的速度和广度都得到较大提升。从发言人答记者问，到动车事故现场，再到抢救的具体过程，都有很多视频，并且因为其传递信息的生动性和直观性而受到关注者的追捧。

各类电子化的视频文件不仅携带方便，而且只要有一台视频播放机或者一台带有视频播放功能的电脑，就能够顺利地播放，同时复制和传播也变得十分容易。进入网络时代，视频传播更为直观和综合，往往大段的文字描述也比不上一段简短的视频所携带的信息量。特别是事件亲历者把自己在现场所看到和听到的细节，以视频文件的形式上传至网络空间以后，借助网络进行即时性互动的相关视听主体就能身临其境般地感受现场的氛围。虽然这种感受是通过他者的视听而间接获得的，但场景的真实再现保证了传递性经验的可靠性和完整性。

因在网络中快速传播而成为典型的“温州动车事件”，能够瞬间引起社会各方的广泛关注并产生重大的社会影响，与传统媒体和普通大众在现场拍摄的视频通过网络不断传播密切相关。事故发生后，铁道部发言人王勇平不当言论的视频也在微博、各大网站和网络社区中被反复观看、转发和评论，给铁道部造成了巨大的舆论压力。

毋庸置疑，专业媒体工作者是视频制作的主体，他们或通过电视台直播的形式，或通过录播的形式在电视和网络中向人们报道新闻事件、传递知识与经验等。由于他们的专业性，且能有较多机会与社会名流接触，专业工作者制作的视频往往影响巨大。电影、电视对人们的影响无须赘述，经由网络，有些特殊的新闻事件也会产生很大的影响。以 2012 年伦敦夏季奥运会为例，在体育直播中，明星运动员的特殊言行都会在网络中被网民传播。如中国羽毛球队队员林丹在男单四分之一决赛时喊叫的口型貌似爆了粗口，此视频在第一时间就被网民疯狂转发，大家在推测林丹究竟说了什么，并作出支持或否定的评价。刘翔的比赛一直牵动着国人的心，他在此次比赛过程中再度受伤退赛的视频一经电视直播，便在网络空间中被快速传播，当天各大网络媒体就围绕此事展开了大讨论。众多视频观众虽然不能在奥运会比赛现场亲历相关事件，但电视直播和网络空间的视频却使他们仿佛“身临其境”，进而有资格积极参与讨论该事件，分享体会、交流经验。

网络时代，尽管专业媒体工作者仍是视频制作的主体，但是普通网民已不再是被动的接收者，他们同时也是视频的制作者。只要拥有手机、摄像机等拍摄工具，网民便可以随时随地制作视频，并将之上传到论坛和博客，供其他网民观看与传播；即便是传统媒体制作的视频，网民也能对之进行修改、重组甚至恶搞，引起人们的关注。比如自由职业者胡戈恶搞国产电影《无极》，制作视频《一个馒头引发的血案》，被数不胜数的网民观看和传播，引发人们对国产电影的批评与反思。为说明“春运”的紧张情况，通过对众多电影进行剪辑，胡戈等人制作视频《春运帝国》，也在网络上产生了很好的传播效果，引发人们对中国春运问题的反思。在公交车、地铁站、马路边等各个地方，遇到感兴趣的事件，网友们都能拿起手机进行拍摄，并将之传到网上，引起人们的关注。

视频之所以能够在网络空间中得到迅速传播，与众多网站支持在线播放有关。不仅如此，很多网站专门制作、收藏各类视频，形成庞大的视频资源库，如美国的YouTube网站，国内的土豆网、56网、优酷网等。这些网站不仅收集了众多专业人员制作的视频，还收集非专业人员拍摄、剪辑的视频。任一视频只要合法，就能在这些网站被搜到，而且可以通过维棠等专用软件下载到本地电脑中。虽然这些视频常常不够清晰，但其丰富性足以弥补这一缺陷。

还有众多门户网站虽然不是专业视频网站，但亦开展视频制作业务。它们一边发布各种即时新闻，一边制作各类视频，如新浪、搜狐等大型网站制作的新浪视频、搜狐视频便为众网友所熟知。大型网站的视频不仅关注社会名流，而且关注百姓话题与社会热点，与传统媒体相得益彰，处在风口浪尖的“温州动车事件”理所当然地成为其关注的焦点之一。

实际上，传递性经验的上述几种积累方式并非截然分开，它们常常相互整合，共同发挥作用。比如2012年初网上疯传的“合肥花季少女毁容案”，就是多种积累方式相互整合的例证。该案例先被在论坛发帖，描述事件经过，引起众多网友关注，随即被报纸、电视等传统媒体报道，之后引发网络媒体的广泛关注，许多大型网站的视频制作人员到当事人处进行采访，并制作相关视频上传到网络空间，以便更多的人观看、下载与传播。随着网友对事件的持续关注，很多网民对肇事者陶汝坤进行了“人肉搜索”，并将作为公务员的父母的身份信息、工作单位、财产状况等相关情况发帖公布于网上，引发众多网友“围观”。在此网络事件中，传递性经验的几种主要积累方式交互发挥功能，确保这一网络事件的参与者和观众虽未亲历事件，但依然能通过网络获取整个事件的众多背景信息，犹如在场一样，并由此而获取间接经验。

四、信息权力：传递性经验的社会影响

“温州动车事件”在现实社会和网络空间引起的众多关注告诉人们，网络化时

代确实不同于以往任何历史时期。“眼见为实”已非唯一的经验求证方式，而且其与现代社会快速变化的节奏也不合拍。身体在场的“生产经验”和“艺术经验”尽管重要，但另一种在“身体缺场”的情况下仍能获得的间接经验——传递性经验在现代社会生活中发挥着越来越重要的作用，成为人们获取信息与知识的主要方式之一，也是人们表达诉求和分享话语权力的重要途径。正如黄少华所言，如果说网络社会与现代工业社会存在差异，那么，这种新社会面貌所凸显的结构性特征，在相当程度上是建基于网络行为的匿名性、互动性、虚拟与现实交织、去中心、平面化等一系列全新特性之上的。[①] 这些新的结构性特征在“温州动车事件”中得以呈现。

与此同时，“温州动车事件”的教训向政府提出以下警示：必须用崭新的思维面对网络媒体，对人民做到开诚布公，否则将会欲盖弥彰，甚至形成舆论失控的局面，造成难以想象的后果。这是因为，在以自媒体为特征的网络社会，网络媒体具有较强的穿透力，网络社会“人人都是记者”，信息已难封锁，真相必须公开，否则不仅会激起大众对“真相情结”的不懈坚持，而且会导致各种谣言漫天飞，造成政府的公信力严重受损。

网络社会：又一种生存环境

在“温州动车事件”中，无论是信息传递的方式还是经验积累的方式较之前都产生了重大变化，这与互联网时代快速提升的沟通媒介穿透率有关。比如在美国，收音机广播花了 30 年才涵盖 6 000 万人；电视在 15 年内达到了这种传散水准；全球信息网发展之后，互联网只花了 3 年就达到了。[②] 当前社会现实显示，中国网民数量逐年攀升，规模不断扩大。尽管网民的上网动机各自有异，但却有一个共同的目的：增长见识，获取各种知识，获得全新体验，丰富人生阅历。除此以外，还可以在网络中穿越时空、休闲娱乐；通过网络游戏扮演现实中无法实现的社会角色，满足心理期待；借助网络身份分享心灵故事，引起回应与共鸣；发表对社会热点问题的积极评论，写出在现实世界中难以说出的话……

当然，必须指出的是，网络世界存在着巨大的诱惑，常常使一些人深陷其中，很长时间足不出户，“宅”在房间，沉浸于网上的虚拟世界中，染上网瘾，耽误了工作与学习，形成不良的网络体验。因此，对广大网民来说，网络是一把双刃剑，其本身只是现代科技条件下一种获取传递性经验的交流工具，如何去使用和体验，

① 参见黄少华：《网络空间的社会行为》，11 页，北京，人民出版社，2008。

② 参见［美］卡斯特：《网络社会的崛起》，437 页，北京，社会科学文献出版社，2001。

在于参与者自身。但是，因其存在不良影响而规避网络的做法不仅没有必要，而且会自我封闭于现代社会，失去积极融入和干预社会现实的“信息动车”，更是对自我权利的一种放弃。网民应扬长避短，在看到网络巨大的资源优势的同时，树立正确的上网观念，规避由其引发的不利影响。网络使间接性的传递性经验的获取变得十分便捷。在网络世界，很多网民既想在愉快的网络体验中分享信息、获取知识，又想与网友交流，进而得到他人的认同。但网络世界与现实社会的巨大差异，要求网民必须有清醒的认知，协调好网络体验与现实生活，以网络体验作为获取传递性经验的重要手段，分清主次，而不能顾此失彼，引发混乱与矛盾。

总体来说，就传递性经验中的网民感受而论，从有关的网络调查可以看出，参与者绝大多数还是能够充分利用网络的丰富资源和巨大影响，在网络世界获取现实社会难以提供的体验和信息的。网络对网民的不良影响客观存在，但只要参与者树立正确的上网观念，分清网络与现实的界限，妥善处理网络与工作学习、社会生活的关系，戒除不良网瘾，改正上网陋习，区分信息良莠，完全能够在获取知识经验的同时，丰富自己的生活。网络社会的传递性经验越来越成为现代人的另一种不可或缺的生存环境和生活方式！

网络媒体：引领传递性经验新潮流

“温州动车事件”中的各类网络媒体不仅影响着广大网民对事件的态度，而且在提高信息传递效率的同时引发了媒介革命。在事件进程的追踪报道中，多元化的网络媒体异军突起，对传统媒体产生了根本性的挑战。它业已成为现代传媒发展的“火车头”，是传递性经验快速传递的时空载体，亦是传递性经验不断更新的“孵化器”。“温州动车事件”同时告诉我们，网络媒体与传统媒体不同，其传播范围和传递效率较之传统媒体有突破性的提升。在此次事件中，由于铁路部门未能革新理念，没有妥善应对网络媒体，结果造成舆论失控、谣言四起的局面，这足以说明网络媒体的力量。具体说来，相比于传统媒体，网络媒体具有如下优势：

其一，播报主体的多元性、自主性与灵活性。在动车事件的发布过程中，无论是报纸还是电视，大多数传统媒体的播报者常常是专业媒体工作者，普通大众在其中很难随意发出自己的声音。反观网络媒体，在自媒体时代，人人都是新闻“记者”，人人都能成为“DJ”，人人都是时事“摄影师”，人人都可以从自身角度对事件进行追踪与关注。借助博客、论坛、即时通讯工具等，网民尤其是各类“意见领袖”可以在网络上发布新闻，上传制作的音频和视频文件，引起其他人对相关事件的关注，进而产生巨大的传播效应。一系列网络事件昭示：每当遇到重大网络事件，网友发布的博客、图片和自拍视频都会产生重大影响，就像“温州动车事件”一样；社会名流包括影视明星利用自身影响，发布对事件关注的微博，更容易形成广泛的社会影响，如新浪“微博女王”姚晨发布的微博所产生的影响，甚至堪比一份全国性报纸。另外，很多专业的媒体工作者都有微博，他们不仅不排斥网络媒体，而且积极参与其中，及时发布信息。网络媒体传播主体的灵活性与多元性对传统媒体构成重要挑战。

其二，播报过程的快捷性和多元性。传统媒体在挑选新闻素材时，由于其版面和内容的限制，需要严格把关；而最终发出一条新闻时，又需经过严格审查，这种新闻发布机制导致很多新闻难以及时播出，造成“新闻不新”。与之不同，网络媒体在报道新闻事件时，常常具有即时性，审查过程也相对简单，甚至不经过审查，这确保了重大事件能够被及时报道。另外，由于报道主体的多元性，专业媒体工作者与普通大众对事件的关注与报道往往相得益彰，能够使人们多视角、便捷地把握事件的动态进程。而且，由于版面几乎没有限制，在微博、论坛和即时通讯工具中，人们可以随时随地发布信息，充分地表达自己的观点，第一时间分享彼此感受，这是传统媒体难以实现的。

其三，受众的能动性与反馈的即时性。传统媒体的信息传递往往以专业工作者为主导，单方面实施，这很难实现与受众的互动，在某种意义上，受众没有参与权；即便存在互动，也只是通过手机短信、电话连线等方式十分有限地实现，而且还存在人数限制，信息反馈更是受限。网络媒体则大为不同，普通大众不仅能参与在线交流与互动，其本身也是新闻的发布者、信息的发出者。只要彼此在线，信息接收者就能通过评论、跟帖等方式实现与信息发出者及其他网友的互动；即时通讯工具则使交流与反馈更为便捷，人们既可以单对单互动，也可以进行群聊，如此“全天候”的交流反馈是传统媒体难以实现的。

当然，有必要正视的是，尽管网络媒体有其优势，但也存在如下弊端：审查不严容易造成谣言四起，“温州动车事件”中的“八大谣言”即是证明；一些不良信息也会在网络中快速传播，比如一些黄色信息、威胁国家安全的信息，虽经审查，但其仍会以“变形”方式隐蔽传播，难以杜绝；侵犯个人隐私等“网络暴力”时有发生，给当事人的生活造成严重影响；网络欺诈和网络犯罪在网络中时有发生，影响着网络社会和现实社会的健康发展……而传统媒体的严格审查，虽存在严重的不足，但有时也能够较好地弥补网络媒体的缺陷。我们认为，网络媒体具有先发制人的特点，在信息的时效性上领先于传统媒体，而且往往扮演着引领社会潮流的角色，但也需加强审查监管，尽量过滤虚假信息，杜绝不道德的网络行为；而传统媒体则可以发挥后发优势，以“深度报道”凸显其信息价值，以专业视角令人信服地深刻剖析事件，展现其背后的丰富内涵。无论是网络媒体还是传统媒体，都应关注大众需求，增强自身公信力，以“事实”吸引公众，以“真诚”面对公众，以“全面”对待公众。二者的有机融合是新形势下媒体发展的必经之路。

传递性经验：网络社会中信息权力的坚实基础

政府相关部门在“温州动车事件”处理过程中的被动状况已然说明，行政权力已经受到社会公众制约，网络时代的权力运作方式发生了细微变化。其实早在20世纪，罗马俱乐部成员拉兹洛在《决定命运的选择》报告中曾明确预言：“在20世纪末和21世纪初，规定世界上权力与财富性质的游戏规则已经改变……一个比黄金、货币和土地更灵活的无形的财富和权力的基础正在形成。这个新基础以思想、技术和通讯占优势为标志。”这个新基础就是网络信息技术，它衍生出一种新的权力形态：网络信息权力。“温州动车事件”也向人们昭示：在网络时代，权力运作模式发生了变化，信息权力日益凸显，成为权力链条中的重要一环。

从动车事件的权力运作过程来看，信息权力不同于政府的行政权、市场的资源配置权，以及资本的产权、官员的领导权和军事霸权等实体权力，而是不在场的网民通过观点发布、消息传递、时事评论等行为在交流沟通中展现的权力。[①] 尽管信息权力并非肇始于网络社会，它在农业社会和工业社会中都曾存在，但较之以往，其存在形态和作用方式都发生了较大变化。以往社会中的信息权力的产生过程是：由各级政府机构、军事组织、工业企业和金融集团首先发出信息，这些信息虽具有权力属性，但权力的基础不在信息本身，而在于发出信息的政治、军事和经济实体。然而，网络社会中信息权力的产生过程则是：由各自独立的网民自由地发布信息、发表评论，引发网络社会的高度关注，形成民意基础和由此产生的强大舆论压力，迫使政府和有关各方作出积极应对。可见，信息权力的基础在于网络社会中拥有平等话语权的人们所共享的新经验——网络社会中形成的传递性经验。

由此可见，以往的信息权力来源于上层社会，由精英阶层掌握，并自上而下发挥作用；网络化时代，信息权力不再只为精英阶层所掌握，普通民众甚至底层社会皆能享有。信息技术的革命和社会的发展，使向来只是被动地受信息权力驱使的广大“草根阶层”有了更多的自主话语权。这种权力在一定程度上将重新建构社会的运行机制，使政府的角色有可能实质性地朝向“有限政府”的方向转换。这是因为

① 参见刘少杰：《网络化时代的权力结构变迁》，载《江淮论坛》，2011（5），15～19页。

网络化时代信息权力发挥作用的过程不再是原先机械、刻板的自上而下的单向模式，而是既有自上而下的过程，亦有自下而上的过程，这在“温州动车事件”中体现得尤为明显。政府有关部门刚刚发布信息，网友已经提前或同时发布了数不胜数的信息，或反对或佐证政府传递的资讯，给政府有关部门的行为带来了不容忽视的挑战，有效地制止了个别官员的不作为或不当行为。实质上，来自民间的网络信息权力建立在社会认同（属于传递性经验）之上，是一种具有扩张性的动态权力。它常常不受时空界限限制，能够在网络中迅速蔓延，在信息传递和经验交流中发挥独特作用。

及时便捷的信息发布、功能庞大的网络搜索、快速蔓延的网络舆论、“身体缺场”的传递性经验都是信息权力发挥作用的有力证明。自媒体时代，人人都能成为信息传播者，尤其是在重大事件发生时。官方声音不再是唯一的信息来源，“社会名流”可通过微博发出信息，形成社会影响，“草根阶层”也可以根据亲身经历或间接听闻，发布信息，引发关注。多元化的信息发布途径有效地督促了官方提升处理事件的透明度和行政效率，因为在此情境下，哪怕是一个微小的错误也会引起舆情的失控。网络搜索和网络舆论使强权警惕，贪官惧怕，也让民众宽慰，弱者获得更多尊严。总之，当今的信息权力已成为一种重要的权力形式，它在网络化时代发挥着重要作用。政府不应漠视其影响，而应充分重视网络社会的传递性经验，利用其优势，消除其弊端，以提高自身公信力和执政水平。

结　语

透过“7・23”温州动车事件，我们可以感受到，在网络化时代，人们通过多元化渠道主动获取信息，知识和经验的分享方式发生了历史性的变化，越来越多的经验通过“身体缺场”的方式获取。传递性经验在社会生活中扮演着日益重要的角色，在人们的知识积累过程中发挥着巨大作用。虽然面对面的交往在现实社会中无处不在，然而在网络空间，身体“物理缺场”的交往逐渐盛行，成为重要的人际沟通方式。

这种缺场交往的盛行，造成人们社会交往中时间和空间的存在形式及功能发生了显著变化。以往人们通过纸质媒介通信，往往需要等待很长时间才能完成交流，如今电子邮件几乎能够实现即时交流，使交流时间大为缩短；现实中粉丝与明星偶像进行面对面对话交流，不仅需要耗费大量成本，还需克服物理位移的限制，而在网络上只要拥有明星的微博和自己的微博，通过“加关注”的方式成为其粉丝，就能与之进行直接的交流，如此等等。网络引发人们交往的时空环境的巨变，大大提高了人际沟通效率，深刻地改变着人们的知识积累方式和社会行动模式，同时也促使政府对管理理念和管理行为进行相应的调整。

就个人的生活世界及意义世界而言，网络所产生的重大影响之一就是，给予网民全新的人生体验与感受。在网络社会中，网民通过亲身参与，既能传递信息、分享知识，又能得到他人认同，进而在网络社会中进行自我重构，实现对现实社会角色的替代性超越，丰富自身的人生意义。但网民需要注意的是，务必妥善处理好网络与现实的关系，不可沉溺于网络虚拟世界，也不能模糊二者的边界，否则势必造成角色错乱，影响正常的工作、学习和生活。

网民的积极参与和网络技术的更新，共同推动网络媒体的产生与盛行，并对传统媒体产生挑战。“温州动车事件”的整个过程，充分见证了网络媒体与传统媒体的竞争与融合。因此，新形势下不同媒体扬长避短、相互整合是现代传媒发展的必然趋势。政府应该在这种发展趋势中积极作为，重视网络化时代传递性经验在现代社会管理中的重要价值，利用现代传媒技术提升社会公信力和执政能力。

在网络化时代，尽管政府仍然占据信息权力的主导地位，但不可忽视来自民间的信息权力。因为广大网民虽不占据信息主导地位，但其人数众多，在相对平等地拥有话语权的情况下，容易凝聚成强大的舆论力量，特别是在一些“意见领袖”的带领下，更会产生重大的社会影响，这在许多网络事件中都得到了证明，比如2012年3月份的四川“什邡事件”和同年7月份的江苏“启东事件”，由于相关部门的处理失当，造成了难以控制的结果和不良的社会影响。因此，政府在主导信息权力时，需要倾听网络中的民间声音，开诚布公地对待群众，积极回应其合理诉求，这样才能达成共识，解决问题，有效维护社会的和谐稳定。

参考文献

[1] 东鸟. 中国输不起的网络战争 [M]. 长沙：湖南人民出版社，2010.

[2] 傅达林. 网络时代，政府应学会舆情公关 [N]. 中国审计报，2009-09-16 (7).

[3] 伽达默尔. 真理与方法 [M]. 洪汉鼎，译. 上海：上海译文出版社，1999.

[4] 黄少华. 网络空间的社会行为 [M]. 北京：人民出版社，2008.

[5] 吉登斯. 现代性与自我认同 [M]. 赵旭东，方文，译. 北京：生活·读

书·新知 三联书店，1998.

［6］卡斯特. 千年终结［M］. 夏铸九，黄慧琦等，译. 北京：社会科学文献出版社，2003.

［7］卡斯特. 网络社会的崛起［M］. 夏铸九，王志弘等，译. 北京：社会科学文献出版社，2001.

［8］刘少杰. 后现代西方社会学理论［M］. 北京：社会科学文献出版社，2002.

［9］刘少杰. 网络化时代的权力结构变迁［J］. 江淮论坛. 2011 (5)：15-19.

［10］王亚芸. 中国网络自媒体时代下的交往行动研究［D］. 华东理工大学硕士论文，2012.

［11］张瑞静. 在博弈中双赢：微博与传统主流媒体［J］. 济南大学学报. 2011 (6)：53-56.

第四章　网络意见群体：在围观中影响社会现实

——从“7·21北京暴雨”谈起

引　言

2012年7月21日，北京市普降大暴雨，全市平均降雨量为170毫米，城区平均降雨量为215毫米，为自1951年有完整气象记录以来最大的一次降雨。其中，房山区河北镇为此次降雨的最大降雨点，降水量为460毫米，接近500年一遇。从21日午后至22日凌晨，强降雨持续近16个小时。此次暴雨使得城市交通受到严重影响，同时还引发房山地区山洪暴发。根据北京市防汛抗旱指挥部的通报，截至8月6日，此次暴雨总共致使79人遇难。

突发性、罕见性以及严重的破坏性使得“7·21北京暴雨”迅速成为舆论关注的焦点。尤其是在当前的互联网时代，即时、开放的互联网使人们能够迅速传递信息和交流看法，当北京遭遇暴雨的消息在网络上发布之后，大量网友迅速围观，形成群聚效应，并通过即时的沟通和交流形成网络舆论。

暴雨发生之初，就陆续有网友对部分水淹地区进行拍照，并将照片发到网络上。这些照片引发了众人的围观和评论。最初的评论主要为一些调侃之词，如“全城看海”、“终于知道私家车为何要交‘车船税’了”、“‘北漂’一词有了正解”等。除此之外，也有一些网友对北京的排水系统等提出了质疑。

此后，随着雨量的增大，越来越多的人被暴雨困在路上、机场等地，一些求助信息开始在微博上出现并被大量转发，一些普通网友还自发参与到救助行动当中。随后，许多名人明星也纷纷加入进来，利用自己的影响力转发这些求助信息，并发布微博呼吁人们开展互救，还有的直接开展救助行动。如黄晓明转发了一条房山区一塑钢公司30多名员工被困在一辆货车上的微博，著名音乐组合“羽泉”成员之一胡海泉率先在微博中发出“雨夜，带陌生人回家”的倡议，另一成员陈羽凡则身体力行，驾车送路人回家等。普通网友和名人明星的共同参与，进一步增强了“正能量”在微博中的传递。随着这些求救信息和互救事迹的广泛传播，互联网上充满了民众对这种互助温情的肯定之语。

22日，随着暴雨渐止，质疑之声开始充溢于网络。上午，有网友反映因涉水而熄火的车辆被贴罚单，此消息引发了网民的大量转发和广泛质疑。在网络舆论的影响下，当天晚上7时许，北京市政府新闻办公室发布标题为“突发灾害后贴条，错”的微博，随后，北京交管局回应称对这些罚单不予录入，并对擅自贴条的当事协管员严肃处理、调离工作岗位。晚上10时许，北京市政府新闻办公室公布此次暴雨灾害死亡37人，但随着后期救援工作的开展，网友对这一死亡数字提出质疑，引发新一轮的舆论热潮。面对网友的质疑，北京市政府新闻办公室主任公开承诺不会隐瞒数字。26日晚，北京市防汛抗旱指挥部更新死亡人数为77人，并公布了遇难者的名单；8月2日，此数字更新为78人；8月6日，又更新为79人。此外，暴雨中高速公路坚持收费、气象台预警的发布效果、暴雨过后的捐款倡议、救人农民工所获奖金被扣等也成了网民质疑的焦点。

从调侃、互救到质疑，以“7·21北京暴雨”为关注中心的网络舆论的转向代表着民众意见表达的真正开始。凭借互联网这一新媒体、自媒体，民众自发地会聚在“7·21北京暴雨”及其后发生的相关事件的周围，相互交流看法，形成了一个表达意见、引导舆论的网络意见群体。与现实社会中的群体不同，存在于互联网这个流动空间中的意见群体具有流动性，没有独立而明确的组织力量，它们因事件的开始和结束而不停地、自发地聚合离散。作为“麦克风时代”的话语表达，由网络意见群体所引导的网络舆论撬动现实社会的力量逐渐彰显出来。

一、Web 2.0 催生意见群体

2012年7月21日晚，大暴雨致使北京多个下沉式立交桥发生严重积水，其中，广渠门桥桥下积水一度达到4米，5辆汽车被困水中，其中一辆越野车车主不幸溺水身亡。此消息在网络上传出之后立即引发民众的强烈关注和热议，有一条报道相关信息的微博被转发了上万次，除了表达震惊、惋惜和哀悼之外，人们普遍对北京市的排水系统提出了强烈的质疑。这一事件之所以能在较短的时间内传递给其他人并引发网友的关注和热议，与互联网进入Web 2.0时代密切相关。

Web 2.0：我的信息我做主

Web 2.0是相对Web 1.0而言的新型互联网应用的统称，是人们用来区别互联网发展阶段的指称。Web 1.0时代中，作为互联网的“读者”，网民主要是通过浏览器“阅读”网络上的信息，而到了Web 2.0时代，互联网由“阅读式互联网”转变为“可读可写互联网”。作为互联网的“读者”和“作者”，网民在阅读信息和发布信息方面拥有了自己的选择权，由被动接收信息向主动创造信息转向，他们不再是信息传播的被动受众，而是成为了驾驭信息的主体。在Web 1.0时代，网民主要是消费信息；在Web 2.0时代，网民则开始创造和分享信息。

与Web 1.0相比，Web 2.0的核心并非技术上的升级，而主要体现为一种应用逻辑和发展理念的创新。Web 1.0大概开始于20世纪90年代中期，主要表现为静态网站的兴起和无处不在的浏览器，是一个完全单向的内容消费平台，没有太多的交互性和用户生成内容，被称为“信息高速公路”，“以内容为中心”是其应用逻辑和发展理念。Web 2.0的概念则始于2004年，后来随着博客和维基等的出现而获得广泛认同。Web 2.0以Web 1.0为基础，添加了一个社交层，大大增强了互联网的交互功能，使网民不仅可以参与网站内容的生成，还能够与其他网民进行种种信息交互活动。Web 2.0的到来，打破了门户网站的信息垄断，使互联网成为一个开放的信息分享平台，改变了完全由专业人士撰写网页内容的状况，使网民们也有机会生成网页内容。在Web 2.0时代，“以人为中心”成为互联网的应用逻辑和发展理念。同时，在这一理念的影响下，许多出现于Web 1.0时代的应用程序和工具在Web 2.0时代才开始发挥更重要的作用。

信息自主性是Web 2.0最鲜明的特征，博客就是代表之一。博客又被称为网络日志，是一种网络个人主页，由用户自己决定主页上的内容，内容以文字为主，还包括图片、音频、视频以及与其他网站的链接等。浏览这个主页的读者可以在日志后面发表评论，以与博客的主人及其他读者进行互动。由于博客的内容完全由用户个人决定，成为用户表达个人思想的网络平台，因此它又被称为“个人化媒体”。由于博客的交互性，它被认为是继e-mail、BBS、ICQ之后出现的第四种网络交流方式。博客给人们提供了一个表达自己和关注他人的平台。

与信息自主性紧密相连的第二个特征为去中心化，如掘客网站。掘客网站是一个完全由用户自发参与内容创建、评论和分类的网站。在网站上，当一个新内容出现之后，阅览者可以通过投票机制为新内容增加分值，当这个内容的分值超过一定数量之后，该内容便会出现在首页，这就突破了传统的编辑体制，提高了网民的自主性。这样一来，网民第一次取代编辑成为网站信息的把关人，网民开始成为网站内容的影响者和决定者。由此，在众多网友的参与下，网络当中真正有价值的、能引起大众关注的信息就会被凸显出来。

社会性是 Web 2.0 的第三个特征。如果说 Web 1.0 为我们提供了一个技术网络，Web 2.0 则在这个技术网络的基础上提供了一个社会网络。这一社会网络的形成主要得益于各种社会性网络服务的迅猛发展。社会性网络服务，译自英文 SNS（Social Network Service），指帮助人们建立社会网络、促进人们开展社会交往的互联网应用服务。其表现形态包括电子邮件、网络论坛（BBS 等）、即时通信（QQ、MSN 等）、博客、社交网站（人人网、开心网等）以及微博等。虽然电子邮件、网络论坛、即时通信等首现于 Web 1.0 时代，但只有随着博客、社交网站以及微博等在 Web 2.0 时代的出现，原先的“以内容为中心”才开始转向“以关系为中心”。与此同时，人们也逐渐将线下生活的完整信息转移到线上生活当中，虚拟社交与现实社交开始出现大量的交叉。

而近些年在国内崛起的微博和迅猛发展的移动网络不仅很好地展现了 Web 2.0 的上述三个特征，还进一步增强了这三个特征。

微博里的“微言”

微博，即微博客（micro-blog）的简称，是一个基于用户关系的信息获取分享以及传播平台。最早也是最著名的微博为美国的 twitter，于 2006 年 3 月由 blogger. com 的创始人埃文·威廉斯（Evan Williams）推出。用户能用手机短信等多种方式输入最多 140 个字母更新自己的动态和想法，据说设置 140 个字符的限制主要是因为手机短信的容量最多为 140 个字符。

出于对 twitter 的模仿，国内也纷纷建立微博网站。2007 年，带有微博色彩的饭否网建立。到了 2010 年，国内四大门户网站（新浪、腾讯、网易、搜狐）均开设了微博。2009 年 8 月推出微博的新浪网是国内第一家提供微博服务的门户网站，由于其抢占了先机，整体的运营策略比较全面且执行到位，因而成为当前国内影响最大的微博网站。

微博一经出现，就因其 140 字的简短内容和即时分享的特点获得了人们的追捧。2012 年 7 月 19 日，中国互联网络信息中心（CNNIC）发布的《第 30 次中国互联网络发展状况统计报告》（以下简称《报告》）显示，截至 2012 年 6 月底，我国微博用户达到 2.74 亿，网民使用率为 50.9%，使用微博的手机用户占全部手机用户的 43.8%，成为使用率增幅最大的手机应用。

微博用户在发布和获取信息方面具有更大的自主性和选择性。140字的内容限制使微博摆脱了博客的冗长，使用户可以很轻松地发布自己的动态及想法等。同时，用户可以将自己感兴趣的人设置成关注对象，只要这些人更新了内容，用户立即就会得知。这就像在互联网上订制信息，并且这种订制还具有极大的弹性，可以随时进行增删。

表面看来，140字的内容是限制，但这个限制却具有种种优点。首先，它降低了发布信息的门槛，跨越阶层的界限，使任何人都能在网络上发出自己的声音。现在，微博已成为名人与草根们"共舞"最便捷、最亲和、最时尚的平台，在一定程度上，微博使得平民和精英之间的沟通实现了"零距离"。其次，它可以促使用户在发布信息时更专注于最核心的内容，从而避免了信息的冗长，尤其是在信息过剩的互联网，"微"信息将更有助于人们浏览。最后，限制之下必有创新，有人指出，140字的限制将平民和莎士比亚拉到了同一水平线上，网民的想象力和创作力在微博当中获得了最丰富和最充分的展现。

微博日益成为人们开展社会交往的不可或缺的工具之一。每一条微博所包含的内容虽然"微"，但所发挥的力量却是巨大的。2012年7月21日19时14分，被暴雨所困又打不通电话的北京网友"亘秦"在微博上发出求救信息："山洪暴发，被困北京房山青龙湖少年军校基地，有上百个小学生，110打不通。求救。"仅仅过了20分钟，该条微博就得到了300多次的转发，半小时后，北京消防官方微博"北京消防"转发该条微博并称"我们已经调派警力前去救援"。暴雨之夜，在110、119等因占线而打不通的情况下，微博成为被困民众发布求救信息、与外界联系的主要媒介，显示了其无与伦比的力量。

从社会学的角度来看，微博在中国的飞速发展一方面契合了中国的关系社会，另一方面则顺应了中国社会的民主化进程。中国人的社会认同是一种关系认同，其文化内核是群体化、关系化的，社会交往在互联网中的伸展，也使得中国传统的人际关系结构在网络层面上进行重构和扩展。另外，微博里的"微言"也为人们提供了一个开展公共交流的信息平台，在一定程度上促进了中国社会的民主化进程。

移动网络的即时沟通

从技术发展的角度来看，微博的兴起一方面源于互联网技术的发展，另一方面则与移动网络的迅猛发展密不可分。2012年7月19日发布的《报告》显示，截至2012年6月底，手机网民规模达到3.88亿，首次超越台式电脑成为第一大上网终端，这表明了移动网络在我国的迅猛发展。

移动网络（mobile web），是指使用移动设备，如手机、平板电脑等以无线的方式通过应用程序或者浏览器访问互联网。由于接入互联网的设备具有移动性，因此通过此类设备接入的互联网被称为“移动网络”。尖端的移动设备与可以迅速捕获信息的能力是推动移动网络发展的两大动力。当前，智能手机的价位不断走低，“千元智能机”的出现大大降低了手机上网的使用门槛，成为普通手机用户转向手机上网用户的促进因素。

同时，《报告》还显示，手机网民使用即时通信工具的比例为83%。这说明在手机上网用户当中，即时通信成为最频繁的应用。即时通信是指在互联网上能够即时发送和接收消息的业务，最先是作为聊天工具出现的，但随着技术的发展，其功能日益丰富，现在已经成为一个集交流、资讯、娱乐、搜索、电子商务等为一体的综合化信息平台。

移动网络的迅猛发展与即时通信功能的丰富化相互促进，满足了用户对移动性和信息的双重需求，使用户获得了全新的社交体验。与特意留出时间使用固定网络不同，移动网络的用户可以随时、随地、随心地发布和获取信息，尤其在面对一些突发事件时，用户凭借手机就可以在网络上发布图片、文字等信息，增强了信息发布的即时性。另外，移动网络还使用户获得了与社会的无限时紧密互动。在当前社会，人们的流动性日益增强，对移动社交的需求也日益高涨和多样化。相对于电话、短信等传统的交往方式，移动网络的即时通信成为人们热衷的新型社交工具。从交往形式看，以移动网络为媒介的交往不再局限于“一对一”的交往，它还是“一对多”和“多对多”的交往，使得人们的交往范围进一步扩展。从交往内容看，移动网络即时通信可以支持声音、文字、图像、视频等的传递，进一步丰富了人们的交往内容，扩充了人们的交往体验。

意见凝聚群体

意见是指民众对公共事务和社会时事发表的评论及看法。在中国，以分享、开放和互动为特征的互联网成为人们发表意见的重要平台和媒介。

Web 1.0时代，网络论坛成为人们发表意见、交流看法的主要平台，从最初的BBS到后来的以“天涯社区”、“强国论坛”等为代表的虚拟社区，都聚集了大量网民参与到对不同话题的探讨当中，只要有人参与，话题下面就汇集了一个或大或小的群体。但由于这时候的网民大多采用虚拟身份发表意见，对自己的言论也几乎不承担任何责任，因此，各个论坛里都是一片嘈杂之声，虽然有意见群体的形成，但其意见表达的社会影响并不是特别突出。

进入 Web 2.0 时代，除了网络论坛之外，人们发表意见的重要平台又增添了博客。与论坛相比，博客更为个人化，无论是原创、转载还是评论，它都为每个人提供了一个阐述思想、表达心情的平台。不过，由于更新博客的难度较大，除了少数一些有影响的博客之外，大多数博客则随着时间的流逝而渐渐归于沉寂。随后，具有 140 字限制的微博开始成为人们发表看法、展示心情和联络交友的重要场所。尤其是在人手一部手机的时代，随着手机上网越来越便捷，人们可以及时地、实时地、全时地获取和发布信息。每当有重大社会事件发生时，人们便可以迅速地在网络上聚集起来，发表自己的看法并相互交流，形成意见群体。与论坛和博客相比，微博里的意见群体不仅规模庞大，而且聚集迅速、互动充分，因此具有更大的社会影响。

2012 年 7 月 21 日晚 9 时左右，京港澳高速南岗洼路段在暴雨中受灾严重，很多车辆被淹，当地的 152 名农民工利用救生圈、麻绳等救出了上百名被困乘客。为了表彰他们英勇救人的善举，著名主持人崔永元自掏 1.4 万余元宴请这些农民工，同时，慈善家李春平和腾讯筑德基金也分别向他们提供了 30.4 万元和 15 万元的奖励。但随后，有媒体在 8 月 9 日报道，这些农民工所获的奖金被工地扣留，部分参与救援的农民工表示，“钱确实发了，但是又收回去了”[①]。网友“朱坤岭”以“奖给暴雨中救人的农民工的钱，遭工地扣留了！”为标题将媒体报道的这一消息于当日早上发布于微博中，随即在互联网上掀起舆论热潮，众多网友纷纷对工地的做法表达了强烈的愤慨。此事随即引起了北京市政府官方微博“北京发布”的注意，“北京发布”于中午 11 时 22 分发布微博称“相关部门正在核实，如情况属实，市建委将对克扣奖金的企业予以处理”；下午 7 时许，“北京发布”在微博上公布了事件经过及处理情况，表示 12 名农民工被扣奖金已经全部退还。

从该事件的始末来看，微博以及围绕该事件聚集起来的意见群体发挥了重要的作用。经过媒体报道和互联网上的信息传递，知晓此事的民众迅速会聚成一个群体，通过发表自己的意见和看法形成舆论热潮，使该事件在极短的时间内引起了政府部门的关注和介入，最终促使该事件得以圆满解决。

“一切媒介都要重新塑造它们所触及的一切生活形态”[②]，互联网技术的发展正在改变和重塑我们的生活，而意见群体的出现及其行为展现便是这种改变和塑造的重要结果。

---

① 苗飞飞：《农民工救人有好报所得捐款却被工地扣留》，载《京华时报》，2012-08-09。

② [加] 麦克卢汉：《理解媒介——论人的延伸》，86 页，北京，商务印书馆，2000。

二、无边界的信息流动空间

在互联网这个具有流动性的信息化空间里，意见群体的存在及其行为展现都以信息的形式呈现。信息的每一次发布和传递，都代表了群体成员相互之间的沟通和交流。以被普遍关注的事件为核心，群体成员因为同样的表达意见的行为而自发聚合在一起。这种聚合具有动态性，它会随着事件的发生、发展和结束而不断变化。

群体行为的信息化

麦克卢汉说过："在这个电力时代里，我们发现自己日益转化成信息的形态，日益接近意识的技术延伸。"① 这句话尤其适合网络化时代的网民，因为在网络化时代，不仅网民个体日益转化成信息的形态，由网民聚集而成的群体也日益转化成信息的形态。

信息与人类密不可分，从本质来看，人类的任何活动都是一种信息活动。信息是人类开展相互交往的媒介，经由这个媒介，人们得以了解对方的想法、意图、兴趣，保持既有的社会关系并建立新的社会关系。同时，信息也是人类开展相互交往的内容，肢体动作、语言、文字等都属于信息。信息与物质、能量并称为人类社会赖以存在、发展的三大基础。其中，物质是世界的组成元素，能量是一切物质运动的动力，而信息则是人类了解自然及人类社会的凭据。信息的积累和传播，是人类社会发展进步的基础，人类社会发展的历史就是沿着信息不断膨胀的方向前进的。传统社会，信息量小，传播效率低，社会的发展速度缓慢；现代社会，信息量大，传播效率高，社会的发展速度较快。

由古至今，人类的信息活动共经历了 5 次变革：语言的诞生、文字的出现、印刷术的发明、电信革命的发生和计算机技术的发展。语言的诞生，使人类的信息活动从具体走向抽象；文字的出现，使信息传递的范围更广，时间更久；印刷术的发明，促使人类传递信息的速度和范围急剧地扩展，并进一步增强了人类储存信息的能力；电信革命的发生，进一步加快了人类传播信息的速度；而计算机技术的发展，以及与通信技术的结合，进一步增强了人类处理、传播信息的能力。

上述的 5 次信息变革呈递进状态，逐级增强了人类处理和传递信息的能力，并渐渐凸显出了信息的力量和价值。第 5 次信息革命带来的网络化时代，又被称为信

① ［加］麦克卢汉：《理解媒介——论人的延伸》，93 页，北京，商务印书馆，2000。

息化时代，是一个以信息为主的时代。在这个时代中，伴随着人类处理和传递信息的能力的增强，人类生活的任何部分都能以文字、符号、图片、音频、视频等信息形态呈现在网络当中。不仅每位网民的身份特征、言行举止等能被信息化并呈现在互联网上，而且网民之间的交往及互动也能以信息的形态在互联网上展现。比如，微博当中的“转发”和“评论”就是每位网民意见表达的信息化形态。通常而言，转发某条微博意味着关注或赞成，被转发一次就意味着一位网友得知了这一信息并力图将其传递给更多人。微博有一个关于某条微博被转发和评论次数的自动显示，通过这个显示，可以很清楚地知道该条微博的被关注程度。转发的人多了，就有了群体效应。转发人数意味着群体规模，评论内容意味着群体意见。更进一步，进行转发和评论的网民构成了这个群体的成员，这样一来，群体形态和群体行为都以信息的形态呈现于网络空间中。

无组织的群体存在

“7·21北京暴雨”中，无论是对北京市排水系统的批评、对涉水熄火车辆被贴罚单的不满、对初次公布的遇难人数的质疑，还是对救人农民工所获奖金被扣留的愤慨，网民们都是自发地会聚在话题周围，发表自己的看法。同时，会聚而成的群体内部也并不存在一个专门机构或组织来进行管理或协调，群体成员完全自发地对焦点话题进行评论。

暴雨之初，面对网友们上传的水淹照片，就有一些人对北京市的排水系统进行过批评，后来随着暴雨险情的渐趋严峻，尤其是当一名司机在广渠门桥桥下被困而最终溺水遇难的消息传开之后，北京市的排水系统又重新成为舆论的焦点。在众多网民的意见中，每一条分析精辟的评论都会在短时间内引发数千次的转发和数百次的评论，网络意见群体的规模也渐趋增大。但是，与现实社会中的群体不同，因意见表达而会聚成的网络意见群体存在于传统机构和组织的框架之外，具有无组织性。这种无组织性主要体现为：完全自发形成；群体内部并不存在一个专门机构或组织来进行管理或协调；群体行为无须遵循具体的管理规则等。

克莱·舍基在《未来是湿的——无组织的组织力量》一书中揭示了无组织性网上群体的形成原因。在他看来，渴望成为群体的一员是人的基础本能，但由于交易成本的存在，人们不得不依靠各个机构或组织来结成群体，而当互联网出现之后，由于交易成本的削减，使得群体的形成已经变得极其简单，组织的作用便消失了。

信息是人类最重要的交易成本之一。作为信息聚合和分享的平台，互联网使得人们管理和传递信息的成本大幅下降，从而也就对交易成本起到了削减的作用。在网络上，网民可以自由生成网页内容，发布和传递自己认为有价值的信息，遵循“先发布后过滤”的原则，往往是最新奇、最重要、最有价值的信息会得到大范围的传播，引起大规模人群的关注。同时，作为一种新的重要的社会交往工具，互联网还帮助人们结成了一个巨大的社会网络，增强了每位网民联络他人的能力。由此，依凭互联网这一重要的信息传播及社会交往平台，网络意见群体得以在传统机构和组织框架之外迅速地自发形成。

动态即常态

现实社会存在着多种群体，如家族、企业、机构、组织、团体等，这些群体中的每个成员都由内在和外在的纽带相互连接在一起。内在纽带包括血缘、信仰、兴趣、价值观念等，外在纽带则包括规则、条约、章程等。由于这些纽带的存在，在一定时间之内，群体的规模及外在形态等都具有一定的稳定性，很少发生大的变动。网络意见群体则不同，从形成到消散，其规模及外在形态等都处于变动当中，可以说，动态即为意见群体的常态。

“对事件发表意见”是意见群体的会聚纽带。互联网上每时每刻都充斥着大量的信息，不过，经由网民的过滤，最重要、最有价值的信息会凸显出来，尤其是当某个事件因其突发性、公共性、重大性而出现在网络当中时，会迅速传播开来，进而引发大量网民的关注和评论，由此，围绕该事件，一个意见群体便迅速形成。同时，伴随着事件的发展变化，意见群体关注的话题也发生变化，其群体规模也在不断发生变动。“7·21北京暴雨”中，北京市的排水系统最先成为意见群体关注的焦点话题，随后，在感动于暴雨之夜人们相互之间的温情互助的同时，群体成员又陆续对“交通协管员对因遭遇暴雨而停在路边的车贴罚单”、“高速公路在暴雨中坚持收费”等进行质疑，在这些话题的转换之间，不断地有人进入和退出群体，群体规模时大时小，具有动态变动性。

此外，意见群体的行为也处于动态变化中。凭借互联网强大的信息处理及传递功能，意见群体获得了越来越强的行动能力。通过鼠标的点击、键盘的输入，甚至是经由对手机、平板电脑等移动设备按键的按动或屏幕的触摸，群体成员就能够以最快的速度将大量的信息传递给其他成员，而群体信息共享速度的加快也就必然会带来比较一致的群体行为。概括而言，意见群体的行为形式主要分为网络行为和现实行为，网络行为如网络围观、网络评论、网络新闻的进一步跟进等，现实行为包括聚集、集体散步、现场悼念等，从旁观到介入，从网上到网下，意见群体的行为呈现出动态性和多样性。

意见群体因事件的发生而聚，也必然因事件的平息而散。当最初会聚意见群体的事件平息之后，“对事件发表意见”的纽带也就自然脱落，意见群体消散。“北京暴雨救人农民工所获赠款被扣留”事件中，出于对救人农民工的敬意和对工地扣款行为的愤慨，网民会聚到一起，强烈要求工地将扣款退还给农民工，当相关部门经调查核实责成工地将扣款退还给农民工之后，意见群体也渐渐消散。

离散中的聚合

“7·21北京暴雨”中，伴随着相关事件的出现和消失，意见群体的成员也随之聚合与离散。虽然散去之后，他们或者松散地分布于各大论坛的话题讨论中，或者偶尔显现于小规模朋友圈的QQ群里，或者在某条微博下发表自己的评论，但只要下一个重大事件出现，他们又会迅速聚合在事件周围。从这个角度而言，意见群体成员的每次离散都是下一次聚合前的准备，他们的离散其实就是一种潜在的聚合。

互联网是网民传递和分享信息的重要平台，每时每刻都有大量的网民在发布和获取信息。对每位网民来说，只要他正在使用网络，他就存在于互联网这张巨大的信息网中，他就有可能获取其他任何一位网民发布的信息，或者有机会把自己发布的信息传递给其他网民，因此，所有网民之间都潜在地由信息相连。同时，Web 2.0对互联网用户信息自主功能的提升，使得重要的信息能够迅速凸显出来并获得广泛传播，这就进一步增加了网民看到重要信息和因重要信息而聚合在一起的可能性。

互联网还是网民开展社会交往的重要平台，伴随着“以人为中心”、“以关系为中心”的社会性网络的迅猛发展，每位网民都存在于一个或多个或大或小的网络群体当中，同时，这些群体并不是相互独立的，而是或松散或紧密地交织在一起，因此，每位网民都存在于同一个巨大的社交网络当中，网民相互之间具有潜在的社会交往联系。1967年美国心理学家米尔格伦提出“六度分隔理论”，指出在人际交往中，一个人最多通过六个人就能够认识任何一个陌生人。如今，伴随着互联网这个巨大社交网络的形成，该理论也由理论成为现实。比如，微博出现之前，普通人想要与名人明星建立联系具有特别大的难度，但在微博兴起之后，与他们的沟通交流就变得比较容易。现实生活中，虽然社会成员之间也具有潜在的聚合性，但由于聚合的成本太高、速度太慢，聚合的可能性很小。而互联网由于拥有快速的信息传递和传播能力，因而能够快速地将离散的群体成员进行聚合。

没有人知道意见群体的确切规模和具体形态，也无法预知能够凝聚意见群体的下一个事件会是什么。在事件发生之前，这个群体中的每个成员在哪儿？事件结束后他们又到哪儿去？谁都不知道，也无法预测。不过，虽然群体成员松散地潜在于互联网的各个角落，但他们时刻都在准备着下一次的聚合。

三、"麦克风时代"的话语表达

"在网络时代，每个人都可能成为信息渠道，都可能成为意见表达的主体。有个形象的比喻，就是每个人面前都有一个麦克风"[①]，从这个意义来说，网络化时代也可以被称为麦克风时代。"7·21北京暴雨"中，无论是对"全城看海"的调侃、对"暴雨夜爱心互助"的宣扬，还是对排水系统等的质疑，每一次舆论浪潮的出现，都彰显出意见群体在麦克风时代中的话语表达力量。这种力量的获得，除了借助于网络媒体的"麦克风"效应之外，还有赖于意见领袖的重要引领和"粉群体"的迅速聚集。

网络媒体的"麦克风"效应

在互联网出现之前，传播媒体主要包括报纸、杂志、广播、电视等。互联网出现之后，影响力日益强大，开始超越传统的四大媒体，逐步上升为"第一媒体"，也被称为"新媒体"或"网络媒体"。从传统的四大媒体到网络媒体，最大的区别就在于媒体的受众开始由"被动的信息接收者"转变为"主动的信息生成者"。

由于传播的信息量有限，传统媒体普遍都拥有"信息把关人"。在传播信息之前，通常先由这些"把关人"进行信息过滤，再将过滤后的信息传播出去，受众则被动地接收这些信息，而很少能够有机会参与信息的生成。互联网出现之后，尤其是随着Web 2.0时代的到来，受众的被动地位才得以改变，开始拥有信息发布的主动权，这种主动权主要体现为以下三个方面。

首先，网络的公开性及发布信息的低门槛，使得任何人都有机会将自己想表达的看法在互联网上公之于众，这就意味着每位网民都拥有和传统媒体记者一样的发布新闻的权力和机会。网络既是一个公众性媒体，同时也是每位网民的自媒体，就如冯小刚开通微博之后说的，"我终于有了自己的'报纸'，在那上面说话很放心，既不会被断章取义，语言也不会被嫁接……它就是我的'冯通社'"[②]。

其次，在互联网中，信息发布普遍遵循"先发布后过滤"的原则，即虽然每个人都可以发布信息，但只有最重要、最有价值的信息才会被凸显出来，获得众人的

① 陆侠：《政府如何应对"麦克风时代"》，载《人民日报》，2009-06-24。
② 李云灵：《冯小刚：微博就是我的"冯通社"》，载《东方早报》，2010-09-03。

关注。互联网的这种过滤机制实际上仍是"用户生成网页内容"理念的一种体现。凭借一些技术算法，信息的重要程度会与其所受的关注度直接相关，那些具有较高关注度的信息会自动地被推到互联网信息高峰的顶端，以吸引更多人的关注。这样一来，重要事件或重要话题的出现，就不再仅仅来自传统媒体，还可能来自网民自己发布的信息。

最后，互联网传播信息的大量性、即时性以及互动性使得网民可以非常迅速地与其他网民展开互动，进行意见的充分沟通和交流，形成舆论。与传统媒体引导形成的意见表达相比，互联网上经过充分互动后形成的舆论，往往是真正代表公众意见的舆论。因此，以互联网为媒介和平台，"一个公共舆论场早已经在中国着陆，汇聚着巨量的民间意见，整合着巨量的民间智力资源，实际上是一个可以让亿万人同时围观，让亿万人同时参与，让亿万人默默做出判断和选择的空间，即一个可以让良知默默地、和平地、渐进地起作用的空间"[①]。

信息发布主动权的获得意味着每个人都有机会发布信息并使其得到广泛传播，也即每个人都有机会凭借互联网这个"麦克风"表达出自己想表达的意见。而当人们会聚到一起，在同一时间拿起"麦克风"表达出相对一致的意见时，就会产生强大的舆论合力。

信息需求与话语表达的"引爆点"

互联网是人们获取信息和分享信息的重要平台，极大地满足了信息化时代人们对于信息的需求。一般情况下，由于个性的差异和网络诉求的不同，人们的信息需求也是相异和分散的。不过，类似"7·21北京暴雨"这样的突发性公共事件，却能使大量网民的信息需求迅速集中，产生比较一致的信息需求行为。

突发性公共事件是指突然发生的可能造成严重社会危害的事件，主要包括自然灾害、事故灾难、公共卫生事件、社会安全事件等，具有公共性、突发性和破坏性。公共性意味着该事件与公众的利益切身相关，因此它能迅速聚集公众的注意力。突发性和破坏性则意味着为了避免遭受更严重的伤害，公众需要及时掌握与该事件相关的更新信息并作出反应，因此它能使公众产生比较一致而又非常迫切的信息需求。但是，传统的信息传播渠道如报纸、电视、广播等媒体具有一定的滞后性，不能及时地满足民众对即时信息的需求。与之相对，具有开放性、即时性和灵活性的网络媒体则能够及时满足民众的信息需求。于是，每当突发性公共事件发生

---

① 笑蜀：《关注就是力量，围观改变中国》，载《南方周末》，2010-01-14。

时，互联网往往成为人们传播即时信息的便捷渠道。如“温州动车事件”的消息就是由一位网友在事故发生4分钟后，于新浪微博上最先发布的，1小时之后，新华社才发出了第一篇关于这一事件的报道。“7·21北京暴雨”中，房山地区发生山洪的消息也是经由微博而获得大范围的传播。

此外，互联网上充斥着大大小小的话题，但只有少数话题能引起众多网民的关注，成为意见群体的公众议题，并进而促发群体成员的热烈讨论，最终形成网络舆论。这些公众议题十分重要，它们既是网络舆论的起点，也是网络舆论的“引爆点”，因为它们能够使公众的注意力和话语表达迅速聚焦，在短时间内爆发出巨大的舆论力量。

从近一年发生的网络热点事件来看，能够引发民众热议、成为公众议题的事件往往都是一些与现实社会具有密切联系的重大社会事件，如“小悦悦事件”、“甘肃校车事件”、“领导悬浮照事件”、“合肥少女毁容案”、“杜传旺事件”等。这些重大事件源于现实社会，是社会矛盾、社会问题和社会现象在网络上的集中体现。转型期的中国，社会矛盾突出，社会问题丛生，社会现象繁杂，反映社会矛盾、体现社会问题、展示社会现象的事件层出不穷。但在互联网出现之前，由于信息传播渠道的局限，公众获取即时信息和发表个人意见的能力也受到限制，这些事件大都很难进入公众视野并形成舆论。互联网出现之后，公众获取即时信息的能力增强了，可资利用的与其他人沟通交流意见的平台也增加了。每当一些重大的社会事件发生时，公众往往都能够迅速获知与该事件相关的信息并就其展开热烈讨论。在获知事件信息和开展讨论的过程中，长期沉积的社会矛盾、社会问题和社会现象也开始凸显出来，并进一步引发公众更深层次的讨论。

“7·21北京暴雨”中，首先是北京遭遇大暴雨并引发险情这一突发性公共事件引发民众注意力和信息需求的迅速集中，随后，一些反映现实社会问题的事件引发意见群体的热烈讨论，如长期存在而得不到解决的“北京市排水系统排水不畅”、反映非人性化行政执法的“涉水熄火车辆被贴罚单”和“暴雨中高速公路坚持收费”、暴露农民工弱势地位和权利贫困的“救人农民工所获赠款被扣留”、凸显政府公信力下降的“对遇难人数的质疑”等。

意见领袖的引领作用

2012年7月21日19时14分，网友“亘秦”在发布“上百个小学生被困房山青龙湖少年军校基地”求救信息的同时，还将这一消息发给了4个微博用户：“北京发布”、“清琳子”、“中国国际救援队”和“薛蛮子”。其中，“北京发布”和“中国国际救援队”分别是北京市人民政府新闻办公室和中国国际救援队的官方微博，“清琳子”和“薛蛮子”为经过认证后的个人微博用户。

“亘秦”的这一做法在微博用户当中比较常见。当一个人想让发布的信息传播给更多人时，他通常会选择一些具有较大影响力的人作为信息传播的中介，比如“薛蛮子”。自从2010年9月8日发出第一条微博开始，截至2012年9月8日，两年的时间里，“薛蛮子”总共发布微博5万多条，平均每天要发近70条微博。较快的微博更新速度、较强的文字能力，以及敢言敢为的个性使他拥有400多万的粉丝，在微博这个网络空间中具有重要的影响力，他也因此成为“亘秦”首先发布求救信息的对象之一。

网络当中还存在着很多如“薛蛮子”这样的网民，他们不仅能够使信息得到迅速且大范围的传播，还具有引领其“粉丝群”的意见表达的作用。“7·21北京暴雨”中，他们的一个转发、一句评论都能在短时间内引发上百次、上千次甚至上万次的转发或评论，成为意见群体当中的领袖型人物，即“意见领袖”。

意见领袖（opinion leader）概念最早由美国传播学者拉扎斯菲尔德等人在《人民的选择》(1944）一书中提出，是指那些活跃在人际传播网络中，经常为他人提供信息、观点或建议，并对他们施加个人影响的人物。意见领袖在信息传播的过程中具有重要的作用，是信息传播路径的关键节点。

与传统意见领袖相比，网络意见领袖产生的范围更广、更草根化，他们可来自社会的任何群体和阶层，与被影响者是平等关系。网络意见领袖的成员构成并不是固定不变的，随着人际关系的变化、社会情境的改变等，其成员也在不断地增减和更替。Web 1.0时代，网络意见领袖主要活跃于BBS以及各大虚拟社区，以其具有独到见解的帖子影响着其他网民。进入Web 2.0时代之后，博客、微博成为他们发挥影响的主要平台。尤其是微博，由于受众多，信息更新速度快，活跃于微博的意见领袖占据了网络意见领袖的绝大部分，正在发挥着越来越大的影响。从一定程度来看，微博意见领袖正在成为当前我国网络意见领袖的典型代表。

2012年3月9日发布的《中国微博意见领袖研究报告》显示，微博意见领袖以男性居多，平均年龄为47.5岁，日均发微博5.8条，平均被转发次数为478.8次，平均粉丝数为近98万，主要包括媒体人、学者、作家和商界人士等四类成员，大多为掌握相当经济资本、社会资本和文化资本的社会精英。① 不过，此报告选择的

① 参见姜泓冰：《〈中国微博意见领袖研究报告〉首发 潘石屹、马云等商界人士领先》，见 http://society.people.com.cn/GB/17343260.html，2012-03-09。

调查对象主要是通过微博实名认证且关注点主要为公众话题者，并未考虑影视及体育明星等。其实，由于受关注度较高，影视及体育明星在网络信息传播中也具有比较突出的作用。此外，当某一重大事件引发众人关注时，事件当事人由于亲历了事件，掌握与该事件相关的大量信息，也在网络信息传播中发挥了与意见领袖相当的重要作用。

凭借其独到的见解和巨大的号召力，网络意见领袖在网络信息传播的过程中发挥了重要的引领作用。首先，迅速会聚有效信息。互联网上的信息繁多而庞杂，凭借敏锐的直觉和精准的判断力，意见领袖能够将有效信息迅速汇集，从而有助于人们从凌乱的信息中抓住重点。其次，深层解读相关信息。意见领袖普遍具备独到的分析思考能力和个性化的文字表达，能够提供对信息的深层解读。这就好比给人们提供了一个意见支点，借助这个支点，广大网民能够进一步看清复杂事件的本质。最后，大范围扩散信息。意见领袖普遍拥有数量巨大的粉丝群，具有在短时间内大范围扩散信息的能力。

从传播路径来看，每次的信息传播都好比一场接力赛，意见领袖是其中最重要的接力运动员。但除了这些意见领袖之外，还有大量不知名的运动员参与到了这场信息接力当中，那就是存在于每个意见领袖背后的“粉群体”。没有这些“粉群体”的存在及接力，意见领袖的作用就无从发挥。

“粉群体”的迅速聚合

“粉”是“粉丝”的简称。“粉丝”来源于英文“fans”的音译，意为“迷，狂热者，爱好者”。在微博中，成为某个人的“粉”，意指成为该人的关注者，当这个人更新微博内容时，“粉”就能够立即知晓。意见领袖以其独到见解和特有的人格魅力而广受关注，因此，在意见领袖周围就聚集了一个庞大的关注群体，被称为“粉群体”。同时，这个关注群体的每个成员又会拥有自己的关注群体，依次链接下去，就构成了一个庞大的粉群体。

在互联网上，粉群体既是信息的受众，又是传播者。由于微博的即时性极强，当一个人发布微博后，其粉群体立刻便能知晓，尤其随着手机网民的日益增多，这种即时性更是得到了增强，使得信息传播突破了时空阻隔，达到了极快的传播速度。同时，从信息传播的角度来看，粉群体内的信息传播具有裂变性，是一种“裂变式”的网状传播，具有传播范围广的特点。假设一个意见领袖拥有 10 万粉丝，每个粉丝又各有 100 个粉丝，仅仅两次传播，就能使信息传递给 1 000 万人。因此，当意见领袖转发某些信息或发表评论时，能够迅速将粉群体聚集到这些信息或言论周围，使得粉群体自觉或不自觉地参与其中，表示支持或反对，形成群体效应。

单独来看，在互联网这个庞大的信息网络和社会网络当中，每位网民都渺小如一粒“粉尘”，但随着作为“引爆点”的事件的出现和意见领袖引领作用的发挥，众多“粉”聚集在一起，却形成了重大的、无可替代的撬动现实社会的舆论力量。

四、从围观到行动：网络舆论撬动现实社会

“7·21北京暴雨”中，无论是遇难人数的更新、遇难者名单的公布，还是涉水熄火车辆被贴罚单全部作废、救人农民工被扣赠款的退还等，都显现出网络意见群体影响现实社会的舆论力量。具体而言，这一力量的发挥是在网民围观的基础上，通过“网上网下”的深层互动以及传统媒体与网络媒体的相互呼应等得以实现的。当然，如同一把双刃剑，网络意见群体对现实社会的影响既有正面的舆论监督，也蕴涵了谣言滋生、网络暴力等负面的可能。

围观的力量

围观，意指很多人围着观看。后来在互联网上，该词得到人们的广泛使用，特指一种自发的网络群聚行为。从本质上看，网络围观就是网民的关注，对一件事围观的人越多，就代表关注此事的网民越多，同时也就意味着有可能加入到意见群体中的网民越多，因此，围观人群就是潜在的意见群体。

不同于现实社会的在场围观，网络围观是一种身体不在场的围观。网民只要轻点鼠标或轻触手机屏幕浏览相关信息；或者加入到意见群体当中来，顶帖、转发微博、发表评论、补充发布新信息等；或者更进一步，采取现实的社会行为参与到围观事件当中，就完成了一次围观。由于行为的便捷性和成本的低廉，与现实社会的围观相比，网络围观的发生率较高，围观人群的规模也较大，动辄就是几万、几十万。同时，现实社会中的围观具有同步性和暂时性，而网络围观则具有长时间的持续性和连续性。不论一件事发生了多久，只要它仍是网民们关注的中心，网络围观现象就仍然存在。此外，现实社会中的围观多具有偶发性和随意性，而网络社会中的围观则具有主动性和自发性。当一个事件成为围观对象后，围观网民会积极地关注该事件的进展，或者主动搜索与该事件相关的其他信息，或者与他人分享自己对该事件的意见和看法，甚至采取某些社会行为参与到该事件当中。

由于具有不同于现实社会围观的上述特性，网络围观也就具有了比现实社会围观大得多的力量。简言之，网络围观的力量就是关注的力量、舆论的力量和行动的

力量。当一个规模庞大的群体长时间地、持续地、积极主动地围观时，自然就会有大量的评论出现，形成网络舆论，进而引发群体情绪的蔓延、群体行为的发生，并产生一定的社会影响。

2012年7月22日晚，北京市政府新闻办公室发布通报称，截至22日17时，北京市总共发现37人因暴雨遇难。这个消息一经公开，就在互联网上引发了大量网民的围观，大家纷纷表达了自己对遇难人数的质疑。随后，在25日召开的第二次新闻通报会中，民众最关心的遇难人数一直未见更新，引发了更大规模的网络围观和质疑，互联网上以“北京暴雨真相”为主要内容的微博数量也急剧增加，有一些网民甚至表示将会彻夜守候等待遇难人数的更新。面对来势汹汹的网络围观及舆论热潮的压力，26日晚，北京市防汛抗旱指挥部召开新闻发布会，不仅公布了死亡人数为77人，还在第一时间公布了身份已经得到确认的遇难者名单。此后，遇难人数又历经两次更新，增至79人。

网上与网下的互动

Web 1.0时代，人们普遍将互联网看成一个虚拟网络。因为，无论是在BBS、虚拟社区上发表言论，还是利用QQ聊天等，网民大都采用虚拟身份与其他人交往。在人们看来，互联网上的一切信息都具有一定的不真实性，网上社会与现实社会没有太大的关联，二者是相互独立和隔离的。但是，随着Web 2.0时代的到来，社会性网络服务迅速发展，互联网逐渐成为人们开展社会交往的重要媒介和工具，虚拟也渐渐向现实过渡。从社交网站上的实名交往到实名博客，再到微博上的实名认证，网民的身份信息逐渐趋向真实。尤其是在微博上，有些网民不仅采用真实姓名注册，还使用自己的真实照片作为头像，并不时地发布微博展现自己在现实生活中的点滴。互联网与现实生活的关联越来越大，网民的网上互动与网下互动也有了相应的关联并相互影响。

网上互动与网下互动的关联对网络舆论向现实行为的转化具有重要的推进作用。当一件事情被大量网民围观并形成网络舆论时，会促使网民在网下开展一系列的现实行为，而这些现实行为的开展又会引发网络上更热烈的围观和讨论，并进一步推动新的现实行为的开展。如此循环往复，网民的网上互动与网下互动相互促进，使得网络舆论具有了行动的力量。

综合来看，被网络舆论激发的现实行为主要有聚集、捐助、慰问、悼念等，这些行为对互联网上的相关信息具有查证、补充及拓展的作用。例如，在“7·23”甬温动车事故一周年之际，网络意见领袖李承鹏、王小山去温州纪念事故遇难者；

“小悦悦事件”发生后，小悦悦的父母接到了很多人的慰问电话和捐款，并且还有许多人专程到医院进行探望，成都、济南等地方的拍客们采取拍视频采访当地民众的方式，展现全国各地民众对此事的看法，还有一部分人将到现场悼念的过程拍成视频放到网络上，还有人根据这一事件拍了微电影《小悦悦》等，所有这些行为以信息的方式又被呈现在互联网上，推动着更多的人参与评论或开展社会行为。

由此，源于现实生活的事件经由网络意见群体形成舆论压力，又转向现实社会，推动该事件在现实社会的进一步发展。在这一过程中，除了网上与网下互动力量的影响之外，传统媒体与网络媒体的相互呼应也发挥了重要的促进作用。

传统媒体与网络媒体的相互呼应

网络媒体以其即时性、互动性、多元性的信息传播方式对传统媒体产生了巨大的冲击，于是，传统媒体也开始自觉接受网络媒体的传播逻辑，参与到网络信息传播的过程中。门户网站兴起的时候，各大报纸、杂志和电视台纷纷建立了自己的网站，如人民网、央视网、中国广播网等。微博兴起之后，各大传统媒体又纷纷开通微博。2012年7月22日凌晨4时58分，《人民日报》开通官方微博“人民日报”，并发布了第一条微博：“北京暴雨，整夜无眠。人民日报官方微博与大家共同守望。为每一位尚未平安到家的人祈福，向每一位仍然奋战在救援一线的人致敬！北京，加油!”一经亮相，“人民日报”立即就因其亲近网民的语言风格和对社会热点甚至敏感事件的关注受到了网民们的热情关注和大力追捧，开通不到1个半月，就拥揽了上百万的粉丝。

过去，传统媒体扮演着信息源的角色，但网络媒体兴起之后，“人人皆记者”时代的到来，使得网络成了传统媒体的重要信息源，各大传统媒体开始关注互联网上传播的信息。在信息来源上，传统媒体一改以前单独由记者供稿的情况，开始报道网民提供的信息，并且在报道内容上也开始关注网民的种种评论。不同于传统媒体“点对面”的信息传播模式，网络媒体的传播是一种“面对面”的传播，不仅信息来源更广，而且传播速度更快。此外，传统媒体的信息传播具有短暂性，一些新闻事件在被报道之后就渐渐被人们遗忘，而网络媒体由于其对信息的强大容纳力和储存力，具有长时间连续传播的能力。

不过，传统媒体也具有自身的优势。由于存在时间长，传统媒体拥有一个庞大的、比较稳定的受众群。同时，严格的信息筛选机制也使得其传播的信息具有严谨性和深刻性，进而使其在受众群中树立了良好的传播形象，拥有比较权威的传播地位。

正如麦克卢汉所言："没有一种媒介具有孤立的意义和存在，任何一种媒介只有在与其他媒介的相互作用中，才能实现自己的意义和存在。"[①] 正是由于传统媒体与网络媒体各有优势，故而二者在传播信息过程中相互影响、相互促进，增强和扩大了网络意见群体的话语力量和话语影响。

"7·21北京暴雨"中，当"37人遇难"的消息被公布之后，对遇难人数的质疑首现于网络，从22日到25日，质疑的人越来越多，质疑之声也越来越大，在一些意见领袖的引领之下，质疑内容渐渐由"到底死了多少人"转为"都是谁"，网民强烈建议公布遇难者名单。尤其是当25日晚的"'7·21'特大自然灾害情况通报会"未对最新伤亡情况予以公布时，意见群体的质疑浪潮瞬间达到高峰。26日，《人民日报》发表时评《伤亡人数不是"敏感话题"》指出："事实上，相对于'负面消息'，人们更关注的是政府对待'负面消息'的态度……提速信息发布，提高发布质量，才能真正地以人为本，为死伤人数'脱敏'。"[②] 作为主流媒体和官方媒体的主要代表，《人民日报》发表的该篇时评在一定程度上增强了网络意见群体的质疑力量，并为政府更新遇难人数和公布遇难者名单进行了舆论上的"脱敏"。当天晚上，北京市防汛抗旱指挥部召开新闻发布会，公布遇难人数为77人，同时还公布了遇难者名单。随后，主流媒体中央电视台、《人民日报》等陆续将这份名单公布。

从该事件的始末来看，意见群体对遇难人数的质疑之所以能够对现实社会产生影响，传统媒体与网络媒体的相互呼应发挥了重要作用。在事件之初，作为联系媒介和沟通平台，网络媒体发挥了会聚意见群体、广泛传播意见群体话语的作用。随后，《人民日报》等传统媒体的加入在一定程度上进一步增强了意见群体的话语影响力，同时，借助传统媒体的网络化形态如《人民日报》官方微博等，传统媒体对意见群体话语影响力的增强又在互联网上获得了更大范围的体现。最终，在传统媒体与网络媒体的相互呼应中，意见群体的意见表达获得了影响现实社会的力量。

警惕"沉默的螺旋"

"7·21北京暴雨"及其后的相关事件中，从对暴雨夜爱心互助的肯定和对非人性化行政的批评，到对遇难人数的质疑和对发送暴雨预警短信的建议等，网络意见群体均起到了重要而积极的舆论作用，开始成为推动中国民主化进程的一支重要

---

① ［加］麦克卢汉：《理解媒介——论人的延伸》，56页，北京，商务印书馆，2000。

② 范正伟：《伤亡人数不是"敏感话题"》，载《人民日报》，2012-07-26。

力量。但是，我们在看到网络意见群体积极影响的同时，也不能忽视这个群体可能存在的一些消极影响。

7月24日，北京市民政局官方微博“北京市民政局”发布微博号召民众向“7·21北京暴雨”灾民捐款，并公布了捐赠账号及联系电话。但是，该条倡议捐款的微博一经发布，即遭到了网民们的强烈抵制。在8万多次的转发中，迅速会聚在这条微博周围的网民们结成意见群体，纷纷发表了他们的抵制宣言。在群情激愤中，个别网民还伪造发布了一条看似由“北京市民政局”发布的具有不当言论内容的微博，更是将大家抵制捐款的情绪推向了高潮。虽然新浪微博管理员随后即发表微博，对冒充“北京市民政局”微博账号发布微博的网民“秋小跑”作出账号禁言30天等处理，但这条被伪造的微博仍然对北京市民政局造成了一定的消极影响。

上述事件其实是群体极化现象的一种反映。“群体极化”是由凯斯·桑斯坦在其著作《网络共和国》中提出的，即在群体讨论过程中，“团体成员一开始即有某些偏向，在商议后，人们朝偏向的方向继续移动，最后形成极端的观点”[①]。詹姆斯·斯通在研究群体决策时也发现，人们在群体中进行决策时，往往会比个人决策时更倾向于冒险或保守，即向某一个极端偏斜，从而背离最佳决策。上述事件中，虽然意见群体对捐款的抵制确实在一定程度上反映了民众的意愿，但故意伪造能引起更大争议的微博的行为，则是群体情绪影响之下个人非理性状态的一种体现。

另外，与群体极化现象类似的“沉默螺旋现象”也说明了网络意见群体可能存在的消极影响。20世纪70年代，德国的诺尔-诺依曼提出了“沉默的螺旋”理论。该理论认为：如果人们觉得自己的观点是公众中的少数派，将不愿意发表自己的看法，而如果他们觉得自己的看法与大多数人一致，就会勇敢地说出来。这样一来，意见少数派的声音会越来越小，意见多数派的声音则越来越大，最终出现一方越来越大声，而另一方越来越沉默的螺旋式循环。在这一过程中，如果有媒体的参与，螺旋形成的过程会更快，也更明显。[②]

一般而言，网络意见群体的关注主题具有一定的偏向性。从事件性质来看，能够在网上引发众人围观的事件往往是负面事件，而很少是正面事件，并且这些负面事件普遍都与“富”、“官”、“公”等相连。与这些具有偏向性的关注主题相适应，围绕这些主题的意见表达也普遍具有偏向性。在“沉默螺旋”的影响下，意见群体的意见会越来越趋于偏向性的一致，反对的意见则越来越少，直至消失。

---

① [美]凯斯·桑斯坦：《网络共和国：网络社会中的民主问题》，47页，上海，上海人民出版社，2003。

② 参见[美]理查德·韦斯特、林恩·H·特纳：《传播理论导引：分析与应用》，北京，中国人民大学出版社，2007。

此外，由于网络开放和自由的特点，以及必要的舆论底线的缺失，意见群体的某些成员在发表意见时可能会使用非常偏激的词语，对受攻击者进行谩骂、诋毁，并且会没有底线地揭露被攻击者的其他隐私。比如“杜传旺事件”中，最先发布消息到微博上的山东齐鲁电视台主持人王羲，于发布微博后的第2天，就开始受到网民的质疑。网友质疑她对杜传旺状况的夸大和渲染，质疑她的丈夫，取笑她的长相和以前的采访经历，甚至还揭露了她的一些家庭隐私。受到质疑的王羲于发布微博后的第3天，就主动淡出了公众视野，在第5天，她开始删微博，清空了自己写的几千条微博。

结　语

2012年7月的《第30次中国互联网络发展状况统计报告》显示，截至2012年6月底，中国网民数量达到5.38亿，互联网普及率为39.9%。这表示目前在我国已经有近四成的人是网民，并且随着网络技术的发展，网民人数还在不断增长。规模如此庞大的网民队伍，除了参与现实生活的社会交往之外，还不时地会聚在互联网这个开放、互动的信息交流平台，开展信息的发布、传递和分享等网络行为。当一些突发性的公共事件和重大社会事件出现时，会聚在该事件周围的网民便会自发结成意见群体，发表对该事件的意见和看法。

通过“7·21北京暴雨”及其后的一系列事件可以看出，网络意见群体已经成为当前中国社会民意表达的主要力量。无论是北京市排水系统的脆弱不堪、涉水熄火车辆被贴罚单，还是暴雨中高速公路坚持收费、救人农民工所获赠款被工地扣留等，每当具有突发性、公共性或重大性的社会事件发生时，就有民众围聚在事件周围，结成意见群体，进行意见表达。由于网络意见群体的形成具有自发性，以网络媒体为中介传播的信息更加具有实时性、丰富性与多元性，因此，网络意见群体的意见表达更能够反映民心、表达民意、体现民愿，从而成为政府决策的重要参考，发挥了其影响现实社会的舆论力量。

当然，我们也要看到虽然当前我国的网民数量不断增长，但他们仍然只是全部社会成员的一部分，并未涵盖全部社会成员，尤其是经常使用论坛、博客、微博等主要意见表达平台的网民占据全部社会成员的比例更小。这就需要政府在关注网络意见群体的意见和建议的同时，也要通过各种途径了解和听取网络意见群体未能代表的其他社会成员的意见，以作出更符合民心、顺应民意、满足民愿的社会决策，促进社会更好地向前发展。同时，为了更好地发挥网络意见群体的舆论监督作用，需要政府在了解其可能存在的群体极化现象等负面影响的基础上，加强对网络意见群体的合理引导、协调与反馈。

参考文献

[1] 范正伟. 伤亡人数不是“敏感话题”[N]. 人民日报，2012-07-26 (9).

[2] 姜泓冰.《中国微博意见领袖研究报告》首发 潘石屹、马云等商界人士领先 [EB/OL].[2012-03-09] http://society.people.com.cn/GB/17343260.html.

[3] 凯斯·桑斯坦. 网络共和国：网络社会中的民主问题 [M]. 黄维明，译. 上海：上海人民出版社，2003.

[4] 李云灵. 冯小刚：微博就是我的“冯通社”[N]. 东方早报，2010-09-03 (B03).

[5] 理查德·韦斯特，林恩·H·特纳. 传播理论导引：分析与应用 [M]. 刘海龙，译. 北京：中国人民大学出版社，2007.

[6] 陆侠. 政府如何应对“麦克风时代”[N]. 人民日报，2009-06-24 (5).

[7] 马歇尔·麦克卢汉. 理解媒介——论人的延伸 [M]. 何道宽，译. 北京：商务印书馆，2000.

[8] 苗飞飞. 农民工救人有好报所得捐款却被工地扣留 [N]. 京华时报，2012-08-09 (A16).

[9] 笑蜀. 关注就是力量，围观改变中国 [N]. 南方周末，2010-01-14 (F29).

第五章　网络权力在成长：今天你上网喊话了吗？

引　言

2012年8月26日凌晨，陕西省延安境内发生一起客车与运送甲醇的货运车辆追尾碰撞的交通事故，引发甲醇大量泄漏，并导致客车起火、严重变形。客车核载39人，实载39人，由于事故发生在凌晨2点多，大部分乘客均在熟睡，疏散困难、难以逃生，最终36人不幸遇难。事故发生后，陕西各相关部门高度重视，组织力量，全力抢救。

就在“8·26事故”的惨烈带给人们的震惊还未消除，舆论欣慰于事故处理的速度与问责的决心时，公众却发现在新华社拍下的现场图片中，一名官员在事故现场竟然露出了不合时宜的“微笑”。这张照片在微博中流传后，令网友非常不满。随即，网友人肉出图中官员是陕西省安监局局长杨达才。很快，网友从对局长身份的关注转移到了对局长所戴的腕表的关注上。有网友搜集了有关杨达才出席各种活动和会议的公开报道，将这些图片对比发现，局长在出席不同的活动时，经常更换自己的手表，至少有5块，有网友估算其价值共一二十万元。

迫于网络舆论压力，29日晚9点，“微笑门”当事人陕西省安监局局长杨达才在微博中回应网友质疑，网友现场提问逾6 000个。当事人解释了自己的微笑情境，并澄清了另一个大家关注的“名表”问题：自己10多年来，确实买过5块手表，但这些表是自己在不同时期用自己的合法收入购买的。当事人还表态，作为公务人员，被网友这样监督是合理的、正常的，并对自己在事故现场表现出的不恰当和不谨慎向遇难者家属道歉。

9月1日下午，湖北三峡大学在校生刘艳峰向陕西省财政厅寄送政府信息公开申请表，申请公开在延安特大车祸现场“微笑”的陕西省安监局局长杨达才2011年度工资。刘艳峰称，既然杨局长一直声称那些手表都是利用其合法收入购买的，那么杨局长就应该勇敢公布自己的工资收入，来澄清那些质疑杨局长买表能力的传言，相关部门更应该主动公开其工资，以消除网络流言对政府机关的抹黑。[①] 20日下午刘艳峰收到回复称，杨达才的工资不属于财政厅政府信息公开范围。

一波未平，一波又起。陕西省纪委刚表示要严查杨达才的名表问题，其“手镯”和“眼镜”乃至“皮带”又被网友用图一一呈现。某知情网友称，杨达才的名表疑似有11块，而几副眼镜中最贵的则疑似价值十万以上。9月3日晚，有网友称杨达才被“双规”。9月5日晚，陕西省纪委宣教室工作人员向媒体表示，网上说的“双规”是传言，对杨达才的调查仍在进行之中。[②] 最终调查表明，杨达才存在严重违纪问题，依据有关纪律规定，2012年9月21日，陕西省研究决定：撤销杨达才陕西省第十二届纪委委员，省安监局党组书记、局长职务。

纵观整个事件，网络权力对现实社会的巨大影响力已可见一斑。不管事情真相如何，关于“官员的财产申报制度”以及如何建立适宜官员的制约和监督机制的讨论再次走进了公众视野，人们也越来越趋向于达成一种共识，那就是合理的制度安排既是对官员的监督，也是对官员的保护。

近年来，随着移动互联技术的进步，网络化社会获得了深入发展。借助移动终端和网络社区，社会大众越来越喜欢上网“喊话”，使社会中的隐性矛盾由于网络的力量而凸显为显性矛盾。网民们可以随时随地表达观点，伸张权利，网络公共话语空间不断地赋予平民以力量、为弱者发悲声，越来越多的人开始相信“围观可以改变中国”。网络监督、网络反腐、网络维权以及网络微公益频频上演，网络权力影响空前。平民大众不再是传统媒体时代“沉默的大多数”，在这个依托网络化而来的“大众麦克风”时代，人人皆可为“麦霸”。

古语云，“兼听则明，偏信则暗”，真理愈辩愈明离不开“众声喧哗”；但同时，网络平台的海量信息也难免泥沙俱下，当网络谣言凭空来袭、网络水军暗潮汹涌、网络戾气污染视听时，网络权力已遭到滥用。全面提升政府、媒体、网民的媒介素养，净化网络环境，方能使网络权力的正能量得到持续生发。

---

① 参见魏铭言：《大学生申请公开“微笑局长”工资》，见 http://news.sina.com.cn/c/2012-09-03/023925086488.shtml，2012-09-03。

② 参见陈文嘉：《“表哥”浑身是宝?》，载《潇湘晨报》，2012-09-06。

一、何谓网络权力?

“微笑门”事件之所以能不断地扩展和发酵并引起全社会广泛关注，虽然其背后有深刻的社会背景和社会心理因素支撑，但移动互联技术带来的信息传播扩散机制无疑成为推动事件的助燃剂。因为，在重大灾难前“笑场”的官员，杨局长不是第一个，戴名表、抽名烟的官员也并不鲜见，但在“周久耕事件”之前，很少形成过如此一致的要求彻查的舆论狂潮。诚然，民众的权利意识会随着现代化进程而不断觉醒，但外力对于觉醒的加速作用也不可小觑。在中国，由于民众在现实中参与公共事务、表达集体诉求的制度通道还比较狭窄，社会信息沟通在一定程度上受限，因此，网络所带来的自由、开放、交互性极强的新型社会信息沟通系统的重要性便不言而喻，网络权力也成为公民借以参与社会治理的重要新生力量。

互联网对当今社会产生的现实或潜在的影响之巨大有目共睹，作为现实社会变迁的敏感反应，“网络权力”、“信息权力”、“话语权”、“社会权力”等名词频频见诸媒体和学术报刊。在进行具体网络事件探讨之前，有必要先对我们讨论的关键性概念——“网络权力”及其与其他相关概念之间的关系作一些学理上的梳理。理解网络权力，应把握以下三个方面：

网络权力是一种信息权力

关于权力的经典理解当属德国社会学家马克斯·韦伯（Max Weber），他认为，权力意味着“一个人或很多人在某一种共同体行动中哪怕遇到其他参加者的反抗也能贯彻自己的意志的机会”[①]。简单地说，权力是一种能力，是对他人或资源的影响力或支配力，权力广泛存在于社会生活之中。美国学者约瑟夫·奈（Joseph Nye）在论述影响他人行为方式的基础时，将权力划分为硬权力与软权力，前者是指与诸如军事和经济力量那样的具体资源相关的“硬性命令式权力”；后者是指与诸如文化、意识形态和制度等抽象资源相关的，决定他人偏好的“软性同化式权力”。他还指出，权力往往与拥有某种资源相关，如人口、领土、自然资源、经济规模、军队和政治稳定。例如，在18世纪处于农业经济时代的欧洲，人口就曾经是最为关键的权力资源，因为人口提供了征税、征兵的基础。在对软权

① ［德］马克斯·韦伯：《经济与社会》，下卷，246页，北京，商务印书馆，1997。

力的论述中，约瑟夫·奈注意到，“权力正在从‘拥有雄厚的资本’转向‘拥有丰富的信息’”①。

然而，纵观人类信息传播方式演变的历程可以发现，在互联网产生之前，信息的权力效应体现得并不明显。按照美国传媒理论家马克·波斯特（Mark Poster）的划分，人类的信息传播方式经历了三个历史阶段，即面对面的口头传播、印刷媒介传播和电子媒介传播。在口头传播时代，无论是口口相传、狼烟烽火，还是飞鸽传书、快马加鞭，其信息传递的效率、影响的力度和波及的范围都是如此有限，以至于1812年美国的独立战争中，在美英两国已经签署和平协议两个星期之后，仍然发生了新奥尔良战役——因为当地的军队不知道战争已经结束了。②

在印刷媒介和电子媒介传播时代，和面对面的口头传播时代相比，尽管报纸、杂志、广播、电视等方式大大丰富了民众获取和传达信息的渠道，但是，这些传播方式要么受到版面、出版时间、发行量、地域分割等的限制，要么受到信息线性传播方式的制约，稍纵即逝的信息不能反复获取也不能保存，从而导致信息来源和传播效果受限。而且，在单向度的信息传播方式下，受众只能被动地接收信息而无法实现双向即时互动；受众信息反馈环节的缺失，导致公众的意见无从表达，大众无从发声。可见，受制于传统信息传播方式的种种局限，信息的权力效应也大打折扣。

如果我们把“个人或组织通过信息的有效传递形成社会舆论，从而对他人以及社会产生的影响力”③ 称为“信息权力”，那么，对应于前文所述的人类信息传播方式的三个历史阶段，自古以来形成信息权力的渠道也不外如此：通过口口相传、借助印刷和电子传播媒介（不包括互联网）。直到20世纪末21世纪初，随着互联网信息技术在全世界的广泛应用，信息传播方式才被彻底改变，这标志着信息传播进入了一个崭新的数字网络传播阶段，信息权力的获得渠道也由此拓宽。通过即时、交互、开放的网络平台，铺天盖地的信息变得无孔不入，并不断地被发酵、放大，最终冲破了时空的阈限，将世界连为一体，信息权力的影响力也日益彰显。正如约瑟夫·奈所言，与“雄厚的资本”相比，“丰富的信息”已成为一种新兴的关键性权力资源，从而改变了传统的权力格局。

---

① ［美］约瑟夫·奈：《硬权力与软权力》，105页，北京，北京大学出版社，2005。

② 参见［美］詹姆斯·汉斯林：《社会学入门——一种现实分析方法》，7版，5页，北京，北京大学出版社，2007。

③ 王冬梅：《信息权力：形塑社会秩序的重要力量》，载《天津社会科学》，2010（4），56～59页。

2008 年 6 月 21 日，胡锦涛总书记在视察人民日报社并通过人民网强国论坛与网民在线交流时强调："互联网已成为思想文化信息的集散地和社会舆论的放大器，我们要充分认识以互联网为代表的新兴媒体的社会影响力。"谁第一时间掌握了足够的信息，谁就拥有了主动权，互联网无与伦比的便捷和快速特性在信息传播与获取过程中无疑占尽先机，从而产生了广泛的影响力。我们把通过互联网形成的信息权力称为"网络权力"，由是观之，网络权力的本质还是信息权力，只不过，其内涵要远远小于信息权力。因为除了新兴的互联网，形成信息权力的渠道如前所述还可以是面对面的口口相传，可以是印刷时代的见字如面，也可以是广播电视时代转瞬即逝的声波和画面——尽管如此，网络权力却比历史上任何时代的信息权力的影响都要广泛和深远。

网络权力是一种公共话语权

话语权兼有"权利"和"权力"双重含义，前者侧重行为主体具有话语自由的资格，后者侧重话语对客体产生的影响力。可见，话语权包括主体与客体两个方面，是"话语自由资格"与"话语影响力"的统一。在话语权基础上衍生出来的公共话语权显然也包含两层含义，即社会大众在公共空间具有的话语资格及其产生的影响力。BBS、贴吧、论坛、微博等网络信息发布和网络社交平台打破了传统媒体信息发布与传播的种种瓶颈，在一定程度上具有了"公共话语空间"的特性。正如身处当今社会的每个网民所亲身体验到的那样，在网络公共话语空间中，公共话语权不仅得到了前所未有的实现，而且发挥了前所未有的效力。

很显然，说公共话语权"得到了前所未有的实现"是从作为"权利"的话语权这一层含义上来说的，人人可以"上网喊话"正是这一"权利"的体现。一方面，网络媒体突破了传统媒体单向度传播的局限，因而打破了传统媒体中官方、精英对话语权的垄断，只要拥有一台联网的电脑或移动终端，任何人都可以在网上自由发言，而不必像传统媒体时那样话语权受到限制。由于管控技术难度的增大，各个论坛的版主或网站的维护者代替了各级相关政府部门的"审查"和"把关"，传统媒介资源的实际控制者对网络公共空间的管控权力被大大削弱和分散了。另一方面，网络公共空间因其开放性、交互性、平等性以及即时、灵活、高效等特性激发了广大民众的表达热情，而网络的虚拟性与匿名性又打消了网民的谨慎和畏惧心理，使公众话语权得到空前的释放，传统媒体的"话语霸权"有被逐渐消解之势。

接下来，说网络公共话语权“发挥了前所未有的效力”是从作为“权力”的话语权这一层含义上来说的。法国社会学家福柯说：“在有话语的地方就有权力，权力是话语运作的无所不在的支配力量，社会性的和政治性的权力总是通过话语去运作。”① 在网络信息自由表达、公众情绪任意宣泄的现象背后，更折射出网民对自身的话语诉求、主张等能否被认可和接受的关切。当众多网民的声音会聚起来形成舆论，对社会事件的进展产生影响时，网络公共话语才迸发出惊人的威力。近年来，方兴未艾的网络问政、网络反腐以及各种各样的网络维权正是网络公共话语权发挥效力的最好明证。

实践表明，自由的网络公共话语并不必然能形成网络权力，只有形成了一定舆论影响的网络话语才可能产生权力效应。因此，关于“网络话语权”和“网络权力”两个概念之间的联系可以这样理解：作为“权利”的网民话语权是形成网络权力的前提和基础，而作为“权力”的网民话语权则几乎是网络权力的同义语，它既是实现话语权利的保障，也是网络权力的主要表现形式。

网络权力是一种社会权力

在国家—社会二元划分的理论视角下，社会权力是与国家权力相对使用的概念。简单地说，社会权力是指社会主体拥有自己的社会资源和独立的经济、社会地位而形成的对国家和社会的影响力、支配力。社会权力是推动国家民主化、法治化和社会进步的动力。②

从19世纪开始，作为一个不同于国家而独立存在的领域，现代“市民社会”从西方国家体系中分化出来。市民是平等自由、具有独立人格的财产所有者，他们从欧洲中世纪封建国家的权力桎梏下获得解放并构成了一个“脱国家、脱政治的领域”。国家虽然仍是统治社会的主要工具，但社会也因此拥有了强大的权力影响国家。这主要是因为，构成西方市民社会的主体是资产阶级，他们手里掌握着各种社会资源并能借以控制社会、制约国家。至此，在国家与社会的二元框架中，形成了国家权力与社会权力二元并立、相辅相成的局面。

市民社会作为一个舶来词，在中国语境中的运用一直存在争议，而作为西方政治社会学核心内容之一的国家—社会二元划分也突破了“国家”与“市民社会”的原初含义，如郭道晖就把与国家相对应的社会统称为“民间社会”，而不限于市民

① 王一川：《语言乌托邦：20世纪西方语言论美学探究》，241页，昆明，云南人民出版社，1994。

② 参见郭道晖：《论社会权力的存在形态》，载《河南省政法管理干部学院学报》，2009（4），1～8页。

社会。[①] 改革开放以前，为加快经济发展、实现现代化的目标，中国社会实行的是“总体性”制度安排，权力高度集中，形成了全能政府主导下的“强国家—弱社会”格局。改革开放以后，随着市场转型的不断深入，国家与社会的关系也发生了相应的变革，自主性的社会空间不断扩大。

自20世纪90年代以来，网络权力作为个人与民间组织之外的第三种社会力量，逐步推动着传统的“强国家—弱社会”格局的改变。伴随着网络公共话语空间的出现，网络成为言论自由的信息集散地，在这里，民众不再是传统媒体时代“沉默的大多数”。在这里，民众可以平等地表达观点，讨论公共事务，指点江山、激扬文字，形成汹涌的网络民意。在中国，网络交流平台所具有的“公共话语空间”功能之所以如此重要，是因为在长期的“强国家—弱社会”格局中，民众对公共事务的参与和影响太微弱了，社会权力被压抑得太久了。如今，在国家政治权力之外，中国5亿多网民正逐步汇成一股充满现代性的力量，在一系列重大事件中崭露头角，发挥着重要的影响力。这一切，正是中国公民社会和社会权力成长的体现。

二、网络权力如何发挥效力？

如今，网络权力影响空前，从司法不公、官员腐败，到物价上涨、电商价格大战，从国内重大公共事件到国际重大事件，均逃不过网友的炯炯慧眼。网民频频“上网喊话”。发表见解，进行观点碰撞。当越来越多的网民观点达成一致，形成压倒性优势的时候，网络权力便浮出水面，其现实和潜在的巨大影响力，使得相关部门、机构甚至公众人物都无法等闲视之。近年来，网络监督、网络反腐、网络维权以及网络微公益频频上演，全方位诠释了网络权力如何发挥效力。

呼正义：网络监督方兴未艾

2012年6月11日，网友“我不是飞贼”在华商论坛发帖称，陕西省安康市镇坪县曾家镇政府非法拘禁怀孕7个半月的女子冯建梅，在没有通知其家人的情况下，冯氏腹中胎儿被强制引产。一石激起千层浪，事件一经披露即引发网友纷纷“上网喊话”。面对汹涌的网络舆论，陕西安康市镇坪县人口和计划生育局回应称，该孕妇属于政策外怀孕，依据《陕西省人口与计划生育条例》，6月2日对冯建梅依

① 参见郭道晖：《社会权力与公民社会》，南京，译林出版社，2009。

法实施了终止政策外二胎妊娠术。

回顾我国计划生育政策的实行过程发现，在计划生育政策刚刚开始实行的20世纪80年代初，一些地方的计划生育条例中确有规定“凡是计划外怀孕的，必须采取人工流产或者引产手术”。与此相配套的标语口号更是令人触目惊心：“引下来，流下来，就是不能生下来”；“该扎不扎，关人做押；该流不流，拆房牵牛”；“逮着就扎，跑了就抓，上吊给绳，喝药给瓶”……直到20世纪90年代，计划生育条例中类似的表述才被删除，而2002年实施的《人口与计划生育法》则明确规定：“各级人民政府及其工作人员在推行计划生育工作中应当严格依法行政，文明执法，不得侵犯公民的合法权益。”

可悲的是，制度中明确规定的“文明执法，不得侵犯公民的合法权益”没能阻止“大月份强制引产”对公民健康权肆无忌惮的侵犯。6月12日下午，陕西省人口计生委工作组赴安康市开展工作，并于6月13日向各市人口计生部门发出通知，再次郑重重申，在人口和计划生育工作中，必须严格依法行政，坚持文明执法，坚决杜绝大月份引产，切实维护育龄妇女的合法权益。26日，陕西省安康市通报了对镇坪县妇女冯建梅大月份引产事件的调查结果和处理决定，认定这是一起强行实施大月份引产的违规责任事件，并对镇坪县相关干部进行了处理，其中，2人被撤职，5人受处分。

7月10日，引产事件当事人冯建梅及其家人与曾家镇政府签署一次性补助协议，获得一次性补助共计7万余元。此外，当地政府还将帮助冯建梅的家庭解决生活困难，在发展生产、脱贫致富上给予一定扶持，使其尽快恢复正常生活状态，并按相关政策对邓吉元（冯建梅丈夫）患病的母亲给予大病医疗救助。同时，当事人放弃诉讼。[①] 尽管事件处理看似已经尘埃落定，但对于相关事件的讨论及延伸却至今仍在网上发酵。

其实，中国的计划生育政策从诞生之日起就一直备受争论和质疑。尤其是近几年来，反对和质疑的声音越来越大。2007年“两会”期间，“叶廷芳提案”在全社会引发了极大的讨论热潮。针对计划生育政策所引发的一些社会问题，以中国社会科学院叶廷芳研究员为代表的29名全国政协委员联名递交提案，要求尽快停止执行独生子女条例。这一新闻很快被各大网站发布、转载并引起热烈的讨论。支持“叶廷芳提案”的跟帖在各大网站都占绝大多数。根据搜狐网在线投票，截至2007

---

① 参见杨一苗、陈钢：《陕西安康孕妇被引产事件当事人一次性获补助7万余元》，见 http://news.xinhuanet.com/politics/2012-07/12/c_112419317.htm，2012-07-12。

年 3 月 15 日 17 时，6 433 名网友参加了投票，其中 69.37%的网友投票赞同“叶廷芳提案”。

此次安康市大月份强制引产事件的爆出，源于冯建梅亲属将产妇与死婴的合照上传至互联网，产妇的无奈与死亡婴儿的无辜瞬间刺痛了人们的神经，愤怒的质疑汹涌如潮，在媒体和网络的强烈质疑下，陕西省计生部门终于认错，认为地方在处理超生问题时的做法欠妥。然而，事情远不止于此，对计划生育政策合理性的拷问随之再度升级。2012 年 7 月 4 日，国务院发展研究中心葛延风、喻东和张冰子三位研究员在媒体上联名发表文章建议全面放开二胎政策。7 月 5 日，国内 15 名法学、人口学学者联名上书，建议松绑二胎政策。在那份联名签署的修法公民建议书中，学者们建议，在尊重公民生育权的前提下，让公民自由而负责任地进行生育，并按此基本精神，对《人口与计划生育法》进行修改，取消对公民生育权的限制，废止生育审批制度，废止社会抚养费制度。

当然，人口计划生育政策的存废是另外一个话题，而人口控制过程中的暴力执法显然已经超出了道德的底线。虽然类似事件在过去可能司空见惯，但在今天这样一个信息无法封锁的互联网时代，随着社会的进步、观念的更新，公民的权利意识也在多元、开放的舆论氛围中得到进一步激发与提升，当二者完美相遇时，必然导致安康事件东窗事发，出现暴力执法如过街老鼠人人喊打的局面。

2011 年“两会”时，温家宝总理在回答中外记者提问时说：“我深知国之命在人心，解决人民的怨气，实现人民的愿望就必须创造条件，让人民批评和监督政府。”在 2009 年，人民论坛“千人问卷”调查组曾做过一项调查，其中，对于“您认为哪个渠道最能保障公民的知情权、参与权、表达权和监督权”的回答，有 69%的受访者选择了“网络”，12.7%的受访者选择了“传统媒体”，7.2%的受访者选择了“公民组织”，只有 2.5%的受访者选择了“信访”。2010 年底，国务院新闻办发布的《中国的反腐败和廉政建设》白皮书中也明确指出，随着互联网的快速发展和广泛普及，网络监督日益成为一种反应快、影响大、参与面广的新兴舆论监督方式。

除了信访、传统媒体等已有的权力监督手段，网络监督正成为一种新的权力监督形式。无论是举国关注的“药家鑫案”、“李昌奎案”还是“吴英案”，都在网络上得到了最广泛的传播，网络监督的效力日益凸显。在这些案件的审理过程中，网上直播般的审判信息更新，使广大人民群众对案件进行实时评判和监督成为可能，进而彰显了现代网络传播技术与公民意识觉醒有机结合所产生的巨大威力。人民大众参政意识空前高涨，使各种事件的发展得到了最深刻的推动，不仅影响着政府决策，而且促进了法律的变革。事实证明，不是网络权力干扰了公权力，恰恰相反，网络权力是迫使公权力在阳光下行使的有效手段，是鉴别公权力是否具有公信力的重要标尺。

拒腐败：网络反腐风起云涌

“网络反腐”是指通过上网发帖对腐败行为进行检举揭发，从而引发网民共鸣，扩大舆论影响，进而受到职能部门重视的过程。网民的眼睛是雪亮的，作为信息时代一种新型的反腐败模式，网络反腐在经历了2009年“天价烟局长”周久耕事件之后，越来越为公众所熟悉。2009年，《中国党建辞典》（由中央党校出版社出版发行）收录了“网络反腐”词条，标志着互联网的反腐作用得到了官方认可，也凸显了网络在反腐领域中发挥的重要作用。同样是2009年，最高检公布修订后的《人民检察院举报工作规定》，正式将网络举报增加为举报腐败行为的新途径。而在2011年全国“两会”上，“网络反腐”、“网络监督”也成为参会代表、委员们频频提及的“热词”。

2011年至2012年，网络权力继续成为推动问题官员曝光落马的重要力量，互联网进一步成为民间反腐的重要阵地。2011年4月，一个“自首式举报”的网上直播，使周文彬成了“中国网络反腐实名举报第一人”；8月，一位妻子在网上举报丈夫朱小红，导致这位浙江省衢州市开化县国土局副局长被免职并被立案调查；11月，一名自称“乔涵一”的河北怀来女孩，实名举报怀来县政府办公室副主任杨志伟受贿索贿，导致杨被免职并接受进一步调查……有人将2011年网络反腐事件总结为3种形式：剥洋葱式网络反腐，即网友将有意无意发现的腐败线索或证据上传到网上并引发围观，更多网友顺藤摸瓜挖掘出更多证据，引起反腐机构介入和查处；中心开花式网络反腐，即内部知情人士在网上“爆料”，引起网友关注，形成舆论压力，迫使反腐机构核实查处；里应外合式网络反腐，即内部知情人士“爆料”加上众多网友“外挖”，双方相互策应使腐败事件浮出水面。无论哪一种形式，与传统的民众反腐举报都非常不同。

传统的民众反腐举报最大的弊端一是耗时长，二是保密性差。耗时长是指从举报到受理，再到最后查处、告知结果都要经过较长一段时间，由于传统监督体制的低效率和不透明，举报后石沉大海、杳无音信的情况也时有发生。保密性差主要体现为，在对举报人的保护上，状况十分令人担忧，“最高人民检察院材料显示，在那些向检察机关举报涉嫌犯罪的举报人中，约有70%的举报人不同程度地遭受到打击报复或变相打击报复”[①]。

① 杜萌：《“隐性打击报复”受害人被置法律救济死角》，载《法制日报》，2010-06-18。

与之形成鲜明对比的是，网络反腐既可以轻松、快速地揭露真相，提高举报的效率和透明度，同时，网络的匿名特性又可以有效保护将举报事实“晒”于网上的发帖者，同时，网络的公开性对执法部门的作为程度及受理速度也可以形成一种监督，因此，网络反腐越来越具有举足轻重的地位。2009 年，《中国青年报》和腾讯网联合进行了一项调查，数据显示，在公众对有效举报方式的排序中，网络曝光高居首位，占调查总人数的 35.8%。[①] 同样是 2009 年，中纪委监察部开通的举报网站广受关注，甚至一度引发“大塞车”。当为数众多的人都作出同样的选择，舆论无疑会通过互联网会聚成巨大的影响力。

网络反腐的效力逐渐得到诸多政府部门的认可和认真对待。2011 年下半年，广东省审议通过的《中共东莞市委关于进一步做好新形势下群众工作的意见》（以下简称《意见》）中提出，要充分利用网络舆情搜索系统，建立网络舆情快速反应机制，对网上与腐败有关的各种信息和报道进行筛选审查以及立案、侦查。《意见》明确提出要通过媒体公布查处情况，以此推动舆论监督的制度化、规范化、有序化。同时，一些司法机关也将网络作为搜集反腐线索的重要途径。不少地方还建立完善了举报网站，有的地方还开通了工作 QQ 和手机短信平台，鼓励网上举报。如北京市检察机关规定对网上实名举报国家工作人员贪污、贿赂等犯罪的公民，经查实结案后，最高可奖励 10 万元。

政治学告诉我们，哪里有权力，哪里就有腐败的可能，只有加强对权力的监督和制约，让权力在阳光下运行，才能减少腐败的发生。互联网为公众的民意表达提供了无限广阔的平台，为公众参与反腐倡廉建设提供了更多更好的机会。“有图有真相”的网络平台时刻提醒公权力要在轨运行，网络权力在虚拟与现实的对接中发挥着现实效力。从当年的“周久耕事件”，到如今的网络反腐风起云涌，网络权力对公权力的监督和制约将日益成为一种常态。

求公平：网络维权如火如荼

2011 年 8 月，在山西省长治市公务员考试中总成绩排名第一的吉林大学硕士研究生宋江明在当地人社局组织的公务员录用体检、复检中，被查出血红蛋白不符合标准，最终因为体检不合格被刷了下来。但随后，宋江明在两个月内 4 次到不同的医院进行体检，检验结果均为合格，其中两家医院正是之前进行体检和复检的医

① 参见赵志疆：《网络监督不该成反腐“主战场”》，见 http://news.xinhuanet.com/comments/2009-03/18/content_11029551.htm，2009-03-18。

院。在讨说法的过程中，宋江明得到答复："你要再这样纠缠，即使体检过了，我也要让你政审不过。"

此事经网络披露后，引发社会广泛关注。山西省政府、山西省人力资源和社会保障厅高度重视，责成长治市人力资源和社会保障局对问题进行全面核实，并组织专项工作组赴长治，会同当地纪检监察、卫生部门开展调查。调查显示，考生宋江明体检结论有误，系体检工作人员人为篡改致使其体检不合格。随后，山西省人力资源和社会保障厅宣布原体检结论无效，对宋江明重新体检，并依据体检结论和考察情况确定宋江明符合录用资格，为其办理了录用手续。长治市委、长治医学院党委对相关责任人分别进行了免去和撤销现有领导职务、处以行政记过处分、解除劳动合同等严肃处理。有关人员涉嫌严重违法违纪问题已立案调查，目前已有2人被逮捕，5人被刑事拘留，3人被给予党内处分和行政处分。①

经历了从"体检不合格"到"符合公务员录用体检标准"重新被录用的重大转圜，不知宋江明内心作何感想。如果没有铺天盖地的网络舆论，没有公众义愤填膺的围观，一个有失公允的结果或许已成定局。国家公务员局负责人表示，山西省长治市公务员招考体检事件，是一起有关工作人员违反法律法规规定，恣意破坏考录秩序的恶劣事件，严重损害了公务员录用的公平公正。这一事件暴露出在公务员录用过程中，还存在个别工作人员无视考录法规纪律、缺乏职业操守、滥用职权的问题。

当这名公考"状元"在舆论的声援下得偿所愿时，江苏、浙江等地的"萝卜招聘"丑闻也接二连三地被报出，许多招聘单位陷入了舆论的漩涡。在各种丑闻的映射下，本应恪守公平、追求正义的各级权力机关和本应做到"权为民所用、情为民所系、利为民所谋"的领导干部们褪去了迷人的光辉，成为进入黄昏的偶像，禁不起真相的锤子敲击而发出空洞的声响；而本应"以真实为生命"的传统媒体继续扮演着官方喉舌的角色，从来不具有自己独立的话语权——于是，当网络这个天使落入凡间，这个能够自由发声、自我掌控的工具便自然而然地成为民众挖掘真相、寻求救济的最佳通道。

在一定程度上，网络时代是一个草根崛起、权贵祛魅的时代。"草根"是网络时代网民的自嘲性称呼，是基层大众的网络代名词。现实社会中的"草根"处于无权无势、主体意识欠缺的弱势地位，而在言论平等、自由、开放、匿名的网络平台

---

① 参见赵超：《山西长治公务员招考舞弊案2人被捕5人被刑拘》，见http://news.sina.com.cn/c/2012-01-16/211923809950.shtml，2012-01-16。

上，草根阶层的声音被空前放大，"草根"的主体意识得到强化，他们通过网络宣泄自己对现实的不满和对社会种种不公的抗诉，表达内心深处向往自由和平等的强烈愿望。在网络世界中，没有权贵，没有等级，没有中心，没有绝对的主流价值观，现实社会中的权力统治以及传统的所谓"官媒"话语模式遭到了无情的颠覆。借助网络，草根言论也能汇成主流声音。

当"公平正义比太阳还要有光辉"的论断逐渐成为全社会的共识，中国网民的心态也在日渐成熟。经历过无数次社会事件的洗练，进行过无数次网络围观和介入，在观点的碰撞与共识中，中国庞大的网民队伍中开始涌现出一批新意见群体——网络公民。2008 年 1 月，南都报系曾经评选出中国互联网历史上第一个"网络公民"——反 PX 代表"厦门浪"。评选活动也使"网络公民"的轮廓清晰起来：他们大都受过良好的教育，懂得如何获取真实信息，不被蒙蔽；关注公共事件，着眼全人类的共同命运，勇于承担公共责任；独立思考，兼容并蓄，行为理性，言论具有建设性，借助新媒体平台追求社会公平正义；努力构建充满活力、和谐有序、有建设性的网络民主平台，共同推进中国的民主政治进程。网络公民借助网络力量致力于推动社会进步和发展，引导着舆论新格局，在公平正义的制高点上完成了从非主流到主流的嬗变。

献爱心："微公益"积水成渊

2012 年 7 月 21 日，北京遭遇了 61 年来最强暴雨，大批旅客被困首都机场。在这天不遂人愿的时刻，网友"菠菜 X6"迅速"上网喊话"，展开行动。"菠菜哥"通过微博号召望京等地的私家车组成"双闪爱心车队"（为便于识别，互不相识的车主通过车辆打"双闪"作为行动标志统一行动），于 21 日晚 22:30 开始去机场接送滞留的旅客。第一批出动 20 多辆车，经过网络扩散，越来越多的私家车主加入进来，第二批 50 多辆车迅速跟进……在深夜的暴雨中经过 5 个多小时的艰难往返行驶，爱心车队从首都国际机场接回 500 多人，引来一片赞誉。微博截图如下：

@菠菜X6 ：车队已在高速上，二十来辆，浩浩荡荡从望京出发了，满载着望京人民的爱心，滞留在首都机场的亲们，我们接你们回家~@望京网

54分钟前　来自iPhone客户端　　转发(6712) | 评论(1055)

jinan重新来过：亲们！BTV生活频道栏目面对面子采访“菠菜X6”私家车主自发组织于7月21日晚22:30开始去机场接亲的私家车团，真的想法很大胆，行动很快速，最多时达100多辆车，雨中艰难行驶，共同打的双闪，接亲们回家，感动，真的让我很感动！平凡中的感动！！

7月25日19:46 来自新浪微博 转发 | 收藏 | 评论

一句朴实的“我们接你们回家”在那个暴雨滂沱的夜晚温暖感动了无数人，自发救援行动释放的正能量也在网络上源源不断地扩散着，微博上网友频频刷新：“菠菜哥！向你来报到！爱心车队发起和组织的非常好！我也参加了，去了T2，所以没看到你们的大部队！以后再有助人为乐做好事的活动想着也通知我啊”；“虽然突如其来的暴雨让我们措手不及，但是望京人用行动传递着爱”；“我被‘免费接送机场滞留旅客’的网友活动那股强大的正能量影响着，心中始终澎湃，从22日凌晨至今！谢谢你们”……

“爱心车队”行动只是“微公益”的一个缩影。2011年以来，“微公益”这种自下而上的公益慈善模式影响越来越广泛。2011年3月，邓飞等媒体人在微博上发起“免费午餐”活动，倡议社会捐款为贫困地区的儿童提供“免费午餐”；2011年6月，记者王克勤发起“大爱清尘·寻救中国尘肺病农民兄弟大行动”，自项目启动至2012年5月2日24时，共救治212位患者，共筹善款4 086 186.05元（其中包括中央财政4月28日支持120万元，中央财政支持总额为150万元，先期拨付80%）；2011年11月，一个名叫“衣加衣温暖行动”的微公益项目在腾讯微博上传开，召集网友收集自己的旧衣服送给贫困山区，短短一个月时间，全国已有60个收衣点，分布在23个省市；2011年11月，新华微博发起了“新华微公益‘特爱’行动”，为周至县特殊学校的孩子向网友发起爱心呼唤……

据统计，截至2012年8月10日10时整，在新浪微博发起的微公益共有249 561个微博账户参与，公益项目合计541起，正在进行173起，已结束352起，待核实16起；其中支教助学项目241起，医疗救助项目135起，儿童成长项目74起，三者相加占到新浪微公益事业总数的八成以上。①

除了网友的自发行动，一些公益慈善机构也开始将筹款方式转向网络平台。腾讯网开通的“月捐”平台通过每人每月10元的小额持续捐款的形式，让网友自主选择公益项目长期认捐，“月捐”对象包括“壹基金”、中国儿童少年基金会的消除

① 参见谢佳沥、章栋成、张雪：《中国“微公益”时代来临》，见http://society.people.com.cn/n/2012/0814/c1008-18735152.html，2012-08-14。

婴幼儿贫血行动、中国红十字基金会嫣然天使基金的唇腭裂儿童救助行动等10多个项目。截至2012年6月30日，腾讯“月捐”已帮助10多家公益慈善机构募集善款超过4 153万元，参与用户超过118万人。“壹基金”秘书长杨鹏在接受采访时谈到，网络筹款已成为该基金会主要的筹款方式之一，捐赠者可通过腾讯“月捐”平台、银联在线支付、财付通、支付宝等方式进行网上捐赠。目前，每年为“壹基金”捐款的热心人士达100万人次。①

互联网时代成长起来的“微公益”，强调积少成多、“众人拾柴火焰高”，也许你并不富裕，也没有多大的社会影响力，但这并不妨碍你从事公益事业。微公益号召“勿以善小而不为”，一个人的爱心或许微不足道，但千千万万的微不足道汇集起来就拥有了举足轻重的强大能量。一句话，广泛参与就能创造价值，微公益依赖的是分散的网民，会聚的是草根的“微力量”。

微公益的广泛参与体现为“有钱的捧个钱场，没钱的捧个人场”。参与微公益活动时，可以捐出物质或金钱，如果无力提供此类援助，围观、转发、扩散也是一种力量，将助人信息扩散出去本身已经“善莫大焉”，正是网络中的顶帖评论，让爱心不间断地发挥正能量，使公益事业永不停歇。微公益充分利用了互联网自下而上的大众性、迅速传播性，颠覆了通常以社会名流和慈善机构为主体、将普通人拒之门外的企业型、事业型等传统公益模式，传递了一种“人人可公益”的理念，推动了平民公益事业的发展。

小结：网络权力发挥作用的路线图

无论是在网络监督、网络反腐、网络维权还是在网络慈善开展的过程中，我们都可以看到网民、媒体、政府部门借助互联网进行的积极互动，各种力量通过互联网交织会聚在一起，共同描绘出了网络权力发挥作用的路线图（见图5—1）。

在网络化时代，每一起网络事件发生的背后，都有不能回避的现实社会矛盾。网络事件的爆发恰恰是现实社会矛盾在网络上的投射和放大，积聚了太久找不到出口的社会情绪在网络公共空间中一触即发，并会聚成强大的力量反作用于现实社会。互联网的使用大大拓展了人民大众的信息来源，也激发了他们的参与热情，随手一张照片、一段文字迅速上网，如果恰好触动了网民某根神经，则很快就会形成认同，而网络权力的形成恰恰离不开网民的认同和一致发声，这种“一致性”是引

① 参见赖少芬、吴俊：《“微公益”来临 亿万网民“人人可公益”》，见 http://news.xinhuanet.com/newmedia/2012-07/20/c_123448426.htm，2012-07-20。

发媒体追踪、各界关注进而产生巨大影响力的前提和基础。与其他途径相比，便捷快速、动员成本低廉的互联网能在最短的时间内实现振臂一呼、应者云集的“一致性”效应，正因如此，网络权力才具有了前所未有的巨大威力。

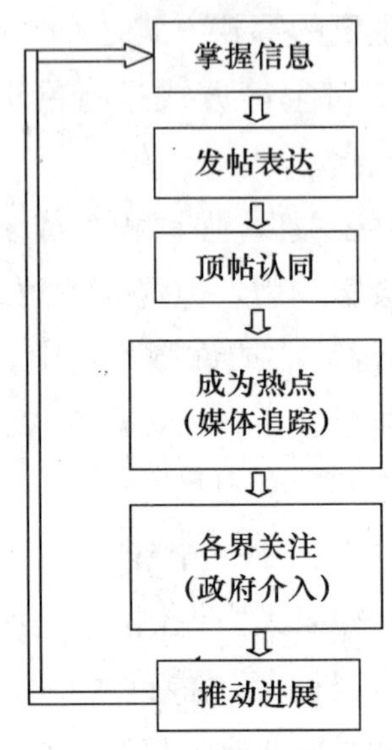

图 5—1　网络权力发挥作用的路线图

三、如何才能使网络权力“健康成长”?

互联网带来了网络世界的言论自由，为网络权力发挥正能量提供了广阔的舞台，但是，网络中真实身份的隐匿在使人们摆脱了现实世界中的各种束缚的同时，也容易滋生“网络暴民”，引发网络权力的滥用。网民享有言论自由，亦应承担社会责任、履行公民义务，毕竟，无论在现实世界还是在虚拟世界，自由都不是绝对的，而是相对的。当网络谣言凭空来袭、网络水军暗潮汹涌、网络戾气污染视听的时候，如何通过他律机制的健全和自律意识的觉醒引导网络权力“健康成长”，成为亟须反思的问题。

三人成虎与辟谣联盟：警惕网络谣言产生

2011 年 3 月 11 日，日本大地震导致福岛核电站发生泄漏。17 日起，“食盐污染”的谣言引发了大规模的购盐潮，这股潮流从中国沿海省份浙江、江苏、山东迅速波及全国，有些地方的食盐价格一路飙升至每袋 20 元，仍然被迅速抢购一空，各大超市食盐告罄，不甘心的民众又将盲目购买力转移到酱油、咸菜等盐味十足的货品，以备不时之需。直到谣言被官方一再澄清，食盐充足供应，盐价回归正常，各地又迎来一波退盐潮。此次事件一度引发了民众的情绪恐慌，正常的市场秩序和生活节奏均不同程度地受到干扰和影响，甚至被外国媒体广泛报道，闹成了国际笑话。经查，“谣盐”的始作俑者是一位网名为“渔翁”的浙江省杭州市某数码市场的普通员工，“渔翁”于 3 月 15 日在 QQ 群上首先发出消息称：“据有价值信息，日本核电站爆炸对山东海域有影响，并不断地污染，请转告周边的家人朋友储备些盐、干海带，暂一年内不要吃海产品。”随后，这条消息被广泛转发，引发了一场波及全国的辐射恐慌和抢盐风波。事情真相被揭穿后，这名叫做“渔翁”的网友受到了行政拘留 10 天、罚款 500 元的处罚。

“三人成虎”的典故出自《韩非子》，原意是指三个人分别谎报街市里有老虎，听者就会信以为真，比喻谣言经多人重复述说后，就可以掩盖真相。这正是谣言的可怕之处，说的人一多，便会使人难分真假。现代信息技术在给我们的生活带来方便的同时，也给谣言的传播扩散“插上了翅膀”。特别是近几年来，随着移动互联的崛起、即时通讯工具和微博普及范围的扩展，网络谣言的传播速度迅速提高、影响范围急剧扩大。《中国青年报》社会调查中心对 1 714 人进行的在线调查显示，83.2%的受访者确认现在社会谣言很多，85.8%的受访者认为谣言最常见的传播渠道是“网络”[①]。从“世界末日”、“抢盐风潮”到“国家税务总局 47 号公告”、“滴血食物传播病毒”等，这些耸人听闻的信息最后都被证实是不折不扣的谣言。众口一词可以混淆是非，网络“三人成虎”的巨大危害已经引起人们的警惕。

层出不穷的网络谣言涉及的内容十分广泛，有针对公民个人以及公众人物进行诽谤的，如 2009 年的“艾滋女”事件，以及动辄某个明星“被绝症”、“被死亡”，这些谣言均给当事人造成了极大的精神困扰，即使谣言最终得以澄清，对当事人造成的伤害也已无法挽回。还有针对公共事件的无端捏造、针对社会伦理道德甚至社会基本制度的谣言，这类谣言可能导致政府公信力下降，甚至造成严重的思想混乱，影响社会稳定。总之，网络谣言有违诚信，对公民的名誉、人身和财产安全，对正常的社会秩序都会造成现实或潜在的不良影响。因此，有人视网络谣言为现代社会的一大“毒瘤”。

网络谣言之所以能造成巨大的危害，表面上看，是因为以互联网为代表的信息技术为谣言传播提供了更为便捷的通道，而其更深层次的原因则是因为现实社会矛盾的激化。当前我国正处于社会转型加速期，利益格局深刻调整，思想观念多元多

① 向楠：《83.2%受访者确认现在社会谣言很多》，载《中国青年报》，2011-09-08。

变，贫富分化、社会不公，社会问题和社会矛盾凸显，社会信任度下降。部分网民利用人们仇官、仇富、仇不公的社会心理，以及信息不透明、不对称的客观现实制造和传播网络谣言，借以宣泄自身的负面情绪。

事实与真相可以使谣言不攻自破。1947年，美国社会心理学家奥尔伯特和波斯特曼给出了一个决定谣言的公式：谣言=(事件的)重要性×(事件的) 模糊性，也就是说，事件越重要而且越模糊，谣言产生的效应也就越大，当重要性与模糊性一方趋向零时，谣言也就不会产生了，由此可见真相何其重要。因此，当谣言产生时，政府及其他权威机构第一时间发布信息、用事实说话就显得尤为重要。例如，在抢盐风波中，科普性微博“科学松鼠会”和果壳网的“谣言粉碎机”在谣言澄清过程中扮演了重要的解释者角色，及时还原事件真相，对谣言的消除发挥了重要作用。但遗憾的是，在此次事件中政府反应明显滞后，在事发三天后影响已经波及全国时才开始应对，好在“亡羊补牢，犹未为晚”，官方的权威信息迅速平复了民众的恐慌。

身处网络社会，政府部门越来越认识到：辟谣需要官方给力，政府失语会导致公信力下降。2011年以来，政务微博如雨后春笋般纷纷涌现。微博在政府与民众之间建立了快速、权威的信息互通渠道，满足了民众对政府信息公开的需求，也增加了官民之间的良性互动；微博还在各级政府与部门之间建立了快速沟通反应的链条，便于应对突发事件和重大公共事件。2012年7月5日13时54分，有微博爆料称，南京市雨花台区共青团路有一名9岁的孩子因没户口无法上学，只能每天与母亲扫地。南京市委宣传部官方微博“南京发布”在经过155分钟的查询、寻找等核实工作后，确认此微博信息不实，经联系，微博主自行删除了这条谣言微博，时间是当天16时29分。谣言被歼灭仅仅用时155分钟，这得益于南京市委6月份建立的“官方微博信息联络员”制度。①

在个人层面上，不造谣、不信谣、不传谣是对现代网络公民的基本要求，个人要不断提升自身的新媒介素养，提升判断力，使谣言止于智者。在上文提及的《中国青年报》的调查中，当被问及如何使谣言被有效制止时，81.6%的受访者认为“谣言止于公开透明，权威部门应及时发布准确信息”，65.9%的人认为“谣言止于智者，人们应该提升判断力，学会甄别”，而53.7%的人表示“对于别有用心的造谣者应该坚决打击”。

网络环境的净化也要依靠网络自省、自净的功能。如今，很多网站和微博都开设了辟谣专区，如前文提到的果壳网设立了“谣言粉碎机”，新浪微博开辟了“不

---

① 参见庄庆鸿等：《“南京发布”：我们为什么能快速歼灭谣言》，载《中国青年报》，2012-07-07。

实信息曝光专区”，网易开通了“微辟谣”，腾讯、搜狐开通了“谣言终结者”，以及2011年5月由民间人士发起的“辟谣联盟”等不一而足，充分调动网友的力量对不实信息进行核实和澄清。上海交通大学公共关系研究中心、舆情研究实验室发布的《2011中国微博年度报告》显示，微博上的谣言虽越来越多，但是有60%以上的微博谣言在一天之内被澄清，三成以上的谣言在当天便被澄清。总之，对于网络谣言，需要政府、社会组织和公民个人协同发力，组成一个强有力的“辟谣联盟”。

网络乱象与正本清源：慎防网络水军逆袭

2012年3月，在演员甄子丹、赵文卓的舌战中，舒淇因力挺甄子丹而受到网络水军围攻，在微博上恐吓辱骂无所不用其极，并将舒淇的陈年裸照在网上散播，导致舒淇“很受伤”。导演冯小刚因发声力挺舒淇，同样也招来了一部分网络水军的辱骂。因一场“旁人”的骂战受到牵连的还有杜汶泽、王晶等明星。这一系列的事件，让“网络水军”一词再度成为人们关注的焦点。其实，从2005年的“芙蓉姐姐”、2009年的“贾君鹏”到2010年“凤姐”的走红，网络推手与网络水军从来就没有淡出过网民的视线。

“网络水军”是指受雇于网络公关公司，通过发帖、回帖等手段为雇主进行网络造势并以此获得相应报酬的网民。水军们每发一条一般性的回帖可获利5毛钱，故此，网民们也戏谑地称他们为“五毛党”，水军的工作内容包括制造话题、灌水、删帖、炮制网上投票等。为了牟取利益，他们往往不惜歪曲、捏造事实，误导舆论，严重影响了互联网信息的质量，引发了公众对网络信息的信任危机，进而干扰了正常的网络秩序。网络水军的力量是如此强大，以致网上流传一种说法：如果你想“黑”一个人，请找水军；如果你想捧红一个人，也请找水军。水军已经成为一股令人痛恨的网络“黑”势力，利用虚拟空间的力量影响着现实生活。

针对这股“黑”势力，他律之手最有效力。2011年，由于撰写网帖严词攻击金龙鱼食用油，北京赞伯营销管理咨询有限公司的策划总监郭成林因涉嫌损害商誉罪被深圳警方逮捕，而郭成林所在的公司正在为另一家食用油巨头鲁花服务，案件已于当年6月3日开庭。此前，中央外宣办、工业和信息化部、公安部、国家工商总局等四部门联合下发了《深入整治非法网络公关行为专项行动工作方案》，在全国范围内联合开展了为期两个月的整治非法网络公关行为专项行动。① 此次行动得到

① 参见华春雨：《中国开展整治非法网络公关行为专项行动》，见 http://news.xinhuanet.com/2011-04/13/c_121300338.htm，2011-04-13。

了社会各界的积极反响和支持。包括新浪、搜狐等知名门户网站和各地方新闻网站等 140 家网站签署抵制非法网络公关行为自律公约；全国 2 000 多家企业参加“企业界抵制非法网络公关行为公开承诺活动”；山东、河北、福建等多省市迅速展开网络清理行动，据不完全统计，各地工商机关查获涉嫌非法网络公关案件 150 起，各地电信管理部门共关闭非法网络公关网站 6 600 个。[①]

整治水军黑势力，需要进一步建立健全他律机制，并长期不懈地抓落实，真正做到有法可依、有法必依、执法必严、违法必究，促使网民承担起道德责任和法律义务，对自己的网络言行负责，进一步规范网络舆论秩序，净化网络环境。

底线狂欢与理性回归：拒绝网络戾气横行

2012 年 3 月 23 日，在哈尔滨医科大学附属第一医院，年轻的实习医生、27 岁的王浩被一名患者用匕首连刺六刀不幸身亡，很多媒体第一时间对此事进行了报道。而在 2011 年 9 月 15 日，北京同仁医院也有一位医生被患者残忍地用菜刀砍成重伤。杀医事件再次令全社会深深震惊，也引起业内的极度愤怒。然而，一份调查结果再次将人心刺痛：在腾讯网转载此次事件的新闻报道的后面，有“读完这篇文章后您心情如何”的投票，投票结果显示，在 6 161 人次中，有 4 018 人次选择了“高兴”，占到了总投票数的 65%；而在网易上，关于该事件有近 36 000 条评论，网络跟帖中甚至有不少留言说“杀得好”，比如广受关注的一个帖子：“应该举国欢庆啊！鞭炮响起来！小酒喝起来！音乐开起来！”竟然被网友顶了 5 172 次——这种违反常理的评论占据上风，有人称之为“惨剧之后的二次伤害”，顿时在网上网下掀起了一场大讨论。

2012 年 4 月，网名为“鲁若晴”的山东青岛女孩、白血病患者发微博记录病情，其坚强阳光的精神引发网友的关注，从而走红网络。但随后，又被质疑为炒作牟利继而引来骂声一片，使女孩身心俱疲而关闭微博，直到医院出来证实事件才得以昭雪；公众人物利用微博携各自粉丝展开“骂战”；“微博约架”屡屡发生；新闻标题戾气十足；在一些热门论坛里，“出口成脏”的“泄愤帖”随处可见，人身攻击用语之恶毒甚至下流让人不堪入目……互联网，这个自由、交互的信息平台也成为滋生“戾气”的温床。

就社会现实而言，网络戾气是弥漫在现实社会中的暴戾之气在网络上的投射。仇官、仇富、仇医的制度根源只能通过进一步的政治体制改革、社会分配制度改

① 参见郑天虹、乌梦达：《2011 年非法网络公关的罪与罚》，载《法制日报》，2011-12-23。

革、医疗体制改革等来加以化解。如果民众的权益得不到保障或者受到侵犯又无处伸张，他们往往只有两种选择，“不在沉默中爆发，就在沉默中灭亡”。以前，逆来顺受者众；而今，网络提供了一种制度外的发泄出口——而怨恨之气的矛头所指，可能并不仅仅是某个具体的医生，而是指向“看病难、看病贵”的医疗体制；也不仅仅是某个具体的“为官者”，而是指向抽象的公权力体系；更不仅仅是某个“有钱人”，而是指向贫富不均的分配制度……种种怨恨，是弱势群体在现实社会中感受到的“相对剥夺感”在网上淋漓尽致的宣泄。

然而，纵使有一万个理由“狂欢”，也不能突破道德和人性的底线。网络戾气的现实存在，也反映了目前中国网络道德与法制建设的相对滞后，以及网络从业者与网民媒介素养的缺失。网络发展到今天，信息发布者应具有哪些权利义务，信息收集者应遵循什么样的行为规则，迫切需要立法来规范并加以完善。然而，在司法还未能及时介入时，以网站经营为主的互联网从业者，应该具有起码的“职业操守”，在最大限度地追逐经济效益的同时，也要“流淌着道德的血液”、勿忘社会效益，少一些“标题党”，多一些求真务实；少一些火上浇油，多一些理性客观的引导。而作为网络舆论领袖的公众人物以及构成网络世界主力军的普通网民，则要具有起码的“底线意识”，自律、自爱，不断提升媒介素养，明辨是非，匡扶正义，拒绝“网络暴民”，培养“网络公民”，共同营造成熟理性的网络环境。

在德国社会学家哈贝马斯（Jürgen Habermas）的交往行为理论中，交往伦理学的主旨即是“人们的交往行为要以伦理准则为基础，因为交往是人际关系的展开，不在友善、亲和、公正等伦理原则上进行，交往达不到寻求理解与共识的目的”①。无论是现实社会中的人际交往，还是网络社会中的人际互动，都需要诉诸“理性对话”，才能在某种程度上破除“系统世界”的殖民，创造出一种更自由、更公正的“生活世界”。

我们欣喜地看到，在中央和各地领导“触网”后，从中央部委到地方政府，“官方微博”和“网络留言板”成为党政机关了解民情、听取民意、集中民智的新形式，很多部门还建立了网络发言人制度，以及时应对网友们的质疑和提问，网络问政带来的官民良性互动局面正逐渐形成气候。我们还看到，尽管网络“骂架”、“约架”事件时有发生，但也出现了一些网民就某些问题与当事人、当事部门进行理性的“约谈”；曾经喧嚣一时的“人肉搜索”从备受热捧到充满争议、谨慎使用，再到网民自发顶起的《人肉搜索公约》，彰显了网络公民意识的逐步觉醒。一向倡

---

① 刘少杰：《后现代西方社会学理论》，293页，北京，社会科学文献出版社，2002。

导自由的网民发起了自律宣言，促使网络行为逐渐转向理性的轨道。

结　语

随着托克维尔著名的“以社会制约权力”思想的提出，社会权力作为与国家权力相抗衡的新生力量便成为人们关注的焦点。在网络化时代所建构的信息沟通网络中，“去中心化”的信息流动使普通民众由被动的读者和听者转变成了发言者和对话的参与者，激发了公民意识的觉醒。如今，各阶层都热衷于“上网喊话”，长时间鸦雀无声的民众在网络公共话语空间中释放出无比的参与热情，从前默不作声的大多数现在成了“政治对话的潜在贡献者和政治舞台的潜在行动者”①。网络权力充实和壮大了社会权力的力量，履行着对国家权力的监督，影响着重大决策的走向，也承担着重建美好生活世界的强烈愿望。没有制约的权力几乎必然地会走向邪恶，国家权力如此，社会权力亦复如此，缺乏监督的民主也会带来暴政。网络权力的健康成长离不开网民、网络从业者自律意识的提升，更离不开他律机制的引导、治理以及政府的包容与良性互动。当网络公民与网络权力蒸蒸日上、健康成长的时候，我们就会迎来公民社会的曙光。

参考文献

［1］陈文嘉．“表哥”浑身是宝？［N］．潇湘晨报，2012-09-06（A11）．

［2］杜萌．“隐性打击报复”受害人被置法律救济死角［N］．法制日报，2010-06-18（04）．

［3］郭道晖．论社会权力的存在形态［J］．河南省政法管理干部学院学报．2009（4）：1-8．

［4］郭道晖．社会权力与公民社会［M］．南京：译林出版社，2009．

［5］胡泳．从鸦雀无声到众声喧哗，你适应吗？［EB/OL］．［2008-05-22］http://huyong. blog. sohu. com/88098747. html．

［6］华春雨．中国开展整治非法网络公关行为专项行动［EB/OL］．［2011-04-13］http://new. xinhuanet. com/2011-04/13/c_121300338. htm．

① 胡泳：《从鸦雀无声到众声喧哗，你适应吗?》，见 http://huyong. blog. sohu. com/88098747. html，2008-05-22。

[7] 赖少芬，吴俊．“微公益”来临　亿万网民“人人可公益”[EB/OL]．[2012－07－20] http://news. xinhuanet. com/newmedia/2012－07/20/c_123448426. htm.

[8] 刘少杰．后现代西方社会学理论 [M]．北京：社会科学文献出版社，2002.

[9] 马克斯·韦伯．经济与社会：下卷 [M]．林荣远，译．北京：商务印书馆，1997.

[10] 王冬梅．信息权力：形塑社会秩序的重要力量 [J]．天津社会科学，2010（4）：56－59.

[11] 王一川．语言乌托邦：20 世纪西方语言论美学探究 [M]．昆明：云南人民出版社，1994.

[12] 魏铭言．大学生申请公开“微笑局长”工资 [N/OL]．[2012－09－03] http://news. sina. com. cn/c/2012－09－03/023925086488. shtml.

[13] 向楠．83.2%受访者确认现在社会谣言很多 [N]．中国青年报，2011－09－08（07）.

[14] 谢佳沥，章栋成，张雪．中国“微公益”时代来临 [EB/OL]．[2012－08－14] http://society. people. com. cn/n/2012/0814/c1008－18735152. html.

[15] 杨一苗，陈钢．陕西安康孕妇被引产事件当事人一次性获补助 7 万余元 [EB/OL]．[2012－07－12] http://news. xinhuanet. com/politics/2012－07/12/c_112419317. htm.

[16] 约瑟夫·奈．硬权力与软权力 [M]．门洪华，译．北京：北京大学出版社，2005.

[17] 詹姆斯·汉斯林．社会学入门——一种现实分析方法：7 版 [M]．林聚仁等，译．北京：北京大学出版社，2007.

[18] 赵超．山西长治公务员招考舞弊案 2 人被捕 5 人被刑拘 [EB/OL]．[2012－01－16] http://news. sina. com. cn/c/2012－01－16/211923809950. shtml.

[19] 赵志疆．网络监督不该成反腐“主战场”[EB/OL]．[2009－03－18] http://news. xinhuanet. com/comments/2009－03/18/content_11029551. htm.

[20] 郑天虹，乌梦达．2011 年非法网络公关的罪与罚 [N]．法制日报，2011－12－23（04）.

[21] 庄庆鸿等．“南京发布”：我们为什么能快速歼灭谣言 [N]．中国青年报，2012－07－07（3）.

第六章　网络动员："免费午餐"动员中的国家与社会

引　言

2011年2月，国务院发展研究中心中国发展研究基金会一项关于中国贫困地区学生营养状况的调查报告显示，中西部贫困地区儿童营养摄入严重不足，受调查的学生中12%发育迟缓，72%上课期间有饥饿感；学校男女寄宿生体重分别比全国农村学生平均水平低10公斤和7公斤，身高低11厘米和9厘米；儿童贫困将导致国家未来人力资本的巨大损失，形成贫困代际传递。[①]

在这一背景下，2011年4月，邓飞等数百位记者、国内数十家主流媒体，联合中国社会福利基金会发起了"免费午餐"基金公募计划，倡议每天捐赠3元钱为贫困学童提供免费午餐。这是一项由网络发起的慈善行为，得到了广大网友的肯定和支持，也得到了国家的回应，获得了长久的生命力。据2010年《中国社会舆情年度报告》中对2009年热点议题的活跃天数的计算，每个议题的平均存活时间为16.8天，即大多数集中在两周左右。而"免费午餐"之所以能够长时间持续，是因为这一项目通过网络动员，引起了现实的关注，并带来了现实的改变。

一、"免费午餐"的"五步走"

缘起：意见领袖的情感指向

"免费午餐"的缘起带有偶然性，发起人邓飞说："2011年2月，我以'2010

① 参见常红晓等：《营养的贫困》，载《新世纪》，2011（8），30～37页。

年度记者'的身份参加了天涯社区的颁奖晚会。我的邻座、一个叫小玉的支教女教师告诉我，她所在学校（贵州省黔西县花溪乡沙坝小学）的学生没有午餐，每天她一个人端着饭盒，没办法面对他们热望的眼神，不得不快步走进自己的宿舍去吃饭。最初我们是想帮助她所在学校的孩子们。"①

2011 年 3 月 1 日，邓飞在微博上发了呼吁"免费午餐"的首条微博：

> 【呼吁免费午餐】印度政府为解决小学生吃饭问题 10 年前推出免费校园午餐制度，已让 1.2 亿小学生午餐吃饱，还增加教育普及率。日本曾在战后困难时期推广过午餐配给制度，美国也有此类制度，由政府补贴午餐免费制度惠及 3 000 万学生，但中国目前还无该项计划。②

同年 3 月 26 日，邓飞到贵州毕节太来乡吴江小学考察，并进行微博直播。4 月 1 日，女教师小玉所在的贵州省黔西县花溪乡沙坝小学公布了免费午餐的预算报表。4 月 2 日，"免费午餐"计划正式启动，该计划和中国社会福利基金会合作，公布了捐款账号，"免费午餐"微博开通。

至此，"免费午餐"走进了人们的视野，虽然这最初只是邓飞等媒体人的一个倡议，但借助网络的力量，使这一倡议能够得到实施，并开启了网络动员民间慈善的新篇章。

发生：网络动员的神奇力量

"免费午餐"微博刚刚开通，就得到了大量的转发和评论。微博创造了奇迹，比如，第一笔大额捐款人"广州刘嵘"发微博称，其微博每转发一次，就捐助 9 元钱。他坦言，当初见到微博被疯狂转发时还是有点紧张的。后来设了捐款上限 90 万元，短短 22 小时即实现了目标。

"免费午餐"的捐款活动也不仅仅局限于微博。2011 年 5 月 11 日，中国社会福利基金会与拉手网共同推出"拉手公益・孩子的免费午餐"团购活动，在全国 500 个城市同时开团，打出"仅需您 3 元的支持，就能让贫困地区的孩子吃上一顿热腾腾的午餐，满足孩子们吃饱了听课的小小幸福！"的宣传语。温暖贴心的团购语言，简洁易操作的捐款方式，使网络动员的力量在短短 14 天内集结了 330 447 人次，为"免费午餐"基金募集款项 991 341 元。

5 月 25 日，"免费午餐"的淘宝店上线，接受网友的二手货品并销售或加价拍

① 引自百度百科"免费午餐"词条：http://baike.baidu.com/view/2775177.htm。

② 邓飞 2011 年 3 月 1 日的新浪微博。

卖。由于淘宝网在网络零售业的巨头地位，其购买、支付流程的合法性得到网民的广泛认可，由此，“免费午餐”在网络上获得了更强的生命力。

到5月26日，即“免费午餐”进行网络动员不到两个月的时间里，筹款就突破了1 000万元。在这一过程中，网络动员的神奇力量得到完美呈现。

高潮：引领国家行动

在“免费午餐”持续吸引全民捐款并取得巨大进展的时候，发生了一件令慈善领域动容的大事，这也是本章最为关注的部分，即在免费午餐的影响下，中央启动了营养餐项目。2011年10月26日，国务院常务会议决定实施农村义务教育学生营养改善计划：中央每年拨款160多亿元，按照每生每天3元的标准为农村义务教育阶段学生提供营养膳食补助；中央还将困难寄宿学生生活费补助提高1元，达到小学生每天4元，初中生每天5元；普惠680个县市约2 600万在校学生。这一天距离“免费午餐”基金正式成立仅半年。舆论普遍认为，民间慈善获得了政府回应，民间探索引领了国家行动。至此，“免费午餐”得到了空前的关注，成为民间慈善的一个标志性品牌，获得了更为广泛的合法力量。民政部社会福利司前司长、北京师范大学公益研究院院长王振耀在接受《华夏时报》的采访时说：

> “免费午餐”项目是由一个民间组织发起的慈善行动，短短半年时间就改变了国家政策的走向并惠及千千万万农村孩子。时间之短，效果之大，在欧美等国也找不到这样的先例。无论是从民间与政府良性互动上，还是在开启政策倡导上，以及在公共政策的制定方面，都是中国慈善史上前所未有的，对于世界公益慈善事业也有非常重要的意义。我认为，这应该引起民间公益的对照反思，也期待出现更多的政府与民间良性互动的案例。[①]

有人说，“免费午餐”是“中国式慈善”的模板，能够复制其成功经验。不管这一评价是否恰当，但引领国家行动确实将“免费午餐”项目推向了高潮。从此，“免费午餐”不再局限在民间领域，而是与官方也形成了互动，在国家与社会的关系中具有深远的意义。

维续：国家与社会的双向合作

这里介绍一个国家与社会双向合作的典型。据“免费午餐”的工作人员介绍，他们将“继续探索安全、高效、透明、可复制的免费午餐实现途径，与地方政府合

① 王振耀：《“免费午餐”模式可以复制》，载《华夏时报》，2011-11-12。

作，让160亿发挥最大作用，其中湖北鹤峰县已经有完整实施方案"[①]。

鹤峰县人民政府办公室于2011年11月7日印发了《"农村小学免费午餐计划"实施方案的通知》，在资金来源中，它规定：中国社会福利基金会免费午餐项目负责为每生每天捐赠2元，县人民政府负责1元，共计3元。在细则上，更是将县教育局、财政局、工商局、物价局、卫生局、食品药品监督管理局、监察局、宣传部、民政局全面整合，多方面多角度配合免费午餐计划的实施。[②]

我们看到，鹤峰县的这一通知较好地体现了国家与社会的双向合作。作为一个模板，它是否能运作好，还有待进一步考察。

未来：政府购买公共服务

2012年5月8日，全国农村义务教育学生营养改善计划2012年春季调度会在京召开。会议邀请了"免费午餐"发起人邓飞，邓飞参会之后在新浪微博上总结道：

> 一、诚挚回谢教育部邀请参会，建立良好沟通机制。二、致敬82 000村校老师们，你们辛苦。三、这活值得干。四、敬佩中央集结14个部委和供销社，几乎动员所有体制内资源，全力以赴。五、国家终于牢固教育优先战略，乡村儿童状况改善加快。六、动员社会和借力民间组织仍然不够。[③]

其中，第六条说出了目前营养改善计划的症结所在，邓飞幽默地说：

> 献策教育部，8万村校安全吃饭不是教育部解决的事情，如不激活民间，不动员乡村监督帮助学校，不借助NGO合作，教育部要再多钱权也将泥足深陷，惨变做饭部兼新闻消防局，然后，教育部官员就积劳成疾费力不讨好吐血不止。[④]

言外之意，政府购买公共服务才是营养餐项目的未来之路，与"免费午餐"这类民间项目的深度合作是其重要的发展方向。"政府购买服务，就是政府将自己直接承担的社会服务或公共服务改由非营利组织或社会企业来承担，并通过'购买'的方式来支付服务所需的成本。"[⑤] 当然，未来之路还在探索之中。政府采取怎样的形式购买公共服务，还需"摸着石头过河"。

---

① 2012年4月8日"营养浩然"的新浪微博。

② 参见免费午餐新浪博客：http://blog.sina.com.cn/s/blog_7ab7fbec0100vk3d.html，2011-11-07。

③④ 2012年5月8日邓飞的新浪微博。

⑤ 唐钧：《政府购买服务：购买的究竟是什么》，载《中国社会保障》，2012（3），35页。

从上述“免费午餐”的发展脉络中我们能够发现，国家与社会的互动关系是这一案例的亮点，它开启了网络动员的新篇章。下面按照时间顺序，把“免费午餐”中体现出的国家与社会关系分成两个大的部分：一是分析网络动员怎样引领国家行动；二是探索国家与社会如何合作。有人说，网络社会的到来推动了中国社会的民主化进程，虽然不能完全认定这一趋势，但有些网络动员事件确实在一定程度上改变了国家与社会的相对位置，成为网络社会刷新原有社会形态的一种方式。

二、网络动员怎样引领国家行动?

自互联网诞生以来，它对社会生活就产生着越来越大的影响。有些人兴奋地疾呼，互联网带来了一个全新的时代，超越了工业时代，进入信息时代；有些人则认为，互联网与其他通讯手段一样，只是发生了“更快、更便捷”的量变，而不是质变。这两种观点背后，其实是在讨论我们的社会是由A形态变为B形态，还是由A形态变为A1，A2，A3……形态。[①] 其实，这需要结合具体的社会状况进行分析，难以给出一个笼统的答案。我们认为，在国家与社会关系的层面上，网络动员正在迈出令人期待的一步。下面以“免费午餐”为例展开分析。

超越传统动员：网络能量的彰显

“动员”在中国社会是个广为人知的话题，比如，动员大家响应党的号召，动员青年人上山下乡，动员群众参加献血，等等。中国的领导层大多熟知动员的一套方式、手段，群众也熟知动员的指向和意义。这些我们熟悉的动员形式是在“总体性社会”中产生、发展的，具有鲜明的历史特色。

“总体性社会”遵循的是一种“总体支配”的原则，即“社会结构分化程度很低，国家垄断着绝大部分的稀缺资源和结构性的活动空间”，“举凡生产资料、就业机会、居住的权力，都直接控制在国家之手。而绝大部分从事社会活动的具体场所和领域，也处于国家直接掌握之中，即使国家还不具备完全承担某一领域全部活动的能力，也不会允许国家之外的其他力量染指这个领域”[②]。在这样一种社会形态里，国家与社会的关系是“强国家—弱社会”的模式。从资源动员的角度来看，要

① 参见王铭铭：《〈西方作为他者〉书后》，载《西北民族研究》，2012（2），144～151页。

② 孙立平等：《动员与参与——第三部门募捐机制个案研究》，6页，杭州，浙江人民出版社，1999。

动员人们进行某项活动，就需要经由国家自上而下的路径，即"组织化动员"，其特征是"动员者与被动员者之间存在一种隶属性的组织纽带"①，动员者掌握着资源的源头，被动员者在某种程度上也是以"完成任务"的心态履行职责。比如，单位组织的募捐行为，人们常常按照行政级别进行捐款，即领导带头捐赠相对大的数额，普通职工捐赠相对小的数额。

网络社会的到来掀开了组织化动员的新篇章，出现了一种全新的动员方式——网络动员，即意见领袖或普通网民发起的，为实现特定目的，通过各种动员方式和策略，以促使网民形成或改变一定的价值观念、态度与期望，从而产生持续性的参与行为或其他预期行为的过程。② 与组织化动员不同，网络动员具有很多新特点。

传统的动员主体一般是政府，且采用上传下达的组织化形式，擅长使用"运动式动员"的策略；而网络动员在这些方面都有所超越，在"免费午餐"的案例中，动员主体是意见领袖，在方式上是网络传递，策略上是情感动员。这些与传统动员的不同表达了一个趋向，即自上而下的动员方向发生了逆转，网络使社会"动员"国家成为可能。

刘少杰用图6—1来描述网络社会权力结构的变迁，指出网络中的信息权力能够直达上层，从社会领域出发，影响经济体制、政治体制和意识形态。③ 在"免费午餐"案例中，最先的行动者是意见领袖，然后是普通网民，最后才是国家的表态，在这一过程中，网络起到了向下联系群众、向上影响决策的作用。并且，正是由于网络动员引发了群众关注，才能够最终形成一股强大的力量，吸引国家的参与。

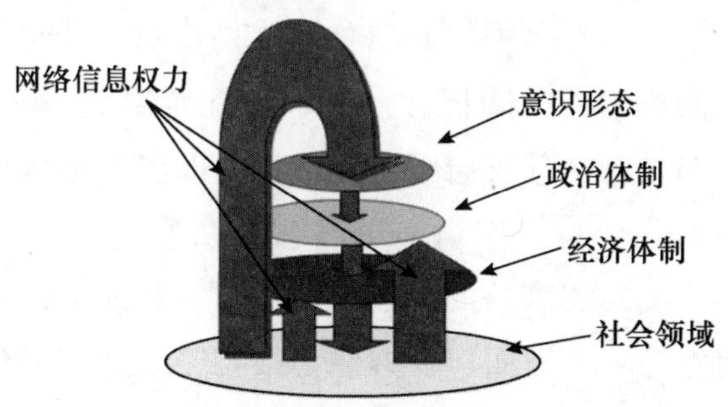

图6—1　网络社会的权力结构

① 孙立平等：《动员与参与——第三部门募捐机制个案研究》，67页，杭州，浙江人民出版社，1999。

② 这一概念参照了刘威关于"社会动员"的相关论述，他在《慈善资源动员与权力边界意识：国家的视角》（《东南学术》2010年第4期）一文中提到："作为社会学的一个基本概念，社会动员是指为了实现特定目的，通过各种形式的宣传、发动、组织工作，以促使特定对象形成或改变一定的价值观念、态度与期望，从而产生持续性的参与行为或其他预期行为的过程。"

③ 参见刘少杰：《网络化时代的社会结构变迁》，见《"全球化、信息化、网络化与中国经济社会变迁学术研讨会"论文集》，2011年11月5日。

也就是说，“免费午餐”通过网络动员的方式改变了国家与社会“出牌”的顺序，社会因此能够获得更多的主体性和能动性，这比孙立平等人所描述的“后总体性社会”[①] 又前进了一步。

值得注意的是，与许多国家—社会的研究范式不同，“免费午餐”中体现出的是国家与社会的合作，而不是二者此消彼长的对立关系。这在中国的社会结构中是有其现实基础的，从中国人的家国观念、公私观念中就可见一斑，有关“公民社会”或者“市民社会”的分析在这一点上与中国社会的实际情况不够贴切。

然而，将国家与社会作为分析的两个维度是有必要的。在中国，由于“强国家”的长期影响，民众想要发出自己的声音，进而影响国家决策是很困难的。传统媒体对自下而上的声音反映不够或力有不逮，民间组织的发展空间也尚需拓展。网络动员的出现正好弥补了传统媒体和民间组织发展的不足，壮大了中国的第三部门，使国家与社会之间能够具有一个相对自由的对话和沟通平台，进而推动了国家与社会关系的改变。因此，在这个意义上，我们认为，网络动员能够推动中国的社会形态从 A 形态走向 B 形态。

慈善危机："众望所归"的社会契机

既然网络动员具有自下而上的强大影响力，是不是就意味着每场网络动员都能够取得“免费午餐”这样的成就呢？现实的回答显然是否定的。一项网络动员要取得成功，还需要很多具体的条件，概括来讲是天时、地利、人和。“免费午餐”是一项网络发起的慈善活动，考察中国的慈善环境是理解“天时地利”的重要基础。

慈善的本意是人们对弱者的同情和照顾，是社会温暖、人性光辉的集中体现。而在中国，长期以来都是官办慈善居于主导地位，即各种准政府机构，例如红十字会、慈善总会、残疾人联合会等组织，虽然它们在慈善事业中有着非常重要的地位，尤其在汶川地震一类的灾难救助中起到了难以替代的作用，但是，在慈善的透明性、公开性、公信力等基本方面，官方慈善很难完全达到人们的期望，常常面临着“拿什么拯救你，中国慈善”[②] 等棘手的问题。

2011 年 6 月，“郭美美事件”引爆了全面的慈善危机，被拷问的对象就是以红十字会为代表的官方慈善。郭美美本名郭美玲，她的微博昵称是“郭美美 baby”，

① “后总体性社会”是指改革开放以后，相对于总体性社会，资源配置方式发生了一些变化，出现了“自由流动资源”和“自由活动空间”，但这些变化是渐进的，仍旧是在总体性社会的框架下进行的。参见孙立平等：《动员与参与——第三部门募捐机制个案研究》，12～18 页，杭州，浙江人民出版社，1999。

② 来自《学习月刊》2011 年 11 期的栏目标题。

这个自称"住大别墅，开玛莎拉蒂"的 20 岁女孩在微博上多次发布其豪宅、名车、名包等照片，其认证身份居然是"中国红十字会商业总经理"，引起了轩然大波。在这次事件中，牵扯出一条条"丑闻"，而红十字会却未能及时准确地自证清白，遭到了网友普遍的质疑。"郭美美事件"的影响是非常消极的[①]，甚至至今也未能完全消除。红十字会等官办慈善机构面临着体制机制创新，品牌管理，审计监督和提高透明度、公开性等多方面的挑战。

官方慈善在一系列的慈善丑闻面前逐渐丧失了其公信力，捐款人需要一个合理的解释，而这一解释又迟迟不来。在如此令人尴尬的处境下，官方事实上亟须一个应对民间质疑的慈善典型，而民间也需要一个可以信赖的慈善组织。就在这个节点上，"免费午餐"走入了人们的视野。3 元钱的简单投入，就能改变一个孩子饥饿着学习的状态，让捐款人觉得亲切自然、切实可行；"免费午餐"的每一笔收入和支出都发布在微博上，及时公布任何数额的捐款，做到了最为重要的公开透明，这正是慈善的灵魂所在；更重要的是，正当人们对官方慈善感到失望时，"免费午餐"作为一项民间慈善，就像一缕清风，吹进了人们的心里，及时地缓解了慈善危机所带来的信任危机。而对于官方来讲，"免费午餐"正是一直想做又未做的事业，符合国家的相关政策和教育支持导向，趁"免费午餐"方兴未艾，实行国家的营养改善计划正当其时，既符合政策，又迎合了民意，何乐而不为?

动员主体：意见领袖的精英魅力

正如上文所言，网络动员的主体不是政府，而是意见领袖甚至普通网民。前者通过高涨的人气指数，带动网民关注某事，进而影响网民的行为；后者的动员力量主要体现在一些突发的网络事件中，一张现场照片的发布就可能引起无数关注。在"免费午餐"的发起和推动过程中，意见领袖一直是人们关注的焦点。

"意见领袖"概念最早出现在美国哥伦比亚大学传播学学者保罗·拉扎斯菲尔德《人民的选择》(1944) 一书中。在此书中，拉扎斯菲尔德确定了"意见领袖"的基本特征，或称基本要素：(1) 人际传播中积极活跃者；(2) 主观能动性强者；(3) 频繁触媒，并能迅速获取更多的信息者；(4) 勤于思想，并善于进行思想再加工，善于人际交流者。[②] 随着互联网的普及和发展，传统意见领袖的特征已经发生

---

① 2012 年 6 月中民慈善捐助信息中心发布的《2011 年度中国慈善捐助报告》的数据显示，2011 年，全国接收国内外社会各界的款物捐赠总额约 845 亿元，占中国 GDP 比例的 0.18%，人均捐款 62.7 元。捐赠总量较 2010 年下降 18.1%。从接收捐赠主体来看，红十字会接收社会捐赠约 28.67 亿元，占全国捐赠总量的 3.4%，同比减少了 59.39%。

② 转引自邓若伊：《网络传播与"意见领袖"理论调适》，载《当代传播》，2011 (3)，30～32 页。

了很大的变化。互联网的缺场性使得意见领袖不再需要进行面对面的沟通，单纯依靠文字的力量就能动员大众，所以，“善于人际交流”已经不再是必要条件。另外，在传播学看来，大众传播遵循的是“媒介—意见领袖—受众”的两级传播模式。而事实上，媒介已经不再是互联网时代唯一的信息源，意见领袖常常就是信息的源头，直接与受众对话，甚至反过来影响媒介。

微博作为“免费午餐”主要的宣传阵地，采用的是“多对多”的传播方式。虽然在微博中，每个人都是生活的记者，都可以成为自媒体，然而，粉丝的多少直接关系到影响力的大小。中国网民队伍有 5 亿多，微博用户过 3 亿，而网络知名度高、具有巨大影响、令人耳熟能详者至多也就几百人。这些人数量少、能量大，往往左右网络舆论思潮，被称为网络意见领袖。[①] 意见领袖在网络上具有巨大的号召力。

邓飞作为“免费午餐”的发起人，其实是融媒介与网络意见领袖的双重身份于一身。他曾任《凤凰周刊》首席记者，现为《凤凰周刊》编委、记者部主任，多次获奖，在媒体界具有相当的名气。2011 年 2 月，邓飞作为“微博打拐”的发起人也在网络上积累了很多人气，粉丝超过 200 万。所以，当他倡议“免费午餐”时，具有很强的可信性和感召力，能够迅速引起网民的关注并参与其中。而且，除了邓飞外，“免费午餐”的动员主体其实形成了一个意见领袖群，他们作为媒体人，本来就拥有较多的社会资源，当他们围绕一个共同的目标集体发声时，就形成了一种合力，使“免费午餐”的倡议效果瞬间放大。值得说明的是，网络慈善与其他网络参与不同，网民们需要付出的是真金白银，而不是简单的声援，网络领袖在动员这些货真价实的资源时就更能体现出他们的精英魅力。

从国家的层面来看，邓飞等媒体人与体制内的知识分子类似，他们熟知国家权力运作的逻辑及其底线，在决定动员什么、怎样动员时能够较为准确地把握官方的态度，能使“免费午餐”在运作过程中符合国家意愿，从而引起国家关注，并获得肯定和支援。

动员方式：网络传递的一呼百应

动员方式是动员研究的一大主题，是动员能否取得成功的关键。在“免费午餐”的案例中，其主要的动员方式就是网络传递。正如上文所说，网络动员的方式与传统动员非常不同，它颠覆了上传下达的组织化形式，使底层的声音能够传

① 参见陶文昭：《网络意见领袖群体崛起与挑战》，载《人民论坛》，2012 (6)，24～25 页。

达到上层。"免费午餐"作为民间慈善活动甚至影响到了政府决策，这就更加令人振奋。

那么，网络传递有哪些特点，是怎样达到如此迅猛的传播速度的呢？这需要从网络技术的发展说起。"Web 1.0 时候，Web 只是一个针对人的阅读的发布平台，Web 由一个个的超文本链接而成。现在的趋势（Web 2.0）发生了变化，Web 不仅仅是 html 文档的天下，它成了交互的场所。"① Web 1.0 的时代相当于王建民所说的"你说我听"和"你演我看"②，与传统的传媒方式并没有太大的不同，门户网站把大量信息罗列给网民，网民只是浏览，并不评论。而 Web 2.0 具备的要素有："网站应该能够让用户把数据在网站系统内外倒腾；用户在网站系统内拥有自己的数据；完全基于 Web，所有的功能都能透过浏览器完成。"③ 这些要素归根结底都落在了"人"上，人机交互、用户体验成为主流，微博即是 Web 2.0 的典型代表，在 Web 2.0 时代，网民是互联网的主角，他们可以对时事发表议论，享有网络社会中分散的权力，即使在线下生活中他们并不属于社会分层中的上层。宋石男这样评价 Web 2.0："在 Web 2.0 时代，互联网为民众提供了平等、多元的话语平台，使公共领域呈现向所有人、所有问题开放的趋势，'受众'转为'公众'，网络也转为'共有媒体'，公共性得到回归。"④ 显然，他将 Web 2.0 带来的技术革新与公共领域的兴起联系起来，所以，科学技术不仅是生产力，也是社会建设的力量。

"免费午餐"的动员方式就是在 Web 2.0 时代产生的，集中体现了"多中心秩序"的特点。在意见领袖的动员下，"免费午餐"的倡议在转发和评论中迅速传播开来。每一次转发和评论都形成了一个新的或大或小（根据粉丝的多少）的中心，再由这个中心向外扩散，传播范围没有边缘，也几乎不会停止。之所以不会停止，是因为这一倡议是符合社会意愿的，也迎合了国家的需求，成为一个得到广泛赞同的活动，是共意型动员的典型（下文还会细致分析）。

在这一过程中，动员策略也是相当重要的。传统动员擅长使用"运动式动员"的策略，而网络动员更青睐情感式动员。具体来讲，运动式动员是党中央号召全国人民积极参与各种运动，以实现政治、经济和社会层面的种种目标，如"文化大革

①③　《web 1.0 于 web 2.0 的区别》，见 http://wenku.baidu.com/view/707b3df04693daef5ef73dd0.html，2011-10-24。

②　王建民用"你说我听"和"你演我看"来描述工业社会时期的信息获取方式，详见《从"道听途说"到"转载搜索"——信息获取方式变迁的时空社会学分析》，载《江淮论坛》，2011（5），20～24 页。

④　宋石男：《互联网与公共领域构建——以 Web 2.0 时代的网络意见领袖为例》，载《四川大学学报》（哲学社会科学版），2010（3），70～74 页。

命”、“农业学大寨”、“破四旧”等。[1] 这些运动的背后潜藏着两个含义，一是动员资源，如“大炼钢铁”运动中，人们纷纷将自家铁锅交给集体，响应国家“超英赶美”的号召；二是动员思想，在总体性社会中，物质资源掌握在国家手中，需要动员的主要就是群众，这也是将“走群众路线”作为党的三大法宝之一的题中之义。在“文化大革命”的年代里，相比于“大炼钢铁”时代的资源动员，思想上的整齐划一是更为深刻的时代印记。情感式动员其实也是动员思想的一种，这在网络社会中表现得更为明显。谢金林在他的研究中通过解析“石首事件”，强调了情感在网络抗争动员中的根本性作用，认为“从个体层次看，事件对网民的情感刺激决定了网民对事件的解读方式，从而直接影响公共话语建构和网民的社会认同。从社会层次看，网民情感反应根植于社会文化之中，社会文化框架决定着政府与网民互动的模式，直接决定网络政治抗争动员框架的建构”[2]。因此，在网络动员中，不再需要通过大规模的运动来统一人们的思想，而是谁把握了民意，谁就能够获得网民广泛的认同，谁就能在网络动员中掀起轩然大波。“免费午餐”的动员过程体现的正是这一“认同的力量”，将情感动员发挥到了极致。

动员效果：网络信任的与众不同

从一定程度上讲，“免费午餐”在网络上迅速传播容易理解，而要付出真金白银的网民为什么相信“免费午餐”呢？除了前面所说的精英魅力之外，还有哪些因素推动了网络信任的形成？举两个例子，同样是慈善行为，一些人不会捐 1 元钱给在天桥上的流浪乞讨人群，而选择捐 3 元钱给摸不着、看不见的“免费午餐”；在“小悦悦事件”中，18 名路人没有出手救助倒在血泊中的小女孩，而在流浪猫救助的网站上，众多爱心人士慷慨解囊，只为救助照片中可怜的流浪猫。在这些几乎是悖论的问题背后，我们需要思考，网络信任的形成机制究竟是怎样的？

要回答这些问题，可能还需要从另一个问题开始：网络中的人际关系是强关系还是弱关系？格兰诺维特指出，社会网络的强弱关系是由相处时间、感情深度、互相倾诉、相互回报这四个相互关联的方面决定的。在网络上，由于线上和线下并不是完全分离的，强关系是指关注或加为好友的都是认识的人，基本上只与熟悉的人在网络中产生互动，典型代表是 Facebook、所有成员都是同班同学的 QQ 群；弱关

---

[1] 参见孙立平等：《动员与参与——第三部门募捐机制个案研究》，65～66 页，杭州，浙江人民出版社，1999。

[2] 谢金林：《情感与网络抗争动员——基于湖北“石首事件”的个案分析》，载《公共管理学报》，2012 (1)，80～93 页。

系是指通过一些共同爱好或兴趣建立关系的陌生人，其典型代表有新浪微博、豆瓣。基于这一分类，参与"免费午餐"的人群之间应该是一种弱关系，捐款人大多数并不互相认识，更别提有什么感情深度。

那么，下一个问题是，为什么弱关系具有如此强大的动员能力？这直接关系到网络信任的形成。首先，这与网络参与的成本有关。从一个普通参与者的角度来看，做出是否捐款给"免费午餐"的选择可能经过了如下衡量：如果"免费午餐"确实能够办实事，那么，3元钱就能解决一个孩子的一顿午餐，这是一件有成就感的善事；即使"免费午餐"完全是一场骗局，3元钱的捐款也不是很多，完全在承受范围内。因此，这场网络参与的成本是可控的，人们显然更容易接受能够预知的成本。

其次，网络参与容易退出。正如一些网友在网络辩论中所说的，"如果您不愿意，完全可以选择点击屏幕右上角的小叉叉"。在网络参与中，投入容易，退出也容易，不会出现"做好事反被讹"的连锁反应，不高兴了、不愿意了，轻轻点击"关闭"按钮即可。这一点可以回应前面所说的"小悦悦事件"，在日渐进入"陌生人社会"的中国，线下做好事是需要成本的，网友戏称的"不是富二代还敢救人?"正是这个道理。

但上面两点回答不了大额捐款人的信任问题。如在捐款90万的"广州刘嵘"看来，问题可能就不是那么简单了。这就需要"免费午餐"确实做出了令人信服的事情。事实上，"免费午餐"运行至今，在财务公开、支出透明的问题上一直表现不错。中国社会福利基金会中心网为"免费午餐"提供了独立的第三方信息披露平台，到2012年8月13日，该平台已经披露了"免费午餐"自发起至2012年6月的50笔收入汇总以及117笔支出。[①] 透明性一直是慈善的灵魂，把握了这一点，慈善行为才能保持稳定的群众基础。"免费午餐"委托独立的第三方在网络上发布收支明细，得到了捐款人的赞赏和信任。由于网络的公开性，凡是查阅收支明细的网民都可以围观、质疑。面对这样的全方位拷问，"免费午餐"依然能够坚守，大额捐款人似乎就可以放心了。

由此，网络信任果然与线下的信任有所不同，正是这些不同才使得"免费午餐"获得了广泛的信任，在众多民间慈善中脱颖而出，成为网络慈善的明星品牌。当然，也是因为达到了如此明显的动员效果，才能够引起国家关注，进而引领国家行为。

---

① 参见2012年8月13日"免费午餐"的新浪微博。

三、国家与社会如何合作?

“免费午餐”项目在成功动员了国家之后，有人提出疑问，160亿投资的营养餐项目如何展开？与“免费午餐”是怎样的关系？有人对此充满希望，也有人对官方慈善持不信任的态度。事实上，“免费午餐”项目如何在网络动员中持续运作，意见领袖和志愿者的工作能否长久地进行下去，也是“免费午餐”项目在未来发展中面临的问题，而国家的参与恰恰能够让这一项目获得更加长久的生命力，制度上、财政上的支持能够缓解社会一维力量可能遭遇的困境。因此，国家与社会的合作是“免费午餐”和营养餐项目的最好出路，而“如何合作”是个关键问题。

“鹤峰模式”：传统动员与网络动员的合力

“鹤峰模式”是传统动员与网络动员相结合的典型。湖北省鹤峰县位于湖北西南边陲、恩施土家苗族自治州的东南部，是全国一类革命老区、边远山区、国家级贫困县。2011年10月8日，鹤峰县高原小学免费午餐开餐，数十家媒体记者，包括“免费午餐”计划的发起人邓飞，于10月7日晚聚集在一起。在晚饭期间，邓飞与县领导就定下了在全县开餐的计划，包括前面所说的“政府出1元，免费午餐项目出2元”的资金来源方案。10月8日中午，在高原小学里，鹤峰教育局局长李永忠向媒体宣布了该县将要全面铺开“免费午餐”的消息。同时，鹤峰县政府领导班子达成一致，后续的工作都由鹤峰县牵头推进。11月7日，《鹤峰县“农村小学免费午餐计划”实施方案》以及实施细则正式出炉。11月10日，县教育局资助中心主任李春霞到武汉，与“免费午餐”湖北项目负责人以及《长江日报》记者交流，交流内容包括款项划拨、餐具购置，甚至具体到菜谱中鸡蛋的做法。11月下旬，李永忠和李春霞又对近一半的学校进行了暗访，通过网络公示，确认学校各方面准备就绪。最后将开餐时间确定在12月1日。[①]

12月1日，鹤峰县42所小学的4 381名学生吃上了“免费午餐”，鹤峰成为湖北省全面实施“免费午餐”计划的第一县。每年按250天供应，42所学校首年预算合计5 982 789元，其中政府承担2 196 059元启动费用。为确保账目公开透明，该县42所学校全部开通微博，公开费用，供网友监督。早在11月中旬，42所学校

---

① 参见陈地长等:《让山里娃免于饥饿——鹤峰打造免费午餐“1+2”模式新范本》，见http://www.enshi.cn/20111117/ca229644.htm，2011-12-14。

"免费午餐"预算表即已在网上公布，网友可下载核实。[①] 12 月 7 日，《人民日报》第 6 版以"湖北鹤峰全县乡村学校免费午餐"为题对鹤峰县实施"免费午餐"的情况进行了报道。据了解，这也是近 30 年来，鹤峰教育首次在《人民日报》"露脸"。[②] 2012 年 4 月 12 日，鹤峰县县长苏勇与中国社会福利基金会副秘书长肖隆君达成意向协议：鹤峰享受"免费午餐"的孩子将由农村小学生扩展到全县小学生和学前班的孩子，人数将由 4 381 人增加到 10 393 人。[③]

"在鹤峰县免费午餐计划中，该县初步摸索出了一套模式：一把手统筹协调，上下拧成一股绳，最终形成县委书记、县长、各职能部门、学校之间的工作链条与责任链条。在此基础上，该县又推行了一套细化的措施，如建立专账制度、责任追究制度、公示制度。"[④]

在这一过程中，鹤峰县政府与"免费午餐"顺利展开了合作。我们认为，这是传统动员和网络动员的有效结合，达到了动员力度最大化、动员效果最优化。在"免费午餐"于网络传递中取得成功之时，鹤峰县政府牵头，自上而下地部署，采用组织化动员的传统方式紧密配合，推动了鹤峰"免费午餐"的全面铺开。而在鹤峰模式的运行过程中，实现了行政问责制度与微博公示制度的结合，教师轮流值周制度与志愿者服务的互补，从现实到网络立体监督，确保"免费午餐"成为真正的慈善壮举。这固然与鹤峰县政府推行"免费午餐"的决心密切相关，也得益于当地官员较强的执行力，但更为重要的是，他们提供了一种合作的可能性，并扎扎实实地实施起来，如《恩施晚报》上所说："鹤峰模式"的最大亮点，还是政府与民间组织形成了良性互动，保持通力合作。这一"通力合作"具有重要意义——为国家与社会怎样合作提供了范例。

营养餐与免费午餐：合作方式仍在探索中

在"鹤峰模式"取得初步成功的同时，我们还要思考："鹤峰模式"能否复制、移植？如果可以，我们就能够照猫画虎，找到国家与社会的合作之路；如果不可以，还有哪些因素是我们需要引起注意，并不断探索、完善的？下面从几个报道入

---

① 参见唐红珍、何吉安：《鹤峰微博公开"免费午餐"账目》，载《湖北日报》，2011-12-12。

② 参见范洪文：《鹤峰"免费午餐"在〈人民日报〉"露脸"》，见 http://www.hf.e21.cn/web2010/ShowArticle.asp? ArticleID=7910，2011-12-26。

③ 参见《鹤峰"1234"模式免费午餐惠民生》，见 http://wenku.baidu.com/view/62f7a507a6c30c2259019ef7.html，2012-07-26。

④ 陈长地等：《让山里娃免于饥饿——鹤峰打造免费午餐"1+2"模式新范本》，见 http://www.enshi.cn/20111117/ca229644.htm，2012-12-14。

手，尝试解析这一问题。

> 近日，央视《经济半小时》连续调查了云南、广西部分学校免费营养餐情况，在引发了学生集体营养餐安全事件的云南镇雄县顶拉小学，学生反映“豌豆闻起来是臭的，很难闻；不吃不行，要被罚款”；广西部分学校鸡蛋采购价高出市场价75%，猪肉与油豆腐的采购价比市场批发价都高出25%左右。①
>
> (2012年) 3月29日，贵州省织金县八步镇中心小学学生在食用了学校统一下发的“营养早餐”之后，86名学生不同程度地出现了疑似群体性食物中毒症状。事后，当地有关部门称与“营养早餐”无关，属群体性心因性反应。②
>
> 刺坡岭小学的孩子们自2011年11月29日才正式吃上免费午餐。今年3月26日，伴随着鲁山县农村义务教育学生营养改善计划项目的正式实施，校长张宝山多次与福基会负责该校免费午餐工作的志愿者沟通，得到的答复是“让暂停免费午餐供应”。“因为县里每周会定时给孩子们配送牛奶、火腿肠和鸡蛋，志愿者怕学生万一吃出问题了，将来说不清楚。”张宝山含泪停掉了“免费午餐”，但刺坡岭小学还是在他的极力争取下，保留了学前班44名学生的免费午餐，因为学前班学生还没有纳入国家营养改善计划，再加上32名住宿生、9名老师，刺坡岭小学总共还有85人继续享用免费午餐。③

营养餐试点实施仅仅4个多月，就发生了学生吃营养餐不适的状况。第一段和第二段报道反映的就是这一问题。究其原因，一方面在于食品安全监管不到位，另一方面在于3元钱的餐费中包含运作费用，无法将3元钱全部用于孩子的食品中。从第三段报道可见，以“牛奶、火腿肠和鸡蛋”为主的营养餐无法替代正经午餐，没有有效解决孩子中午吃不饱的问题。更重要的是，从这些报道可以看出，常常发生营养餐和免费午餐无法共存的问题，即吃了营养餐的孩子，不能再吃免费午餐，表现出明显的“官进民退”。这一问题恰恰暴露了一点：国家与社会还没有实现大范围的合作，或者说全面合作还有很长的路要走。

在这些矛盾背后，其实是官方与民间运作方式的不同。“鹤峰模式”的成功在于将传统动员与网络动员两种方式的长处结合了起来，而在上述几则报道中，恰恰暴露了传统动员的短处，也没有融进网络动员的积极因素。值得进一步指出的是，“免费午餐”网络动员的关键在于保证了慈善的透明性和监督的全方位性。传统动

① 参见2012年4月21日中央电视台《经济半小时》节目。

② 龚菲：《贵州学生营养餐事件追问》，载《东方早报》，2012-04-09。

③ 朱长振：《13个孩子自费续吃“免费午餐”》，载《大河报》，2012-04-11。

员由于官僚体制、运作手段和路径依赖等诸多因素，难以保证透明性，也难以进行立体监督，一旦失去了这两点，慈善活动就失去了民间合法性，必然招来骂声一片。所以，传统动员与网络动员的有效结合并不简单。

"鹤峰模式"的推广，亟须一套靠谱的行政班子，这涉及很多深层问题。而首先要做的就是扭转态度，就像教育部负责人曾表示的："这不是可干可不干的事，而是必须要干的事；而且是只能干好，不能干坏的事。"在这一坚定态度的基础上，才谈得上合作方式的持续探索。

四、网络动员何以再生产？

无论如何，"免费午餐"作为民间慈善的代表、作为网络动员的典范确实取得了丰硕的成果，给慈善实务界和学术界都留下了很多思考。在这一部分，我们希望能够跳出这一案例，放眼互联网，提出这一问题：像"免费午餐"这样的项目还能再有吗？无疑，个案的代表性问题一直存在，项目的性质不同可能引发截然相反的结果。怎样趋利避害，怎样再生产，这需要更为宽广的视野。

共意性与冲突性：可能截然不同的遭遇

在社会运动的研究者麦卡锡和沃尔夫森看来，"冲突性运动——比如劳工运动、贫民运动、女权主义运动和民权运动——通常都是由少数群体或人口中的一小部分人来支持的，并且在试图带来社会变迁时，遭到了根本性的和有组织的反对。与此相反，共意性则是这样一种社会运动，它的目标受到了某个地理社区内全体人口的广泛支持，并且在追求社会变迁时，很少或根本没有碰到什么有组织的反对"[①]。或者，说全体人口有些绝对，总人口的 80%到 90%应该没有问题。[②] 显然，"免费午餐"的案例就属于共意性运动：关于这一项目的倡议，几乎没有受到批判，符合国家以及大多数民众的意志，可以看做是"众望所归"。在这样的环境下，"免费午餐"就拥有了取得成功的有利条件。

反观近年来的一些群体性事件，会发现它们与"免费午餐"的很多不同点。以"什邡事件"为例，事件起因是什邡市动工建设"宏达钼铜多金属资源深加工综合

① ［美］约翰·D·麦卡锡、马克·沃尔夫森：《共意性运动、冲突性运动及其对基础设施的占用》，见［美］艾尔东·莫里斯、卡洛尔·麦克拉吉·缪勒：《社会运动理论的前沿领域》，北京，北京大学出版社，2002。

② 参见［美］迈克尔·史华兹、苏瓦·保罗在《资源动员与成员动员：为什么共意性运动不能充当社会变迁的工具》中对"共意性运动"的定义，见［美］艾尔东·莫里斯、卡洛尔·麦克拉吉·缪勒：《社会运动理论的前沿领域》，北京，北京大学出版社，2002。

利用项目”，这个项目被曝有极大的负面环境影响。2012 年 7 月 1 日，在什邡市的亭江东路、亭江西路、小花园街、竹园北路等中心地带，有不少民众手持条幅，高呼口号，表达对钼铜项目的不满。随后，当局派出警察和武警官兵维稳，并引发了警民冲突。据上传至互联网的视频显示，警方向聚集的群众发射震撼弹和催泪弹，导致人员受伤。[①] 在这一事件中，人们也是在网络上讨论，达成共识，约好一同走上街头，向政府部门表达意愿，属于网络动员，然而，却遭遇了官方的阻止。虽然钼铜项目最终叫停，但请愿过程中发生的警民冲突也造成了一些负面影响，如官民关系紧张，对政府的信任度降低，等等。

“免费午餐”和“什邡事件”两个案例较好地体现了共意性与冲突性的不同，在中国的社会现状中，与国家是否“共意”尤为重要。如果与国家利益一致，即使没有引领国家行动，也可能会蓬勃展开；如果与国家，尤其是地方政府处理问题的方式相悖，即不“共意”，则可能会引发冲突。“免费午餐”案例在“共意性”的领域中是具有代表性的，从这一案例出发分析国家与社会的合作可以获得很多启示。

网络动员的再生产：何以可能？

近年来，社会建设与社会管理成为社会各界的热门话题，如何维持社会秩序、促进社会管理创新，是新一轮改革能否成功的关键。毫无疑问，网上虚拟社会建设也是其中重要的一环。“免费午餐”的成功让我们看到了网络动员的正能量，这种网络再生产是网上社会建设的可行路径。因此，探讨积极的网络动员如何再生产，是非常有意义的。通过上文的分析，我们认为，从共意性和冲突性两个方面来探讨这一问题，才能更加全面。

一方面，对于“共意性”的网络动员来讲，“免费午餐”几乎是个模板，其动员模式可以概括为：意见领袖发起——网络迅速传播——引领国家行动——寻求国家与社会合作。在这一过程中，需要注意的问题有如下几点：

首先，由于共意性动员几乎不会遭遇反对或者抵抗，所以，怎样动员人们的情感认同是更为基础的问题。在“免费午餐”的案例中，一段充满爱心的文字，一段记录生活细节的短片，一间破败不堪的校舍，一双充满渴望的眼睛，一个享用香喷喷午餐的孩子，等等，这样的素材都能激起人们心中无限的同情与感动。在网络社会蓬勃发展的今天，视觉文化更能引起人们的同情感。这是网络传递的力量，也是

① 参见维基百科：《2012 年什邡市反对钼铜项目事件》，见 http://zh.wikipedia.org/zh/%E4%BB%80%E9%82%A1%E4%BA%8B%E4%BB%B6。

情感认同的力量。唤醒人们心中的意义感、认同感，是共意性动员最为基础的工作，做到这一点，才能真正实现"共意"。

其次，共意性动员需要仔细处理细节问题。动员是否成功，关键在于能否找到切实可行的实施路径。"免费午餐"除了赢在有效动员人们的情感之外，"每个孩子3元钱一顿午餐"的可行性也非常关键。利用网络平台，使3元钱的捐赠简单易行，网络披露的账目细节又让人们一目了然。相反，"天使妈妈"的慈善活动之所以广受诟病[①]，主要原因就在于捐赠原因调查不清，账目不够公开透明，对受捐赠的孩子父母态度淡漠，等等。同样是好心，处理细节的能力不同，则会导致不同的结果。

最后，在处理与国家的关系中，需要推动制度创新，争取有效沟通，促进优势合作。虽然"鹤峰模式"目前还没有得到大范围推广，但其成功经验依然值得借鉴。改革传统的组织化动员弊病，克服制度路径依赖造成的困境，是网络动员能够有效进入国家体系的前提；与政府保持有效沟通，在相互理解的基础上进行合作，是网络动员能够持续的保证；将传统动员与网络动员的优势结合起来，扬长避短，是动员效果最大化、国家与社会合作成功的必由之路。

另一方面，对于"冲突性"事件，像"免费午餐"那样的动员再生产就不是那么容易了。事实上，当前中国群体性事件频发，冲突性事件对于国家与社会的关系来讲，是个更大的考验。怎样通过网络动员引导国家与社会的关系良性发展，是我们需要探索的新问题。

在冲突性动员发生伊始，就要考虑中国语境的问题，在一个合理的框架内争取利益诉求，才是理性、成熟的态度。2007年，在厦门的PX事件中，市民通过座谈、散步的形式向政府请愿，理性表达要求，得到PX项目迁建的结果，是市民与政府一起面对问题，协商解决的典范。陈晓运通过G市案例发现，反对垃圾焚烧厂建设的业主集体行动不仅没有组织化动员力量（如业委会）的参与，也没有草根行动者刻意维持的名实分离的弱组织，而是采用了"去组织化"的策略，也达到了预期效果。[②] 在这两个案例中，网络都在其中起到了积极的作用。在论坛中，市民们经过协商、协调，压制了冲动、不负责任的声音，将正能量广泛传递，并将其带入

① "天使妈妈"是一个志愿者团队，工作方式主要是通过网络宣传筹款，并同国内外各种医疗机构、媒体、基金会、志愿者等广泛合作，为孩子们募集医疗资金、安排手术和康复援助，帮助生活在机构中的弃婴和孤儿改善生存发展状况，帮助身处困境的儿童改善后续生计。2012年7月，"天使妈妈"在帮助被高压充气泵击伤的男孩杜传旺的事件中，公信力受到质疑。

② 参见陈晓运：《去组织化：业主集体行动的策略——以G市反对垃圾焚烧厂建设事件为例》，载《公共管理学报》，2012（2），67～75页。

现实中，推动了事件的和平解决。这些智慧都是冲突性动员取得成功的合理路径，既保全了社会的利益，也兼顾了国家程序，是处理二者关系的有效方式。通过总结与思考，我们认为，在日后的动员再生产中，社会与国家两方面都应适当调整，促进彼此的良性互动。

在社会层面，要进行理性的网络动员，克服“乌合之众”的集体不负责任的行为。在冲突性动员中，由于官民矛盾、贫富差距等深层次问题，人们往往更容易相信负面新闻，造成大范围的网络围观，还未等真相水落石出，谣言就纷纷四起。近年来，我们也看到，一些意见领袖在这样的舆论大战中，经常能够理性分析，传播冷静的声音，通过立体分析事件的前因后果，有效引导网民理性思考，这是令人欣喜的变化。而且，这样的趋势也在普通网民中蔓延开来，是中国网民在纷杂的网络事件中抽丝剥茧、思维能力提高的体现。因此，进一步提高网络动员水平，在网络围观中力争找到事实真相并探索有效解决路径，才是社会进步的必经之路。

在国家层面，要坚持群众路线，克服脱离群众的危险。近年来，各级政府开通微博政务，就是希望能够倾听民声，了解民意，在网络平台上与群众平等交流，跨越庙堂与江湖之间的鸿沟。在冲突性动员中，各级政府应在决策论证阶段就广泛征集民意，避免决策一出即遭民众反对的被动局面；在冲突性动员的萌芽和传播阶段，挺身而出，将真相和真诚摆在民众面前，及时化解危机，避免因互相不理解造成的损失；在冲突发生时，保持与群众的密切联系，召开座谈会，听取各方意见，及时调整方向。

结　语

从“免费午餐”的发展历程中，我们能够看到一场网络动员从萌芽到成熟的生长过程。本章试图通过“免费午餐”来回答这样几个问题：互联网的现实影响力究竟表现在哪里？在中国的社会结构中，在国家—社会的视角下，互联网到底扮演着什么角色？起到怎样的作用？能否推动社会建设和社会进步？

通过上文的分析，我们认为，与其他国家相比，互联网在中国的社会结构中能够发挥更大的作用。网络动员能够有效弥补传统动员的不足，变自上而下的组织化动员为自下而上的反向动员，即从国家到社会转变为从社会到国家的新路径。与将二者对立起来的视角不同，我们认为，通过网络动员的有效沟通，国家与社会的合作是完全可能的，并且，这也是动员的理想前景。相对而言，共意性动员容易实现合作，而冲突性动员则需要更多的动员智慧。

"开放社会空间，释放社会活力"① 是社会管理创新的题中之义，即提倡在政府—市场—社会的三维关系中，增强社会的自主性和能动性。"免费午餐"的案例证明了通过网络激发社会活力，会反作用于国家层面，实现多方共赢。所以，"寻求合作"始终是一个总的方向。在中国，网络动员将大有可为，我们期待，网络这个平台能推动更大规模的社会进步。

参考文献

［1］常红晓等．营养的贫困［J］．新世纪，2011（8）：30-37.

［2］陈地长等．让山里娃免于饥饿——鹤峰打造免费午餐"1＋2"模式新范本［EB/OL］.［2011-12-14］http://www.enshi.cn/20111117/ca229644.htm.

［3］陈晓运．去组织化：业主集体行动的策略——以G市反对垃圾焚烧厂建设事件为例［J］．公共管理学报，2012（2）：67-75.

［4］邓若伊．网络传播与"意见领袖"理论调适［J］．当代传播．2011（3）：30-32.

［5］范洪文．鹤峰"免费午餐"在《人民日报》"露脸"［EB/OL］．［2011-12-26］http://www.hf.e21.cn/web2010/ShowArticle.asp?ArticleID=7910.

［6］龚菲．贵州学生营养餐事件追问［N］．东方早报，2012-04-09（A14）.

［7］贾西津．开放社会空间，释放社会活力［N］．社会科学报，2012-4-18（03）.

［8］刘少杰．网络化时代的社会结构变迁［C］//"全球化、信息化、网络化与中国经济社会变迁学术研讨会"论文集．2011.

［9］刘威．慈善资源动员与权力边界意识：国家的视角［J］．东南学术，2010（4）：53-60.

［10］迈克尔·史华兹，苏瓦·保罗．资源动员与成员动员：为什么共意性运动不能充当社会变迁的工具［M］//艾尔东·莫里斯，卡洛尔·麦克拉吉·缪勒．社会运动理论的前沿领域．刘能，译．秦明瑞，校．北京：北京大学出版社，2002.

［11］宋石男．互联网与公共领域构建——以Web 2.0时代的网络意见领袖为例［J］．四川大学学报（哲学社会科学版），2010（3）：70-74.

① 贾西津：《开放社会空间，释放社会活力》，载《社会科学报》，2012-04-18。

[12] 孙立平等. 动员与参与——第三部门募捐机制个案研究 [M]. 杭州：浙江人民出版社，1999.

[13] 唐红珍，何吉安. 鹤峰微博公开“免费午餐”账目 [N]. 湖北日报，2011-12-12 (04).

[14] 唐钧. 政府购买服务：购买的究竟是什么 [J]. 中国社会保障，2012 (3)：35.

[15] 陶文昭. 网络意见领袖群体崛起与挑战 [J]. 人民论坛，2012 (6)：24-25.

[16] 王建民. 从“道听途说”到“转载搜索”——信息获取方式变迁的时空社会学分析 [J]. 江淮论坛，2011 (5)：20-24.

[17] 王铭铭.《西方作为他者》书后 [J]. 西北民族研究，2012 (2)：144-151.

[18] 王振耀. “免费午餐”模式可以复制 [N]. 华夏时报，2011-11-12.

[19] 谢金林. 情感与网络抗争动员——基于湖北“石首事件”的个案分析 [J]. 公共管理学报，2012 (1)：80-93.

[20] 约翰·D·麦卡锡，马克·沃尔夫森. 共意性运动、冲突性运动及其对基础设施的占用 [M]//艾尔东·莫里斯，卡洛尔·麦克拉吉·缪勒. 社会运动理论的前沿领域. 刘能，译，秦明瑞，校. 北京：北京大学出版社，2002.

[21] 朱长振. 13个孩子自费续吃“免费午餐”[N]. 大河报，2012-04-11 (14A).

[22] web 1.0 于 web 2.0 的区别 [EB/OL]. [2011-10-24] http://wenku.baidu.com/view/707b3df04693daef5ef73dd0.html.

第七章　网络新媒体时代的公权监督：“人肉搜索”的力量

——解读“杨达才事件”

引　言

2012年8月26日凌晨，包茂高速公路陕西境内安塞段，一辆长途卧铺客车与一辆运送甲醇货运车发生追尾碰撞，货运车甲醇泄漏引发两车起火，最终造成36人遇难，3人受伤。“8·26”特大交通事故被报道后，立刻引起广泛关注，事故伤亡惨重，是截至该事件国内2012年的第一大公共交通事故，国务院和陕西省政府对此高度重视，及时成立了事故处理领导小组赴延安现场指挥工作。

就在公众高度关注事故处理进展时，新华社刊发的事故现场图片中有一张照片引起了网友的注意，并随即在网络上引发了轩然大波。新华社记者所拍摄的这张照片中，一位大腹便便、双手背后、面带微笑的人与其身后惨烈的事故现场形成了极强的反差，有网友甚至将此照特意放大后贴在网上。照片视觉上的强烈反差深深刺痛了沉浸在灾难事故关注中的广大网民，叫骂与谴责迅速在网上扩散，同时网民对照片中的人物发起了“人肉搜索”。

不久，就有网友发帖称照片中的人物与陕西省安监局局长杨达才极为相似，这一消息很快便被媒体证实。于是，“8·26”特大交通事故的舆论关注立刻从事故现场转向了安监局局长杨达才。“大腹便便傻笑”、“冷血无情”、“一副贪官嘴脸”等各种言辞激烈的质疑和指责在微博上此起彼伏，杨的微笑瞬间沦为众矢之的，被冠以“微笑门”，成为媒体舆论新的焦点。

更为戏剧性的是，网民的人肉搜索并未止于杨达才的真实身份，舆论的焦点也并未停留在杨为何在事故现场面带微笑。一位名叫“零售资讯”的网友发了一个对事件进程具有重要意义的帖子，帖中该网友将杨达才的多张公开照片放在一起，并将其佩戴的手表用红色画笔特意圈了起来，称这位“人大戴表”给无数名表品牌供应商带来了具有强大传播力的免费广告！网民看到这组照片后，顿时议论纷纷，部分有眼力的网民则直接将图片中杨佩戴表的品牌与价格列了出来，其中网友“爱提问的长袜子皮皮”说：“第一块劳力士，第二块豪雅，第五块雷达，第三、四看不清，官员天天秀名表都不掩饰吗?”另一网友“我再睡”则说：“杨达才手上还戴了一只38 000多欧元的欧米茄手表，够有领导派头。”甚至还有网友充满嘲讽地说道：“人民的好戴表，拿着人民的钱，为人民戴表。”人肉搜索出的这一连串的信息爆料，让刚陷“微笑门”不久的杨达才又陷入了“手表门”，舆论关注由此被推向了又一个高潮。

面对舆论压力，杨达才不得不作出回应。2012年8月29日晚9点至9点半，杨在新浪陕西微博上接受网友访谈，对网友的“微笑门”质疑，杨回应是由于现场气氛紧张，工作人员压力太大，为缓解压力，“一不留神”没有控制好表情，并向网友公众正式道歉；而对于“手表门”，杨称网友所指的5块手表都是自己工作十余年来通过个人收入陆续购买的，“最贵的一块是今年买的万宝龙106500型号，价格是3.5万，不是江诗丹顿牌子。其他几块表的牌子跟网友所说的差不多，每块价格大致在一到两万左右”①。

杨的回应并没有赢得公众的原谅和信任，也没有起到以正视听、平息舆论的作用。相反，随着网友“花总丢了金箍棒”贴出了杨的第六块表图片后，不断有网友将更多杨在公开场合佩戴不同款式名表的新照片贴在网上，大家纷纷指出杨的名表数量不是他所言的5块而是11块。至此，杨在“手表门”事件中完全陷入被动，网友欲通过晒名表的方式揭露其腐败的意图也更加迫切；同时舆论不仅表现为网络上的一片责难，而且通过传统主流媒体的报道，现实社会中公众的批评质疑也达到了顶峰。

2012年8月31日，新华社在新华网上发表了题为“杨局长要经得起围观 更要hold住调查”的专题评论，当晚中央电视台白岩松主持的《新闻1+1》栏目对之进行了专门报道评论。另外，人民网、凤凰网、新浪网、《新京报》、《南方都市报》、《新民晚报》等主要媒体也对此进行了关注报道。

一波未平，一波又起。在“手表门”事件正被网民炒得沸沸扬扬的时候，网友们不断通过人肉搜索将舆论的聚光灯又照在了杨的手镯、眼镜、腰带，甚至西装

① 陕西安监局局长杨达才新浪微访谈，见http://talk.weibo.com/ft/201208296903，2012-08-29。

上。有网友发图称，"杨达才喜欢在左手腕戴各式手表，右手腕也没闲着，杨局长出现在公共场合，还常戴手镯，初步发现就有 8 幅照片"。此图在网上疯传，有的网友以此调侃道，"杨局长真是爱惜自己的手腕啊，一刻都不闲着"。9 月 5 日，网友"晨曦微播"在微博发布图片称，杨局长不仅爱戴名表和手镯，还喜欢戴名眼镜，在贴出的四幅图片中，有价值 10 多万的罗特斯和价值 3 万多的奥克利等。紧接着，网友的目光又盯到了杨达才的腰带，网友"延庆老农"在其微博以"表哥全身都是宝"为题，贴出了一组图片，指出微笑局长除了左手手表、右手手镯之外，还拥有各种腰带，并征求行家指认这些腰带的品牌和价值。从手表到手镯再到眼镜和腰带，似乎网友们要通过"人肉"将杨达才全身"扒"个精光，来追问他奢侈消费背后的公权滥用与否。

陕西"杨达才事件"很容易让我们想起 2008 年南京市江宁区房产局长"周久耕事件"，两人同为政府官员，都因公开场合的不当言论或举止而引发网友非议，进而遭遇人肉搜索，且在被网友"人肉"的过程中，牵连出一系列涉及使用高档消费品的个人生活问题，并最终演化为公众对两人腐败问题的关注和质疑。周久耕最终被证实腐败属实，而杨达才最终也于 2012 年 9 月 21 日被陕西省委撤销陕西省第十二届纪委委员，省安监局党组书记、局长职务。

从两件事情的起因、发展、演化及舆论效应来看，不难注意到在网络社区、微博等网络新媒体的背景下，网民通过"人肉搜索"这个特殊的信息搜索方式，在推动公权的社会监督过程中所展现的集体力量。

一、从公共交通事故到公权信任危机

在我国的特大交通事故或公共安全事故处理中，政府的安监部门是第一责任单位，一般在事故发生不久便会火速赶往现场展开工作，因此在"8・26"事故中，身为陕西省安监一把手的杨达才必定责无旁贷，事实证明也是如此，他连夜从西安驱车赶往延安事故现场指挥工作。如果不是那张面带微笑的照片，如今的舆论可能会像对其他重大事故那样将焦点放在事故本身，但这张照片就像那只打开潘多拉盒子的好奇之手，不断将事件从交通事故本身拉扯到与之无关的另外方面，不仅事件性质发生了变化，舆论的声音也发生了转向。

"一不留神"引发的故事

似乎"罪魁祸首"就是那张照片，更准确地说是将"微笑"的姿态从事故图片中特意指出的那位“好事”的网友。为什么“一个微笑”就能激起如此大的舆论波浪，并引发了一连串的故事内幕？

人生有七情六欲，遇喜笑，逢灾哭，喜怒哀乐不过人之常情，但关键是喜怒哀乐是否合乎情势。比如，有时看见别人遇难，虽不能相助，但借由肢体语言（表情或姿势）传递的哀痛之情总能让人感到些许安慰，即孟子所言的“恻隐之心”的声色流露，会让人感到你懂情理，有“人情味儿”。但如果在别人遇难时，不但不帮助，反而在一旁幸灾乐祸，不免被人斥责为“冷血”、“没人性”。陕西安监局局长杨达才恰好属于后一类，在36人遇难的惨烈事故现场，他竟然笑了出来，这一笑使舆论关注点立刻转移了。其实，暂不论这张照片中的当事人身份如何，只要一笑，便足以引起大家的关注和谴责，因为重大灾难现场中的此等言谈举止不但不合常情，而且显得极为过分，是难以为社会公德所接受的。

类似的情形还有2008年的“辽宁女事件”。众所周知，“5·12”汶川地震是新中国成立以来我国发生的最严重的地质灾害，遇难者多，震惊中外，举国哀痛。可在2008年5月21日，有人在世界最大视频网站YouTube上传了一段视频，其中一名年轻女子身处网吧，用很轻蔑的口气大谈对四川地震和灾区难民的看法，其中不乏一些激烈和肮脏的字眼，对地震她表示有一种幸灾乐祸的感觉，并抱怨网站没有颜色、电视里全是灾难报道、哀悼日让她玩不成游戏等。很快该视频被中国网民链接到了天涯、猫扑等网站上，并以前所未有的速度疯狂传播，网民开始震怒，一个“号召13亿人一起动手把她找出来”的“人肉搜索令”发起，并迅速占据各网站的新闻首页，成为网友点击率最高、评论回复最多的内容。半天不到，人肉搜索的力量便呈现出来，网友不但进入了她的QQ空间、爆料了她的真实信息，还将她的身份证号、家庭成员、居住地址、工作地点，甚至父母亲和哥哥的电话全都“挖”了出来。21日下午1时，沈阳市公安局苏家屯区分局根据网上提供的相关信息，在一家网吧将其抓获，事后该女子对她的言论表示忏悔和道歉。

自古以来，人们都会对幸灾乐祸的行为进行道义谴责，只不过在以因特网为媒介的网络社会中，这种谴责的声音和行动由原来局部的、分散的行为转变为总体的、扩散式的集体行为。因此，无论是“8·26”还是“5·12”，任何不合时宜的言谈举止都可能触犯众怒、遭遇“人肉”，特别是当事人的特殊身份更会影响舆论对其关注的程度与方向。“8·26”微笑门事件的当事人不是一般社会大众，而是肩负事故处理主要职责之一的陕西安监局局长。人们对公权拥有者的道德期待包含“德”与“才”两个方面，其中“德”居首，而公众对官员之“德”的感性体验往往依赖他们在公开场合的言谈举止。身为政府高级官员，面对如此惨烈的交通事故现场，不论当时真实情况如何，只要“一笑”便会立即引起公众的道德质疑和抨击，进而延伸到对其公权身份之正当性（是否称职、有无贪污腐败行为等）的追问。“微笑”使杨达才陷入了官员身份的道德危机，无论事后如何澄清解释都无济于事，因为“微笑”本身已经突破常人的道德底线，何况是政府高级官员的“微笑”。

类似的情形在 2011 年 11 月西安一餐饮店液化气泄漏爆炸事故中也曾出现过，该事故发生时正值早高峰，造成至少 10 人死亡、37 人受伤的严重后果。正在大家关注事故处理进程时，网友“蚂蚁拍客 5”将现场某领导的微笑图片贴到了网上，并写道：“现场一片狼藉，救援人员在忙着拯救生命，死伤者家属在哭着寻找生命，这位领导的笑容很是惹眼！淡定从容稳若泰山。”随后，众多网友转发该领导的笑容照，并与惨不忍睹的现场照片对比展示，微博上的评论更是接连不断，“把人命当儿戏!”“乍一看肥头大耳，表情愉悦，不看背景还以为在观看歌舞演出……”“没有良心……”“领导嘛，先天下之乐而乐!”等等。在愤愤不平、奚落谩骂之余，网友对这位“笑脸哥”展开“人肉”迅速扒出了他的真实身份——陕西公安消防总队队长周详被网友称为“笑脸哥”，成为舆论批评的焦点。

面对公众的人肉搜索和质疑，杨达才在 8 月 29 日的微访谈中作出了具体回应，他说：“来到事故现场，看到情况，我们的心情很沉痛，由于事故太过重大，现场气氛其实很压抑，有些基层同志向我介绍情况的时候，都显得特别紧张，有的同志口音比较重，有些话我听不太清楚。我让他们放松些，可能一不留神，神情上有些放松。现在回想起来，我也很内疚。”[①]“一不留神”放松了表情成为杨对“微笑门”质疑的首次正面回应，但网友们对这个回应并不买账，“一不留神”反而成了新的网络恶搞词语，“一不留神，哈尔滨大桥垮塌了”，“一不留神，鸡蛋又涨价了”，“一不留神，大盘都跌到两千点了”，等等。“微笑门”不但使杨的公信力遭到了强烈质疑，更重要的是微笑成为他职业身份合法性陷入公众质疑的导火线，嗅觉敏锐的网友们似乎已经发觉“微笑”背后潜藏的秘密。

从微笑到手表：公众的“腐败想象”

人们对“8·26”特大交通事故的关注最终没有停留在“微笑门”，而是很快演化为“手表门”。从“微笑门”过渡到“手表门”的直接原因，在于公众的“腐败想象”借由网络媒体而传递开来。

---

① 陕西安监局局长杨达才新浪微访谈。

让我们再回到事件源头的那张微笑照片，这张照片除了呈现出面部微笑与灾难现场的巨大差异之外，还有一种肢体语言很容易让人们产生丰富的联想，即杨达才“挺着大肚、双手背后”的形体姿态。对于一个政府官员来说，这种形体姿态配着微笑，放在特定的现场背景中，不由让人们对他产生各种“腐败想象”。从古至今，在各种有关官员腐败和不良作风的新闻报道或戏曲影视文学作品中，“肥胖的形体、冷漠的表情、可恶的嘴脸”等似乎已经成为社会民众心里关于贪官污吏的经典印象。因此，从心理学的刻板印象理论来看，一旦某人或某事物符合了人们的传统印象，人们就会以模式化的观点对之进行分析评判，并且可能通过各种现实证据强化这种刻板印象。可以说，正是由于照片中杨达才在车祸现场的言谈举止与民众对“贪官污吏”的刻板印象高度符合，才有了网友对杨的腐败想象，并将这种想象通过人肉搜索不断地予以证实，而杨达才的手表正好成了印证网友想象的证据。

网友“零售资讯”是“手表门”事件的引发者，他在网上贴出了杨达才在公开场合佩戴不同款式名表的5张照片后，引来众多网友的围观议论，一些识货的网友纷纷报出各款式手表的品牌及报价，比如网友“首席运营官”（网络实名认证为某奢侈品网站创始人）发微博称，自己向钟表行家请教过，杨的5块手表都是世界名表，第一块是6.5万左右的劳力士；第二块是3.5万到4万之间的欧米茄；第三块是价值20万到40万的18K玫瑰金表壳的江诗丹顿；第四块也是欧米茄，价值在3万到4万；第五块是价值3万左右全陶瓷的雷达。姑且不论网友关于这5块手表品牌报价的信息可信程度如何，至少通过人肉搜索曝出的杨达才“手表门”事件已经说明公众对杨可能涉嫌腐败的一系列猜想有了一条事实线索，并推动兴奋的网友沿着有利于证实这一“腐败想象”的方向继续“人肉”下去。

关于“手表门”事件，杨达才在微访谈中的回应原话如下：“关于表的问题，我也在这里向大家做一个说明。这10多年来，我确实买过5块手表。这些表是我在不同时期自己购买的，是用我自己的合法收入购买的。这一点，我已经向纪律监察部门做了汇报。我这几块表里面，最贵的一块是今年买的万宝龙106500型号，价格是3.5万，不是江诗丹顿牌子。其他几块表的牌子跟网友所说的差不多，每块价格大致在一万到两万左右。”①

然而，就在杨达才公开承认5块手表均由自己合法收入购买后，网友“花总丢了金箍棒”紧接着在网上贴出杨在公开场合佩戴的第六块名表，随后有关杨更多的戴表图片相继被网友人肉出来，前后共计11块，这些信息爆料使杨的公开回应不

① 陕西安监局局长杨达才新浪微访谈。

攻自破，并将"手表门"事件推向了另一个高潮。这时，网民似乎已经非常自信地认为杨达才涉嫌腐败属实，网络舆论也高度一致地要求政府对杨进行立案调查。鉴于舆论压力，陕西省纪委高度重视，并公开承诺本着实事求是的态度，对事件所涉及的问题进行认真深入的调查，如确有违纪或腐败问题，陕西省政府将依照有关规定严肃处理。[①]

"全身曝光"：穷追不舍的人肉搜索

在政府部门尚未对杨达才是否涉嫌腐败问题做出正式回应前，网络舆论在网民人肉搜索的信息爆料中不断发酵升级，公众对杨达才的审视目光由局部转向了全身，"手表门"事件也进而发展为"搜宝门"，从"手表"到"手镯"，再到"眼镜"，又到"腰带"和"西装"，网友对杨达才的人肉搜索可谓穷追不舍。

"手表门"从 5 块到 11 块的爆料，本身已经使杨达才面临了严重的公权信任危机，但网友的人肉搜索并未到此为止，而是愈演愈烈。

2012 年 9 月 3 日，杨达才接受新华社中国网事记者关于其"手表门"事件和个人收入问题的采访时曾回应道："我工作，我老婆工作，我儿子工作，我（儿）媳妇工作，我这一年光工资收入就十七八万，我家没啥负担，我父母也都去世了，我儿子也喜欢表，实际上我和他有时戴表也通用，我们父子两个一会儿他戴戴这个（表），他前几天就想要（万宝龙），他说他要去戴一段时间。"[②] 这番言论在"手镯门"中被网友刻意恶搞，以"希望这手镯不是跟妻子换着戴的"来讽刺杨对公众质疑的搪塞和推责。

9 月 5 日，有网友通过微博贴出杨达才在公开场合佩戴不同款式手镯的一组图片，图片共有 8 张，这组图片使网民对杨的议论再次升温。虽然有网友指出，8 张图片中有的手镯既非金器又非玉镯，可能是某种理疗用品，但网络上的各种非议之声依然强劲，一些调侃式的批评不绝于耳，例如"杨局长真是爱惜自己的手腕啊，一刻都不闲着"，"杨表哥喜欢左手戴各式名表，右手戴各式手镯"，等等。

与此同时，有网友又开始把目光转向杨的"眼镜"，网友"晨曦微播"在微博上发布了杨佩戴 4 副不同眼镜的图片，声称"网民发现表哥眼镜超 10 万，懂行的网民发现，杨达才的眼镜是罗特斯的，在'溥仪眼镜'里，这款镜架最低售价是

① 参见辛超：《陕西省纪委对网上反映杨达才同志相关问题进行调查》，见 http://news.cnwest.com/content/2012-08/30/content_7154463.htm，2012-08-30。

② 参见《陕西微笑局长：我一年工资十七八万 儿子也喜欢表》，见 http://fujian.people.com.cn/n/2012/0903/c234826-17436941.html，2012-09-03。

13.8万元，镜片价格不好判断”，“与他的表一样，他的眼镜也不止一副。图二没看出来，图三和图四是3.6万以上的奥克利”。不仅如此，杨达才系的腰带也被网友找了出来，晒到网上，一位名叫“延庆老农”的网友在其微博以“表哥全身都是宝”为题，用一组图片指出微笑局长除了左手手表、右手手镯之外，还拥有各种皮带。[①] 网友“鬼文子”则在天涯社区上将杨佩戴不同款型腰带的7张图片一一贴了出来，并调侃道：“杨表哥的裤腰带真不少！莫非和儿子老婆儿媳换着系?”[②]还有网友在杨的“西装”上做起了文章，天涯社区有网友爆料：“表哥身上的这套西服可不简单，是意大利著名的品牌ARMANI（阿玛尼），价值约5万元人民币!”[③] 此贴图一出，又引来网友们的各种议论和调侃，“感谢表哥！给网友们普及了名表知识后，又来补充西装知识了”，“男人三大件，手表、腰带和鞋子，下一步是否应该把表哥的鞋子扒出来”，“连内裤都要扒出来”，“浑身上下都是宝贝啊”等类似回帖不断。

网络上关于陕西安监局局长杨达才的议论此起彼伏，网友们似乎要把他从头到脚扒个精光，挨个数算他每件着装配饰的品牌及报价，并且带着穷追不舍、步步紧逼的气势。网友以网络爆料完成对杨“腐败想象”的各种事实证明，为网络时代社会大众自发参与公权监督提供了一个有力的例证。

二、话题转移、舆论焦点与事件性质

一不留神放松表情的“微笑”竟惹来满身是非、犯了众怒，这恐怕是当事人杨达才当时万万没有想到的。政府官员因在公开场合不当的言谈举止而陷入舆论漩涡的案例近年来呈上升趋势，尤其不乏像“杨达才事件”这样被置于舆论风口浪尖的典型案例。这些案例的共同之处是，事件当事人都是政府官员，事件性质都与公权滥用或失职相关，但事件的起因并非公权本身，而是与之相关的其他社会行为，比如这里提到的“言谈举止”。为什么这些看似不相干的因素最终导致了公众对官员权力正当性的质疑和批评，并以人肉搜索的方式自发通过网络舆论进行权力监督?换言之，类似“言谈举止”这样的外部因素何以使公众沿着“腐败想象”的基本预

① 参见陈文嘉：《陕西安监局长“表哥”浑身是宝　眼镜被曝价值13万》，见http://www.cq.xinhuanet.com/2012-09/06/c_112977707.htm，2012-09-06。

② 鬼文子：《杨表哥的裤腰带真不少！莫非和儿子老婆儿媳换着系?》，见http://www.tianya.cn/publicforum/content/free/1/2746308.shtml，2012-09-05。

③ 参见玩惠吧：《“表哥”局长杨达才又被扒出天价阿玛尼西服，价值五万（转载）》，见http://www.tianya.cn/publicforum/content/free/1/2746151.shtml，2012-09-05。

设愈走愈远，有的甚至最终导致了腐败违纪被揭露的客观结果？

话题转移：公众不满情绪及人肉搜索宣泄

陕西"杨达才事件"很容易便让人联想起2008年的南京"周久耕事件"，两者都因当事人言谈举止不慎而遭遇"人肉"，并都是通过手表等公开照片的爆料来推动公众对其公权正当性进行质疑。

2008年12月10日，南京市江宁区房产局局长周久耕接受媒体采访时提出"对于开发商低于成本价销售楼盘，下一步将和物价部门一起进行查处"，此言一出，引来网络一片骂声，进而被网友们"人肉"。例如有网友贴图爆料，周抽的烟是一条1 500元的"九五之尊"，周因此被网友戏称为"天价烟局长"；再如，又有网友根据周在公开活动中的图片发现他手腕上曾佩戴过劳力士、江诗丹顿、帝陀等不同款式的国际名表；另外还有网友爆料周开着凯迪拉克的豪车，在南京城区有多处房产。2008年12月28日，江宁区委纪委对周展开调查，并免去其房产管理局局长职务。2009年10月，周久耕因受贿罪一审被南京中级人民法院判处有期徒刑11年，没收财产人民币120万元。

都是名牌惹的祸。与"周久耕事件"基本类似，2011年11月29日，有网友发图称，四川双流县委常委、副县长廖维忠热衷名牌，穿着价值五六千的意大利著名奢侈品品牌菲拉格慕皮鞋视察工作。帖子一出即引发舆论关注和质疑，网友将其称为最牛"名鞋哥"。11月30日，廖接受媒体专访并作出澄清，称照片中的名牌鞋是妻子送给自己的生日礼物，价格并非网上所传6 000多元，而是4 000元上下，这番解释以后，网上的质疑之声才渐渐止息。①

对比上述三个案例，会发现一个重要的相似之处：人们对这些官员的人肉搜索并非直接源于其工作本身表现失职或腐败违纪行为，而是源于"言谈举止"之类的外部行为在特定社会身份（政府官员）背景下所产生的舆论情绪，即一句不当的公开言论、一个不合时宜的表情、一件过于显眼的衣装等通过网络媒体的曝光和传播，都很容易激起公众的情绪。而面对官员这一特殊群体，公众的不满情绪非常容易在"无官不贪"的传统官民文化心理作用下，通过群体性的揭发行为——借助人肉搜索这个特殊网络工具——推动"腐败想象"的现实化。

因此，建立由"言谈举止"到"腐败想象"的公共话题转移，是人肉搜索政府

① 博客弹今：《从周久耕到廖维忠，都是名牌惹的祸！》，见 http://blog.people.com.cn/article/1/1323046409286.html，2011-12-05。

官员事件发生的关键前提。虽然杨达才和周久耕等作为官员在公开场合的微笑或言论刺激了公众的不满情绪，但人们并没有仅就公职人员不当的言谈举止形成舆论话题并对之质疑批评，而是将不当言谈举止与腐败行为联系起来，以此建构官员腐败的舆论话题。“腐败话题”成功建构的关键，在于人肉搜索过程中爆料信息的有效性与可靠性。比如周久耕官阶不保、锒铛入狱不是由于言论本身，虽然发表公开言论不慎的官员有很多，也不乏因此失职的高级官员（如2011年“甬温动车事故”中铁道部发言人王勇平因“至于你信不信，我反正信了”的不当言论而失职），而是由于他高档奢侈的生活消费行为让网友们找到了质疑其公权腐败的有力事实依据，一旦这些基于事实的质疑批评会聚成强大的公共舆论，必然促使有关政府部门介入调查，这似乎带有“民不告官不究”的意味。

同理，对于“杨达才事件”来说，灾难事故现场官员不当言行的案例也有很多（比如2011年西安肉夹馍店煤气爆炸事故现场笑场的陕西公安消防总队队长周详，2010年黑龙江伊春空难事故现场忙着合影、喜笑颜开的伊春市领导和民航局领导），但缘何只有杨达才被网友们如此揪着不放、穷追不舍地“人肉”？正如有网友所言，“他太招摇了，太爱显摆”，这为公众揭发他的腐败行为提供了充足的理由和事实依据。尽管这其中不乏网民夸大和谣传的成分，但只要有炫富的行为存在，就会被民众抓住把柄并大做文章。

网络情绪折射社会现实

从不当言谈举止到贪污腐败行为的话题转移，反映了我国转型时期公众的一种敏感心理，即人们对公权滥用及官员腐败的普遍不满。改革30多年来，政府作为利益主体之一，在改革和利益分配过程中其权力的使用都具有特殊的重要意义。无论从宏观上的社会公平还是从微观的个体生活水平差异来看，作为公权拥有者的政府官员往往都是重要的决策责任人，因此官员形象便成了社会公众对政府的印象的直接体现。

一方面，在改革进程中，特别是涉及重大社会利益分配的改革（比如城市化进程中的征地拆迁），社会矛盾冲突常常比较激烈，而政府作为利益调节和社会管理的主体，有时不但没有很好地化解矛盾、平息冲突，反而充当利益获得者，从而加剧了冲突矛盾。比如当“土地财政”成为各级地方政府的钱袋子时，失地农民的基本权益便会受到损害。诸多研究表明，近年来我国群体性事件呈高发态势，其中矛头指向政府部门的情形越来越多，特别是那些影响恶劣、后果严重的群体性暴力事件，与政府官员处理化解社会具体利益冲突时的工作方式密切相关。

因此，在以互联网为平台的新兴媒体时代，涉及官员公权滥用与公民权益受损的新闻报道往往容易上升为舆论焦点，而且从近年来国内舆情的动态分析来看，这类事件占据的比例逐渐升高，这也是当前我国民众"仇腐"心理日渐强烈并迅速蔓延的重要根源。公众这种"仇腐"心理常常表现为媒体事件中"官二代"的话语建构，虽然其中有许多是凭空的猜想。比如2010年的"药家鑫事件"，在案件进程中，原告代理人张显通过微博不断向公众发布"药家鑫是'官二代'、有后台"等信息，这对案件走向起到了关键的舆论引导作用，虽然事后来看药的家庭背景实际上非常普通。另外，诸多典型的人肉搜索事件都是在"官二代"的舆论话语下形成的，比如"我爸是李刚案"，"李双江之子撞车打人案"，"杭州胡斌飙车案"，等等。

另一方面，当前中国改革进入攻坚深化阶段，经济领域的矛盾和社会领域的困境迫切需要政治领域的有效改革。同时，随着人们现代公民权利意识的增强，社会公众对政府行为的知情权要求愈来愈强烈，因此民众有关政府财务公开与官员财产公开的呼声一直很高。然而，现行自上而下的行政推动效果并不理想，例如早在1994年，第八届全国人大常委会就将公务员财产申报法正式列入立法规划，1995年4月，中共中央办公厅、国务院办公厅就联合颁布了《关于党政机关县（处）级以上领导干部收入申报的规定》，之后各地也出台了相关指导性政策文件，到现在这项规定已施行将近20年，但实际效果却并不理想。当官方制度缓步不前时，民众借助互联网等新兴媒体在公民权利维护和公权监督方面找到了一条新途径，在"围观改变中国"的强势网络话语下，以微博等为代表的现代民意表达新方式成为目前公权监督和舆论批评的有力武器。而网络反腐监督这种方式也被中央政府高度认可，并成为新时期党和政府廉政建设与反腐工作的新举措。[①]

南京"周久耕事件"等这一系网络反腐的成功案例，不但显示了人民群众的力量，而且由于有利于避免以往群众对举报腐败会遭遇报复的担忧，极大地增强了群众反腐行动的自信心。这也是为何在"杨达才事件"中，网友们可以如此放心、毫无顾忌地对杨进行"全身搜查"式的人肉搜索，并推动媒体舆论对杨涉嫌贪腐行为进行强烈质疑。

三、网络新媒体时代的公权监督

官员腐败与社会监督一直是个老话题，但在不同政体性质和社会结构的国家，

① 参见姜洁：《拓展网络反腐倡廉渠道　加强网络舆情信息：努力拓展人民群众参与反腐倡廉工作渠道》，见http://politics.people.com.cn/GB/1024/10405494.html，2009-11-19。

其官员腐败程度和社会监督方式有很大差异。比如在我国，政府权力较大、公民社会组织发育缓慢，在制度推动官员财产公开效果无力的背景下，人们对于官员贪污腐败行为的监督，以往比较有效的方式可能是向上级政府部门信访举报，但即使如此，社会监督所能覆盖的范围和取得的效果仍然非常有限。

然而，随着微博等网络新媒体的勃兴，公权的社会监督方式发生了重要的质的变化。首先，互联网为人们提供了舆论监督的新平台，使人们不必像以往那样依靠传统的媒体工具（传统媒体的不独立是造成对公权监督不力的一个重要原因）；其次，网络公权监督的展开方式常常是借助人肉搜索这样的特殊机制，通过发动群众力量，广泛调动各种资源，揭露、澄清事实和发布观点见解；最后，网络媒体主体多元分散，且大多以匿名方式参与信息互动，这一方面大大降低了公众监督腐败的行动成本，另一方面也为各种带有不满情绪的夸大言论（尤其是谣言）在网络上的传播和扩散提供了空间，使其能够产生舆论影响。

可以说，正是这些方面的新变化使“杨达才”、“周久耕”等网络反腐事件得以出现，并取得了超越以往的社会反腐监督效果。有人由此惊叹强大的网络力量对官员行为的震慑作用，同时，面对网络媒体的聚光灯，不少政府官员也改变了以往的做法，在公开场合的言行举止更加谨慎。比如“周久耕事件”后，一些官员在公开场合吸烟已经开始注意避免奢侈烟盒包装外露；再如“杨达才事件”后，很多官员在公开场合尽量避免佩戴名牌手表和穿名牌服装。为什么网络对于公权监督具有如此大的力量？反过来，为何这种强大的力量没有出现在民主化进程较为成熟的国家或地区（例如全球清廉指数排名靠前的新西兰、丹麦、新加坡、中国香港等）？在这里，我们非常有必要对网络新媒体时代公权监督的形成机制及运作过程进行细致的解读。

人肉搜索：监督公权的“新武器”

“人肉搜索”从技术上讲是一种网络信息搜索工具，其功能与互联网的专业搜索引擎如谷歌、百度等类似，但在内在机制上则完全不同。如果说以谷歌、百度等为代表的网络搜索引擎采用的是一种人机互动的信息搜索方式，那么人肉搜索则采用的是一种人人互动的信息交流模式，即基于某个网络空间（通常是各种类型的BBS，近年来主要以微博为主），网民针对特定问题展开的信息搜索交流、信息鉴别澄清、意见观点表达等群体性的信息互动。正是这种以人人互动为核心特征的信息搜索方式，使得“人肉搜索”被冠以“人肉”二字的修饰，成为中国互联网界的一个新名词和新现象。①

其实"人肉搜索"这种信息获取方式早已有之，只不过在互联网环境中，它的效应被急剧放大了。在传统社会，人们遇事求问和参与公共话题讨论，最为常见的可能就是街谈巷议、众口相传、道听途说，换言之，依靠人际关系网络获取信息是传统社会的根本特征。而在互联网背景下，"人肉搜索"最终依赖的依然是人际网络互动，只不过相较传统社会，人际网络的规模更加庞大、信息传播流动的速度更加快捷、观点意见会聚成的舆论声音更大。这些恰恰体现了卡斯特对以互联网为代表的信息时代社会的经典描述——网络社会（network society）。

正如卡斯特所言，网络社会的一个最大特征在于社会行动者之间权力格局的变化逆转。传统社会的权力阶层对社会民众拥有强势的支配权，而在信息时代的网络社会，社会民众则借由新兴媒体形成了对权力阶层和社会支配秩序的强有力的反抗力量。这一观点已经在近年来网络社交媒体对社会运动的影响中充分得到证实，比如美国的"占领华尔街运动"、英国的"伦敦骚乱"、俄罗斯的"反普大示威"、印度东北部的"大规模人口逃离"等重大事件。

同理，卡斯特的观点对理解当前我国公权监督中的网络力量亦是非常有益的。当正式制度对官员腐败监督无力、传统媒体的舆论监督又迟钝乏力时，人们开始借助互联网中的"人肉搜索"，在官员身上（无论是言谈举止还是着装穿戴）寻找有利于"腐败想象"的各种事实依据，并以此顺藤摸瓜并穷追不舍。在"杨达才事件"中，微笑只不过是事件的导火线，只是杨"惹祸上身"的一个突破口，试想如果杨没有那么多"把柄"，"祸"从何来？可能顶多是一场麻烦以及为此的公开道歉（例如 2011 年"甬温动车事故"中的王勇平事件），而不会牵扯到腐败质疑。进一步讲，如果没有互联网，人们对微笑背后的腐败会像以往那样流于各种猜测或愤愤不平，因为"把柄"难抓、事实证据不足而达不到反腐目的。然而，在互联网新媒体时代，"人肉搜索"将这些都改变了，网络如同千里眼、顺风耳，网民无处不在且神通广大，只要被网友爆料引发关注，就有可能全身曝光，这

---

① 中国互联网中的"人肉搜索"现象引起了国际媒体的关注和报道，被称为"中国互联网的奇特现象"，甚至因此诞生了一个颇具中国特色的英文专有名词"Human Flesh Search Engines"。西方国家的互联网界虽然曾经出现过类似的借助网络搜寻特定人物的案例（例如 2006 年美国纽约出租车司机因捡到乘客手机擅自使用却不归还而遭到网民追踪），但在网络关注度、网民参与度，以及网络媒体压力对事件的影响等方面远不及中国互联网的"人肉搜索"。较有代表性的外媒报道参见：Tom Downey，"China's Cyberposse，" *The New York Times*，http://www.nytimes.com/2010/03/07/magazine/07Human-t.html? pagewanted=all，2010-03-03；Peter Ford，"China's Virtual Vigilantes：Civic Action or Cyber Mobs?" *The Christian Science Monitor*. http://www.csmonitor.com/World/Asia-Pacific/2008/1128/p01s01-woap.html，2008-11-28；Liu A. Xin，"Human Flesh Search Engines? Niu!" *The Guardian*，http://www.guardian.co.uk/commentisfree/2008/nov/02/chinathemedia-blogging，2008-11-02.

便是“杨达才事件”从手表到手镯、眼镜、腰带、西装等一系列戏剧性转折发生的直接原因。

网络人肉搜索作为社会公权监督的一种新途径，将对政府—社会关系、官民文化等产生重大影响。因为在“大众麦克风”时代，政府官员的一言一行都可能在网络舆论的裹挟下被放大。虽然现在不断有声音表达官员在网络聚光灯下的担忧害怕，以及官员采取各种预防措施避免被抓住把柄的做法，但如果这种造成官员人人自危的人肉搜索仍然不能推动官员财产的透明化和监督的制度化，将进一步加重政府公信力的危机和官民之间的对立情绪。

真相与谣言：人肉搜索中的舆论话语形成

如果我们来看一个人肉搜索事件发展演化的整个过程，会发现它有以下几个关键阶段：网友发帖—网友顶帖—网络关注—主流媒体跟进—舆论焦点—官方回应—事实真相。其中决定事件性质走向的“舆论焦点”最为重要，而它的形成则依赖通过网友发帖互动实现的网络舆论话语建构。换言之，实现人肉搜索的关键机制之一，是通过引发网民关注形成信息搜索和意见交流的群体互动，而在信息爆炸的互联网上能否引发关注且促成此类群体行动，则取决于网络话语的建构方式及其产生的网络舆论效应。

首先，网络话语形成中的“标题力量”。如果说在传统媒体时代，撰写吸引眼球的标题是获得关注的重要手段，那么在信息海量的互联网时代，标题的作用就更加重要了。网络上的信息不仅总量很大，而且流动性极强，想发一条获得高点击率的信息，如何取名就成了关键，于是网上常会出现诸如“曝！×××”、“惊！×××”、“史上最×××”、“揭秘×××”之类以感叹词或形容词最高级作为标题的帖子。在“杨达才事件”中，此类标题屡见不鲜，如“延安车祸杨达才笑什么”，“人肉搜索陕西车祸笑脸官员——曝更大内幕”，“惊！表哥眼镜价值13万”，“表哥杨达才变身——手镯、眼镜、腰带、西装被搜出”，等等。这种带有情感性的夸张标题，极易感染网民情绪，获得回帖和关注。因此，人肉搜索标题的感性化特征是其建构网络话语的重要基础。

其次，网络话语形成中情感与理性的交织互动。标题只是创造了帖子被关注的机会，如果只是停留在感性的语句表达而无理性的观点互动，人肉搜索将难以获得广大网友的响应和积极参与。事实证明，情感性的语言表达是促使事件引发关注和继续讨论的前提，即感性围观制造舆论，而舆论经过网民依据确凿事实证据和理性观点分析的过滤后，又将引导网民感性围观的方向发生转移。例如，在“杨达才事件"中，先是网友晒出杨的微笑照片，引发人们的强烈不满和谩骂，舆论关注焦点因此发生转移；之后在网友"零售资讯"发出杨5块手表的图片后，"微笑门"变成"手表门"，公共舆论开始向杨贪腐行为集中，事件性质也发生了根本变化，然后在网友"花总丢了金箍棒"等专业人士的参与下，网络对杨的人肉开始全方位展开。在整个事件过程中，我们可以看到普通大众与社会精英通过微博和知名网络社区等媒介互动、相互助力，其中普通网友是会聚网络舆论的重要力量，社会精英尤其是专业人士（如对奢侈品牌懂行的业内人士）和意见领袖（如知名微博主）对相关信息爆料进行认证澄清，及时给出评论观点，以引导网络舆论方向。总之，在人肉搜索中，感性与理性的话语交织是制造网络舆论并引导其发展方向的重要机制。

最后，网络舆论形成过程中的谣言传播。从传播学来看，谣言与真相的区别并不在于事实本身，而在于传播信息的信号强弱，正所谓"谎言重复一千遍就是真理"，因此在公共舆论形成的过程中，谁提供信息的信号强度大，谁就能取信于公众，获得舆论话语权威。与传统媒体相比，网络新媒体的最大优点在于传播形式上的参与互动性与即时扩散性、传播内容的海量丰富性、传播空间的全球性，以及传播手段的复合性（文字、图片、音/视频等）等；但它也有很明显的缺点，由于信息来源主体的多元性和匿名性，网络信息常常鱼龙混杂，缺乏足够的权威性，这也是网络媒体信息时常伴随各种谣言和夸大之词的重要原因。如果从这个角度来看"杨达才事件"，虽然网友们提供了各种图片作为杨生活奢侈的事实证据，以之质疑他的腐败问题，但如果细看这些图片（例如"手表门"、"手镯门"、"腰带门"等中的照片），除个别几张能够清晰看出手表、手镯或腰带的品牌之外，很多只能分辨出粗略的外观。然而，这足以为网友以此为话题大肆制造各种谣言提供了契机，比如9月3日，有网友发帖称杨达才被"双规"，此帖立刻在微博上疯传，很多网友信以为真，并发帖庆祝杨达才成为第二个周久耕。对此，陕西省纪委高度重视，于9月5日接受《东方早报》记者采访时表示对杨达才的调查仍在进行之中。[①]

谣言能否广为流传并被人们当做真相接受，取决于有无其他澄清信息及其信号的强弱。因此，当网络出现不实报道时，如果可以及时给出解释说明或提供另外的事实信息，将对舆论方向产生至关重要的影响。在"微笑门"、"手表门"发生后，杨达才不是没有做出公开的澄清和道歉，只是他没有预料到自己"藏着掖着"的回

① 参见龚菲：《陕西纪委："杨达才被双规"系传言》，载《东方早报》，2012-09-05。

应很快就被网友们戳穿，尽管为了圆场，杨使用了“与儿子经常换着表戴”的说辞[①]，但网友并不领情，反而以各种嘲讽的口气对杨进行调侃，比如在腰带被曝光之后，网友便恶搞道：“表哥的裤腰带真不少！莫非和儿子老婆儿媳换着系?”[②] 总之，杨的回应不但没有起到以正视听的效果，反而让人们对之前名贵手表的各种谣传更加确信，并且这种谣传随着网友人肉搜索爆料范围从手表到手镯、眼镜和西装等对象的扩展而显得更具有真实性。尽管实事求是地讲，这种个人的着装行为与其职业贪腐行为之间没有必然的因果联系，但只要人们从对“微笑”的不满情绪延伸到“腐败想象”，并找到了客观证据，腐败的舆论话语就会被建构出来，特别是在谣言的掺和发酵下，便会成为公众愿意接受的“真相”。

网络新兴媒体对公共舆论的引导和塑造

假如没有传统主流媒体的跟进与推动，网络上的人肉搜索可能也会轰轰烈烈地进行，但不可能获得如此高的关注度和影响力。从“周久耕事件”等社会公权监督的案例来看，人肉搜索是网络舆论生产和酝酿的重要手段，传统主流媒体的跟进则是形成舆论焦点和督促政府介入调查的重要推手。我们认为，正是在与传统媒体的互动过程中，网络媒体实现了对公共舆论方向的引导和塑造，从而大大增强了社会公权监督的现实效果。

从“8·26”特大交通事故演变为杨达才“微笑门”开始，网络媒体便一直牵引着公共舆论的发展方向。首先，当“微笑门”在微博上被吵得沸沸扬扬的时候，主流媒体新华社、人民网、凤凰网等迅速跟进，“微笑局长”顿时成为公共舆论的焦点人物。其次，随着网络人肉搜索爆料，“微笑门”转变成了“手表门”，各大主流媒体再次对之跟进评论，特别是8月31日，新华社刊发了题为《杨局长要经得起围观　更要hold住调查》的专题评论，中央电视台《新闻1+1》栏目进行了题为《局长的“微笑”！局长的“表”?》的专门报道，质疑杨达才贪腐行为及要求其接受调查监督的舆论声音急剧加大。最后，当“手表门”演化为针对杨全身的“搜宝门”时，各大主流媒体的跟进评论更为主动，例如9月3日《新京报》刊发了《大学生申请公开“微笑局长”工资》的文章，9月6日人民网以《微笑局长被曝有前科曾被党内警告处分》为题报道了杨达才曾经的违纪问题，这些主流媒体的跟进

---

① 参见《陕西微笑局长称仅年工资就十七八万 常与儿子换表戴》，见 http://bj.people.com.cn/n/2012/0904/c233086-17437152.html，2012-09-04。

② 鬼文子：《杨表哥的裤腰带真不少！莫非和儿子老婆儿媳换着系?》，见 http://www.tianya.cn/publicforum/content/free/1/2746308.shtml，2012-09-05。

报道又将网络舆论往前推了一步，舆论高压之下，陕西省政府、纪委部门也开始高度重视，并正式介入调查。

通过杨达才事件，我们发现利用人肉搜索进行公权监督，与网络媒体和传统媒体交相辉映所制造的舆论效果密不可分。网络新兴媒体对人肉搜索事件中公共舆论的形成具有强大的塑造与引导作用：一方面，网络媒体是事件舆论酝酿与发酵的重要平台，其酝酿与发酵过程先是由网民在网络社区的互动参与和众议争鸣中制造舆论，之后以此引起网络主流媒体的跟进报道，从而使事件在网络上的舆论影响扩大化；另一方面，当对事件的关注从网络过渡到传统媒体后，特别是引起报纸或电视等传统官方媒体的报道后，人肉搜索事件的公共舆论效果就被大大强化了。而在人肉搜索通过网络媒体与传统媒体交替互动扩大舆论效果的过程中，网络媒体以其言论自由度大、传播渠道灵活、观点意见多元、互动参与积极等特点，起到了调动、引导公共舆论的重要作用，从而对事件的性质及后果产生影响。

结　语

当杨达才的"手表门"还处在媒体舆论漩涡中心时，湖北麻城市委书记杨遥也掉进了"手表门"，似乎要成为第三个"周久耕"。2012 年中小学开学前，一组湖北麻城学生背书桌上学的图片引来网友关注和热议，在此事被媒体报道后，麻城官方曾以"财政挤不出钱"回应，但此言论立刻招致网友不满，各种议论和批评在网上迅速蔓延开来。不过，与杨达才事件一样，网络舆论的焦点逐渐转向了麻城市委书记杨遥的手表。网友通过"人肉"将杨在公开活动和会议中的戴表照片贴了出来，指出他至少佩戴了两块样式不同的名表，杨遥因此被网友调侃为"新表哥"。面对舆论压力，杨于 2012 年 9 月 9 日凌晨通过微博回应质疑，"这是我六年以前购买的一块浪琴牌电子石英表，其价值相信网友一查便知"[①]。

其实，手表、腰带、衣服、车子、房子等都是日常的生活消费品，只要穿戴使用就会被人看见，因此这些容易通过网络人肉搜索进入公共视野的消费品就成为政府官员可被公众监督的依据。而网络聚光灯下的官员在人肉搜索面前，如果没有清者自清的底气，便会成为惊弓之鸟，因为网上的星星之火，都有可能发展成燎原之势。反过来看，人肉搜索只不过是社会公众在公权监督制度途径不畅时

① 刘刚：《麻城市委书记回应戴"名表"》，载《新京报》，2012-09-10。

的另外选择，如果我国的政府信息公开与官员财产公示能够有效制度化，公众人肉搜索式的公权监督便会大大减少，进而，政府也能够更加从容地应对各种突发的舆情危机。

参考文献

[1] 博客弹今. 从周久耕到廖维忠，都是名牌惹的祸！[EB/OL].[2011-12-05]http://blog.people.com.cn/article/1/1323046409286.html.

[2] 陈文嘉. 陕西安监局长“表哥”浑身是宝 眼镜被曝价值13万 [EB/OL].[2012-09-06]http://www.cq.xinhuanet.com/2012-09/06/c_112977707.htm.

[3] 龚菲. 陕西纪委：“杨达才被双规”系传言 [N]. 东方早报，2012-09-05(A16).

[4] 鬼文子. 杨表哥的裤腰带真不少！莫非和儿子老婆儿媳换着系？[EB/OL].[2012-09-05]http://www.tianya.cn/publicforum/content/free/1/2746308.shtml.

[5] 姜洁. 拓展网络反腐倡廉渠道 加强网络舆情信息：努力拓展人民群众参与反腐倡廉工作渠道 [EB/OL].[2009-11-19]http://politics.people.com.cn/GB/1024/10405494.html.

[6] 刘刚. 麻城市委书记回应戴“名表”[N]. 新京报，2012-09-10 (A14).

[7] 陕西微笑局长：我一年工资十七八万 儿子也喜欢表 [EB/OL].[2012-09-03]http://fujian.people.com.cn/n/2012/0903/c234826-17436941.html.

[8] 陕西微笑局长称仅年工资就十七八万 常与儿子换表戴 [EB/OL].[2012-09-04]http://bj.people.com.cn/n/2012/0904/c233086-17437152.html.

[9] 玩惠吧. “表哥”局长杨达才又被扒出天价阿玛尼西服，价值五万（转载）[EB/OL].[2012-09-05]http://www.tianya.cn/publicforum/content/free/1/2746151.shtml.

[10] 辛超. 陕西省纪委对网上反映杨达才同志相关问题进行调查 [EB/OL].[2012-08-30]http://news.cnwest.com/content/2012-08/30/content_7154463.htm.

[11] Downey T: China's Cyberposse [N/OL]. The New York Times, 2010-03-03. http://www.nytimes.com/2010/03/07/magazine/07Human-t.html?pagewanted=all.

[12] Ford P. China's Virtual Vigilantes: Civic Action or Cyber Mobs? [N/

OL]. The Christian Science Monitor，2008-11-28. http://www.csmonitor.com/World/Asia-Pacific/2008/1128/p01s01-woap.html.

[13] Liu A X. Human Flesh Search Engines? Niu! [N/OL] The Guardian，2008-11-02. http://www.guardian.co.uk/commentisfree/2008/nov/02/chinathe-media-blogging.

第八章　网络空间的治理逻辑：从政务微博和网络实名制说开去

引　言

随着网络社会的崛起，互联网的影响越来越扩展到社会生活的方方面面，关系到公众利益、社会秩序和国家安全，政府对网络的政治治理也应运而生。政务微博和网络实名制是中国政府为应对网络社会所带来的挑战而采取的两项网络治理活动，其目的都是为了在网络时代赢得治理的主导权，并维护网络空间的社会秩序。在 2011—2012 年度，它们均引起了中国网民和社会各界的高度关注甚至是激烈争论。

微博在 2009 年开始进入中国，凭借快捷、便利和互动等特征，其用户在短时间内呈现迅速增长，截至 2012 年 6 月底，我国微博用户数达到 2.74 亿。① 2011 年 10 月中旬，成立仅 5 个月的国家互联网信息办公室举行“积极运用微博客服务社会经验交流会”，鼓励党政机关和领导干部更加开放自信地用好微博。② 我国政务机构和官员微博数量高速攀升，政务微博从 2011 年年初的 5 700 多个迅速发展到年底的 5 万多个。③

政务微博通过发挥自身便捷、即时、开放、互动、亲民的优势，在社会管理创新、政府信息公开、新闻舆论引导、倾听民众呼声、消解官民隔阂、提升政府形象

① 参见中国互联网络信息中心：《第 30 次中国互联网络发展状况统计报告》，见 http://tech.163.com/special/cnnic30，2012-07-19。

② 参见人民网舆情观察室：《2011 年新浪政务微博报告》，84～85 页，北京，人民网，2011。

③ 参见国家行政学院电子政务研究中心：《2011 年中国政务微博客评估报告》，6 页，北京，国家行政学院，2012。

等方面起到了积极的作用。[①] 然而，政务微博也面临不少质疑，有研究者称，眼下80%的政务微博有“僵尸”或“痴呆”之嫌，要么久不更新，要么装聋作哑，还有一些政务微博尽管貌似活跃、颇受追捧，但内容却是推荐菜谱之类或是用网络语言卖萌。[②]

网络实名制的酝酿和出台更是在网上引起了轩然大波。2011 年 12 月，北京市出台了《北京市微博客发展管理若干规定》。《规定》指出，微博用户在注册时必须使用真实身份信息，但用户前台昵称可自愿选择。新浪、搜狐、网易等各大微博网站从 2012 年 3 月 16 日起全部实行实名制，未进行实名认证的微博用户将不能发言、转发，只能浏览。《规定》的出台再次引发了人们对网络实名制的激烈讨论。

我国网络实名制的源起，一般认为是 2002 年清华大学新闻与传播学院李希光教授提出的“中国人大应禁止任何人网上匿名”。这在网上引起了强烈反响，支持者有之，反对者亦大有人在，被称为“李希光事件”。[③] 2011 年 3 月，全国人大代表、著名歌唱家李丹阳在“两会”期间接受记者采访时表示：“我建议国家进一步采取措施，加强互联网以及微博管理，开微博的人，最好实行实名制。”此言遭到众多网民的强烈反对和批评，李丹阳后来在采访中回应：“这只是一个不成熟的建议。”[④]

政务微博和网络实名制这两项举措看似独立，其实存在着密切的关联。政务微博通过积极参与新媒体互动来进行网络导引，网络实名制则旨在对网络空间加强监管和控制，二者体现了中国网络治理中两种相反但又并存的核心治理思路，将它们结合起来分析可以更好地探究中国网络治理的内在矛盾和内在逻辑。

政务微博和网络实名制为何会引起各方的不同评价甚至是激烈争议？这背后体现了中国怎样的网络治理逻辑？本章通过政务微博和网络实名制这两项举措的实施过程、所引起的争议、网民的反应等来看网络社会中治理者和治理对象之间关系的新形态，以及政府治理面临的新形势，并分析权力结构变迁背景下政府的网络空间治理逻辑。我们不是要对这两项举措的利弊和优劣做出应然判断，而是要本着价值中立的立场进行探究。

---

① 参见窦宝国：《我国政务微博的发展现状及存在问题》，载《武汉学刊》，2012（1），12～15 页。

② 参见木木：《政务微博不在数量在质量》，载《北京日报》，2011-11-25。

③ 参见原野：《网络实名制：谁来保护网民隐私?》，见 http://www.itxinwen.com/View/new/html/2010-03/2010-03-23-1086211.html，2010-03-23。

④ 冯娟：《互联网生态的一场博弈——“微博实名制”与密码危机》，载《东南传播》，2012(3)，20～21 页。

一、政务微博的“热”与“冷”

2008年6月20日，胡锦涛总书记在考察人民日报社时指出：互联网已成为思想文化信息的集散地和社会舆论的放大器，我们要充分认识以互联网为代表的新兴媒体的社会影响力，高度重视互联网的建设、运用、管理。[①] 国家机关及其工作人员开通政务微博，就是主动利用新媒体和网络技术开展互联网管理的一项重要举措。政务微博受到政界、学界和新闻界的高度关注，得到了不同的评价和建议，而本章将探索政务微博兴起的社会背景和社会意义。究其本质，它既体现了中国政府在面对网络力量时的新尝试，又反映了微博带来的国家与网络社会之间权力关系的新变化。

官民互动新形态

在众多政务微博中，北京市公安局的官方微博“平安北京”特别引人注目，它在多个版本的政务微博报告中均位列榜首，比如，在《2011年新浪政务微博报告》的“政务微博排行榜”中排名第一[②]，在《北京微博发布厅评估报告》中排名第一[③]。2010年8月1日，“平安北京”微博在新浪网正式开通，该政务微博以北京市公安局为主要依托，整合了局属单位和基层派出所。截至2012年8月30日，“平安北京”粉丝数超过360万。“平安北京”多次通过微博获取案件线索、采取行动或实施救援。该微博的主要内容是防范提示，介绍作案手段、方式，教百姓防骗防盗，避免安全隐患。除了即时发布相关信息，“平安北京”还有每周固定节目：交通安全出行提示和每周治安播报。对于广大网友的评论和留言，“平安北京”也能及时回复。特别对于网友反映的问题，能马上转给相应的分局和派出所，让微博成了百姓反映治安问题的又一窗口。公安机关推出的各项便民措施也都能在微博上及时看到，很受网友追捧。[④]

以“平安北京”为代表的政务微博体现了一种官民互动的新模式：

首先，传统的官民沟通更多是单向的，是一种“我说你听”的模式，即使是政府网站也不例外。微博作为一种“多对多”的传播沟通手段，在很大程度上为官民沟通从单向到双向、多向的转变创造了可能。比如，博友给“平安北京”的评论和

---

① 参见胡锦涛:《胡锦涛在人民日报社考察工作时的讲话(全文)》http://news.xinhuanet.com/politics/2008-06/26/content_8442547.htm,2008-06-26。

② 参见人民网舆情观察室：《2011年新浪政务微博报告》，3页，北京，人民网，2011。

③ 参见贾中山：《个别政务微博53天没更新》，载《北京晚报》，2012-02-08。

④ 参见人民网舆情观察室：《2011年新浪政务微博报告》，72页，北京，人民网，2011。

留言可以得到及时回复，网友反映的问题也能转给相应的分局和派出所。

其次，政务微博上的官民互动倾向于以民众为中心，官方微博必须放下身段寻找与网民的共同语言，“官话套话”不得不向“网言网语”让步。仍以“平安北京”为例，其发布的微博中不仅有时下流行的网络语言，还经常出现生动诙谐的卡通配图，力图以更鲜活的方式贴近网民。

第三，从间接互动到直接互动。不同于传统的第三方媒体采访并编写、用户通过相应的媒介渠道被动了解信息事件，也不同于行政层级中的其他信息发布形式，政务微博越过第三方，实现政府和网民间的直接沟通。[①] 利用“平安北京”，公安机关推出的便民措施和优秀民警事迹能在微博上被网友及时看到，还可以很方便地进行互动交流。可以说，政务微博成为一种更便捷和更直接的沟通平台。

政务微博及其体现的官民互动模式之所以兴起，原因在于官民权力关系发生了新变化。政务微博热潮的基础是微博力量的崛起，微博增强了基层民众的信息权和话语权，即获取信息的权力和表达声音的权力，给民众创造了监督和制衡政府权力的新途径。传播学奠基人之一、美国社会心理学家库尔特·卢因曾言，在群体传播过程中存在着一些“把关人”，只有符合群体规范或把关人价值标准的信息内容才能进入传播渠道。但对于微博，由于信息数量大、范围广、速度快，即便设置若干“把关人”也力不从心，很难应付复杂舆情。[②] 可以说，微博作为一种新媒体和信息源，突破了传统信息传播方式的既有弊端，同时也在很大程度上突破了政府以及传统媒体对信息的垄断，提供了一条将事件向社会有效发布的通道。中国舆论的整体结构因而发生了重要转型，普通民众通过微博形成的大量“自媒体”给传统的官方主导的舆论传播方式带来了巨大冲击，不同的声音从而可以得到迅速、有效的传播。[③]

面对微博带来的权力关系新变化，政府在应对方式上进行了新的尝试。传统的媒体管制手段在微博时代难以奏效。政府开通政务微博，主动加入微博行列，不失为一个明智之举。以“平安北京”为代表的公安微博就是目前微博官民互动的典型，通过信息发布、网友互动，特别是在重大网络事件中的积极参与，公安微博取得了丰硕的成果，在网民群体中树立了口碑。[④]“以坦诚的情感和态度，有效地运用现代化传播手段和技术，与社会和公众特别是与媒体、普通群众进行真诚、公开和

---

① 参见葛逊：《政务微博≈鸡肋?》，载《互联网天地》，2012（2），30～31页。

② 参见丁曦林：《微博江湖，我们怎样应对?》，载《新闻记者》，2011（10），58～60页。

③ 参见梁坤、郭星华：《微博时代法治的新面相》，载《探索与争鸣》，2012（3），34～38页。

④ 参见人民网舆情观察室：《2011年新浪政务微博报告》，70页，北京，人民网，2011。

及时的信息交流和沟通”，这是北京市公安局局长傅政华对公安开博的定位。[①]

政务微博“热”的“冷”思考

“平安北京”是国内政务微博的杰出代表，但是，政务微博的发展存在着不平衡甚至是两极分化的趋势。一些活跃的政务微博将逐渐成为网络社会的“意见领袖”，而另一些无作为的、装聋作哑的、形式主义的政务微博将沦为“僵尸微博”、“空客微博”，失去其存在的意义和根基。[②] 因此，上文对官民互动新模式的论述很大程度上是政务微博所体现的理念上的变化，多数政务微博实际上并不一定能将这些理念付诸实践。不可否认，政务微博总体上还存在不少问题和局限，这不得不引起我们的冷静思考。政务微博的开通拉近了政务机关与老百姓的距离，但如果政务微博的实际操作效果不佳，反而会架高政务机关的姿态，疏远民意。[③]

总体来看，政务微博存在的问题主要有如下几个方面：

首先，跟风开博，缺乏长期的活跃度。目前政务微博开了很多，但真正活跃和办得好的并不多。有些领导和政府机关开微博只是跟风而已，虽然开了微博却不见更新，或缺乏实质性内容，有的甚至只有“三分钟热度”，潮流一过就“人去博空”。[④] 有记者发现，从2011年12月份入驻“北京微博发布厅”至2012年2月份，北京市投资促进局官方微博仅发布10条，北京市民政局官方微博共发布12条，并且截至2012年2月8日，已经有53天时间没有进行过更新。[⑤]

其次，缺乏互动，仅将政务微博作为引导舆论的工具。以人民网上的政务微博为例，更多的是被作为政府部门发布信息的更现代、更便捷的手段，所强调的是加强政府部门的信息发布和舆论影响功能，目的是更有力地实现政府意志的有效传递。所发布的内容有90%都是这些职能部门单向传递的信息，并不需要微博用户的反馈；最为明显的问题体现在传播效果的几个指标上，转载次数超过10次的不到10%，有评论的微博甚至连10%都不到，评论中有效的反馈内容就更少。[⑥] 即使是比较成功的“平安北京”，其着力点仍然是政府“以我为主”地利用自己的优势地位发布信息，为公众服务，而不是与网民互动。[⑦]

---

① 参见张岩：《微博“办案”89件 “平安北京”走红》，载《新京报》，2010-11-28。

② 参见王梦婕：《政务微博正呈“两极分化”趋势》，载《理论参考》，2012（2），11～12页。

③ 参见尹安学、李烨池：《政务微博失态都是心态作怪》，载《羊城晚报》，2011-11-20。

④ 参见董立人：《政务微博发展助推社会管理创新》，载《领导科学》，2011（28），20～22页。

⑤ 参见贾中山：《个别政务微博53天没更新》，载《北京晚报》，2012-02-08。

⑥ 参见毛高杰：《政务微博的“热”与“冷”——以人民微博为例》，载《新闻爱好者》，2012（8），33～34页。

⑦ 参见刘福利：《政府微博，民主参与比服务更重要》，载《中国青年报》，2011-11-30。

再次，浮躁功利，缺乏解决问题的能力。推荐菜谱、发布“淘宝体”或“凡客体”的公告、提供生活常识、会“卖萌”、够幽默，确实吸引了大量粉丝，但并不能实现与网民的真正互动，更难以解决网民关心的实际问题。[①] 此外，政务微博还成了一些官员谋取名利的捷径。一位基层干部坦言，自己开通微博很大程度上是带有私利的，平时跟领导交流的机会不多，开通了微博，自己做了什么工作发个微博，也方便领导知道，比在会议上汇报强多了。还有一些部门将政务微博作为“政绩工程”，把政务微博的受关注程度作为衡量其发挥作用的标准，甚至列入政绩考核的范围。[②]

这些都说明了政务微博在实际运行中的局限性，政务微博的运行并没有被很好地放在一个开放的 Web 2.0 技术—社会背景下考虑，更没有注重“互动”这一微博的根本特征，这很容易消解政务微博应有的价值，而重新回到传统的单向传播状态和媒体控制模式。

二、网络实名制之争

“在互联网上，没人知道你是一条狗。”《纽约客》杂志的这句名言广为流传，甚至被视为网络自由的宣言。匿名性向来被认为是网络空间的特性之一，在这一领域推行实名制注定会引起诸多争议，但是，网络实名制却在争议中一步步付诸实施。在《北京市微博客发展管理若干规定》正式出台以前，一些网站、网游、BBS、QQ 群创建者和管理员、博客等早已相继尝试实行实名制。或许被人们习惯之后，实名制将不会给大多数网民的网上行为带来什么显著的负面影响，人们也有可能逐渐淡忘当初关于实名制的争论。但是，这一政策在酝酿期所引起的争议以及它在争议中的出台都能深刻反映中国网络治理的内在逻辑。

“谁动了我们的网络?”

网络实名制有利于维护网络诚信和网络秩序，但是，网民却担心实名制会限制网上言论自由和削弱网络对政府的监督作用。IT 商业信息网记者对网民随机采访的调查结果表明，约有 80%以上的网民表示不赞同实名制[③]，在论坛和贴吧里关于网络实名制的讨论中，我们更是可以发现一边倒的反对之声。网络实名制似乎牵动

---

① 参见尹安学、李烨池：《政务微博失态都是心态作怪》，载《羊城晚报》，2011-11-20。

② 参见吴丹、周定财：《我国政务微博的发展现状与趋势探讨》，载《党政干部论坛》，2012 (2)，18～20 页。

③ 参见原野：《网络实名制：谁来保护网民隐私?》，见 http://www.itxinwen.com/View/new/html/2010-03/2010-03-23-1086211.html，2010-03-23。

着网民敏感的神经，稍有风吹草动，网民就要发出“谁动了我们的网络?”的呼声。这种反应并不一定是理性的，但我们必须要面对这一问题：为什么实名制会引起如此强烈的反对?

首先，虚拟性和匿名性是网络社会的本质特征之一。网络空间为现代人创造了一个新世界，使人类的生活实践呈现出虚拟的特征，从而扩展了社会活动的空间与自由度。网民可以部分或全部隐匿其在真实世界中的外在特征及扮演的社会角色或已有的社会身份，并决定自己试图呈现的面貌。匿名性有助于消除现实世界中的隔阂和障碍，便于人们寻求支持和理解，得到一定的情感寄托或心理宣泄，在某种程度上避免了面对面交往所带来的胁迫感，以及各种可能出现的尴尬和冲突，使人际交往具有一定的安全感。[①] 网络实名制之所以引起争议，就是因为它和网络的虚拟性之间存在一定程度的矛盾。

当然，虚拟性是相对的，网络上存在着大量的实名交往，而且即使是在匿名条件下，凭借特定的技术手段也可以查到上网者的真实身份。网络实名制也并非绝对的实名，“后台实名，前台自愿”的方式只是有限的实名。但是，后台实名毕竟增加了网民个人信息被泄露和被查找到的可能性，或者至少给网民造成了这样的心理感受，从而影响了网民的交往和行为表达。韩国信息通信部调查发现，实名制实施后，诽谤跟帖数量从13.9%下降到12.2%，仅减少了1.7个百分点；但是，以IP地址为基准，网络论坛的平均参与人数从2 585人减少到737人，实名制确实抑制了网上交流沟通。[②]

其次，网络在客观上还承担着“社会安全阀”的功能。社会中存在的矛盾和冲突如果能够通过适当的渠道宣泄，将在一定程度上缓解矛盾，避免大的社会动荡，这种渠道可以被称为“社会安全阀”。这样的渠道对整个社会的稳定很重要，也会被普通社会成员所珍惜。中国的民主与法制尚不健全，对政府的监督更多流于形式，可供人民群众反映其真实呼声的渠道还不多。所以，一个受众地位相对平等、言论相对自由的网络平台就显得尤为重要。[③]

部分得益于网络匿名，网民可尽量摆脱“沉默的螺旋”的压力，发出自己的声音，形成众声喧哗的空间。[④] 这使原本属于个体的公民言论得以凝聚，从而构成影

① 参见张文宏：《网络社群的组织特征及其社会影响》，载《江苏行政学院学报》，2011（4），68～73页。

② 参见蔡德聪：《多角度看待网络实名制》，载《学习时报》，2012-02-06。

③ 参见黄冬、汪晓程：《“实名”是否能“治”——从文化角度浅析中国网络实名制的可行性》，载《东南传播》，2010（9），105～106页。

④ 参见张建文、罗浏虎：《中韩网络实名制之精神分野与网络管理理念更新》，载《重庆邮电大学学报（社会科学版）》，2012（3），23～30页。

响巨大的“公共事件”，在结果上部分化解了政府与公众之间的积怨，避免了更为严重的事件的发生。[①] 网络实名制自然不是为了堵塞这一“安全阀”，但是，它在减少网络谣言、网络暴力的同时，客观上也使得广大网民“收缩空间”。另外，民主与法制的不健全，既使得网络这一渠道显得弥足珍贵，又使得民众对实名制后个人能否避免“因言获罪”以及后台信息的安全程度充满怀疑，这些都导致了网络实名制备受争议。

网络秩序何以可能？

网络空间之所以需要治理，是因为它也需要秩序，网络实名制就是为了追求一种网络秩序。哈耶克把社会秩序分为两种，一种是自生自发的秩序，一种是“组织”或“人造”的秩序。它们之间的区别可分为以下三个方面：

第一，产生方式不同。自生自发秩序是人之行动的非意图的后果，而非人之设计的结果；而组织秩序中的合作是通过集中指导实现的。第二，协调手段不同。自生自发秩序的形成，乃是它们的要素在应对即时性环境的过程中遵循某些规则所产生的结果，这种结果产生的方式是自发的，是非刻意的；相反，组织的协调则是一种命令与服从的等级关系。第三，二者对个人实现其目标的影响不同。自生自发秩序为不同的个人实现其各自目标提供了有助益的条件；相反，组织秩序则是有助于实施某个先行确定的具体目的的集体工具。

显然，哈耶克对自生自发秩序持肯定态度，规则和秩序不是人类特意追求或计划的结果，而是在无人能预知其后果的情况下长期自发进化而形成的。他认为秩序的形成过程运用了大量的知识，但这些知识并不是集中在某一单个人头脑中的知识，而是作为无数不同个人的分离的知识而存在。这涉及哈耶克的知识观，他认为知识的分散性使得没有任何人是全知全能的，没有任何人能对社会做出一个全面的设计。必须由那些熟悉特定形势的人，也就是那些直接了解相关变化的人来做出决策。我们根本不能指望这个问题可以通过另一种方式解决：先把所有这样的知识都传递给某个中央机构，并由这个中央机构整合所有这类知识以后再发布命令。[②]

虽然网络社会需要秩序，但网络是极其复杂和多元的，网络上的知识分散程度很高，很难通过中央控制来建立“人造秩序”，只能逐步形成“自生自发秩序”，否则就可能产生哈耶克所说的“致命的自负”，即人类判断自己理性控制能力的一种

① 参见王琳：《网络实名制还是留在“后台”好》，载《广州日报》，2010-03-21。

② 参见刘少杰：《当代国外社会学理论》，94～110页，北京，中国人民大学出版社，2009。

幻觉。网络实名自然有其可取之处，但是以强制的方式自上而下地推行实名制则难免保留着“精英掌控或者家长父爱般的旧式管理思维”[①]。通过网民在使用中的自愿选择，并加以相应引导，在适当的领域形成“自生自发的实名制”，无疑是更明智的选择。以“人人网”为代表的SNS社交网站本身就是个实名空间，没有实名，那就是将自己置于一个无人搭理、无法产生影响的境地。更重要的是，SNS网站并不对用户提交的个人信息进行审核，实名是用户完全自愿的选择。再以微博为例，微博传播方式本身具有追求实名制的内在动力，对于那些追求公共影响力的用户，实名制可能是其提高可信度和扩大传播影响力最有效的途径，这也可以从一个侧面解释为何在实名制之前新浪微博能形成一个追求“加V”的热潮。而对于那些影响力局限在小范围内的用户，保留匿名亦无大碍。[②]

可以说，网络实名本身就是互联网的流行趋势之一。对于老资格网民来说，“网龄”越长其身份越真实，上网留下的越来越多的“痕迹”和记录，以及现实人际交往在网上的延伸，还有那些需要身份认证才能享受的便捷服务，都使他们不同程度地实现了实名化。对于网络意见领袖而言，他们要么早就以实名身份出现，要么其ID比他们的本名更有知名度和影响力。

三、网络空间中国家治理面临的挑战

政务微博和网络实名制都是政府开展网络治理的新举措。前者利用网络新媒体积极进入网络空间，旨在取得网络舆论主导权，虽赢得一片喝彩，却也面临不少问题；后者通过控制手段来约束网民行为，旨在维护网络社会秩序，虽顶住压力强制推行，但引起的强烈反对不得不让人对其执行效果充满忧虑。面对网络社会的崛起，卡斯特声称国家面临着一场必输的战争，虽然其预言在中国未免言过其实，但是，网络社会中治理者和治理对象之间的关系形成了不同于以往的新形态，网络实名制和政务微博表明了国家面临的困境和挑战。这种困境和挑战，既与网络社会所具有的新特质有关，又和中国特定的社会环境密不可分。

权力结构变迁

前文提到，微博增强了基层民众的信息权和话语权。有学者将网民通过观点发

① 李永刚：《网络实名制落伍了》，载《经济观察报》，2010-09-13。

② 参见陈红梅：《微博实名制：信息时代的焦虑》，载《社会观察》，2012 (1)，42～43页。

布、消息传递、时事评论等行为在交流沟通中展现的权力统称为网络空间中的“信息权力”。在网络社会中，信息权力的主体已不再是传统社会中的意识形态的控制者和政治权力的拥有者，而是在人数上占绝对优势的广大普通社会成员。因为计算机和现代通信技术的普及应用，每一个社会成员都具备了发布信息、表达观点和抨击时弊的条件与能力，都成为信息权力的掌握者和施行者。于是，处于基层甚至底层的社会成员拥有了信息权力，并且拥有了表达和使用信息权力的有效形式与便捷途径，例如微博、QQ群和上网跟帖等。而当基层社会成员拥有并能有效使用信息权力时，权力的运行机制也就发生了变化。

一方面，信息权力不再仅仅掌握在政治领袖、知识精英或媒体从业者手中，百姓也有了信息权力，并且，由于百姓人数众多，他们通过快捷的网络所展示出的信息权力，常常显得阵容庞大甚至气吞山河；另一方面，由于信息权力的主体发生了变化，信息权力也不再仅是自上而下的运行，相反，基层百姓表现的信息权力直接影响社会上层，形成了自下而上的信息力量。① 正如尼古拉·尼葛洛庞蒂所言：“分权心态正逐渐弥漫于整个社会之中，这是由于数字化世界的年轻公民的影响所致。传统的中央集权的生活观念将成为明日黄花。”②

卡斯特指出，信息时代的权力存在于信息的符码中，存在于再现的意象中，这种权力的基地是人们的心灵。“不管是谁，也不管是什么，赢得了人心就能赢得统治……对于那些围绕着灵活的、另类的网络的权力而动员起来的心灵来说，强大而顽固的统治机器并不是什么对手。”③ 这也就解释了为什么官话、套话在政务微博上不得不让步于网言网语，习惯于自上而下的行政权力也不得不俯身寻找与普通网民之间的共同语言。例如，外交部的官方微博“外交小灵通”就因发布如下“淘宝体”的招聘启事而受到热议：“亲，你大学本科毕业不？办公软件使用熟练不？英语交流顺溜不？驾照有木有？……”④ 而那些沿用传统宣传思维的政务微博，或者“寡言寡语”、官腔严重，或者成为公文和正面消息的发布平台，必然导致被关注度和与网民的互动不足，不仅难以实现开通政务微博的初衷，还可能适得其反，在网络上造成负面影响。在这个“大众麦克风”的时代，控制网络舆论和“精英主义”舆论引导都不可能取得好的效果，唯一的办法是以平等对话为理念，通过政府与公众对话和互动达成共识。⑤

---

① 参见刘少杰：《网络化时代的权力结构变迁》，载《江淮论坛》，2011 (5)，15～19页。

② ［美］尼葛洛庞蒂：《数字化生存》，259页，海口，海南出版社，1997。

③ ［美］卡斯特：《认同的力量》，416页，北京，社会科学文献出版社，2006。

④ 人民网舆情观察室：《2011年新浪政务微博报告》，15页，北京，人民网，2011。

⑤ 参见谢金林：《网络空间草根政治运动及其公共治理》，载《公共管理学报》，2011 (1)，35～43页。

流动的空间

传统国家的特性在于它融合了社会的时间和空间，建立起了时空矩阵，并且垄断了把时空组织起来的权力。在国家的介入下，时间与空间组成了统治与权力的网络。但是国家对时间和空间的控制，越来越受到全球资本、货物、服务、技术通讯和信息流动的约束。[①] 这里涉及卡斯特的"流动空间"的概念。"流动空间"与"地方空间"相对，后者指一个形式、功能与意义都自我包容于物理临近性之界限内的地域。而在信息时代，"我们的社会是环绕着流动而建立起来的：资本流动，信息流动，技术流动，组织性互动的流动，影像、声音和象征的流动"[②]。信息技术是流动空间最重要的技术基础，互联网自身形成一个流动的空间，它也使得流动性日益成为整个社会的支配性逻辑之一。

面对流动的空间，建立在特定地域格局基础上的传统国家面临着挑战，其控制力得以施展的基础已经被悄然改变，这在中国条块分明的管理模式中更是得到了清楚的体现。从1996年到2005年，我国制定涉及互联网管理的法律法规近50部，但到目前为止尚没有完整的网络综合管理条例；互联网监管涉及包括中宣部、国新办、安全部、文化部、新闻出版总署等在内的14个政府部门，但没有专门的网络管理部门对互联网实行监督，各部门也没有实际的执法权力对网络群体性冲突甚至网络犯罪进行调查和干预。网络监管主体的广泛性及程序的模糊性造成资源的浪费和规范的混乱。[③]

流动空间除了使原有的条块分割的管理模式陷入困境外，更让传统的"属地管理"原则处境尴尬。中国的微博实名制是北京、上海、广东等省市的地方规章，但是网络社会具有跨地域性甚至是全球性，有媒体质疑，这会不会倒逼微博客网站改道到其他行政区域去申请登记？网民会不会被挤压到"北京以外"的网站注册微博客？网络的无边界性恰巧能实现跨地域使用而不改变其效果。再以之前的"绿坝"为例，2009年工信部曾出台一个文件，提出要在国内生产和销售的计算机上安装"绿坝"过滤软件，用于滤去计算机网络上的淫秽消极内容，以免其毒害未成年人。这一政策出台时也有人议论这是否限制了网络自由，还引起了人们对"绿坝"软件本身安全性、可靠性的质疑，结果是国内用户转而购买进口机器，或者将计算机更换为进口硬盘。后来这项政策没有继续推行，政策制定者陷于进退维谷的尴尬境地。[④]

---

① 参见［美］卡斯特：《认同的力量》，297页，北京，社会科学文献出版社，2006。

② 参见［美］卡斯特：《网络社会的崛起》，383～394页，北京，社会科学文献出版社，2006。

③ 参见陈潭、罗晓俊：《中国网络政治研究：进程与争鸣》，载《政治学研究》，2011（4），85～100页。

④ 参见蔡德聪：《多角度看待网络实名制》，载《学习时报》，2012-02-06。

社会转型期的矛盾和冲突

与西方国家民众主要是为日常生活而运用网络不同，中国网民使用网络除了服务日常生活外，还有着更强的社会政治关怀[①]，这就使得中国网络空间中的国家治理面临着更大的压力。这一现象涉及中国互联网所处的社会背景，它既与社会转型期矛盾和冲突多发有关，又同中国的国家与社会关系结构密不可分。

其实，互联网上出现的许多问题，其根源并不在互联网，而是社会现实的投射：一是转型时期经济体制改革与政治体制改革步伐不相一致；二是市场过度扩张，政策过于偏向经济增长；三是总体性精英资本联盟对社会的宰制。这三重原因导致了"国家—市场—社会"关系失衡，"精英—政府—草根"对立冲突，社会（弱势群体）生存空间受到来自市场和精英资本联盟的双重挤压，这就使得现实社会中的矛盾和冲突特别尖锐。与此同时，互联网开始在中国社会中发挥影响，以交流、互动、平等参与为基础的网络传播技术打破了精英对话语权的垄断，草根从传统媒介下的被动听众角色脱身出来后，他们利用"所有人对所有人传播"的网络传播优势，成为政治体系中的"新意见阶层"。[②]

网络可以成为表达不满、伸张权利的平台，中国社会转型期尖锐的矛盾和多发的冲突使得这一平台更加"众声喧哗"，而中国国家与社会间的关系结构又让这一平台显得"弥足珍贵"。中国长期"强国家—弱社会"的格局使得现实的公民社会和中层组织比较薄弱，公众缺乏公共空间、维权途径和宣泄渠道。当现实世界缺乏制度化的表达渠道时，网络这一平台就成为各种矛盾为数不多的出口之一。这就解释了为什么网络在中国比国外要更"热"，而要在如此"热"的空间中施加治理，治理对象的感受和反应自然会异常剧烈。

另一个增加中国互联网治理难度的因素，是我们的网络空间还没有成为一个理性的平台，相反，网络舆论的极端情绪化倾向却十分明显。虽说网络是个多元化的平台，但在特定的问题上，很容易形成"一边倒"的舆论形态，在个别情况下可能演变为网络暴力。如网络上的"仇官"、"仇富"心理十分强烈，有的网帖对所有的精英立场都反对、仇视，只有代表社会底层群众利益的人才可以在这里说话，否则，很容易遭到"围攻"，甚至是辱骂和驱逐。[③] 就连砍杀医生的恶性事件，居然也

---

①② 参见谢金林：《网络空间草根政治运动及其公共治理》，载《公共管理学报》，2011（1），35～43页。

③ 参见徐家林：《网络政治舆论的极端情绪化与民众的政治认同》，载《马克思主义与现实》，2011（3），174～177页。

有超过六成被调查的网民认为“杀得好”。[1] 社会急剧变革所带来的普遍的挫折感在网络上以极端的形式表达出来，这无疑给互联网的有效治理增加了难度。

四、“参与”vs“管制”：两种网络治理逻辑

随着网络社会的崛起，网络的影响力越来越大，政府在网络空间中也面临着日益严峻的挑战，但是，政府绝不是被动的接受者，面对网络社会的挑战，它自然会做出回应。政府运用公权力，引导、控制和规范网民的行为，维护网络社会发展秩序的网络治理活动[2]，就是对这种挑战的回应。通过对政务微博和网络实名制的分析，我们发现政府在治理网络空间时既会主动参与，积极利用，顺应和推动社会的信息化、网络化进程；也会小心控制，严加管理，努力维护国家权力在网络社会中的主导地位。我们称前者为“参与逻辑”，后者为“管制逻辑”。

参与逻辑

网络社会的来临，对政府来说是挑战，也是机遇。卡斯特说：“没有电子媒体，就没有机会赢得权力、行使权力。”[3] 在网络化、信息化、全球化的大背景下，政府如果想继续发挥决定性的影响力，只有跟上潮流，而绝不能固守传统的领地，等待被科技和社会发展所淘汰。电子政府就是“跟上潮流”的重要举措，它是指在现代计算机、网络通信等技术的支撑下，政府机构日常办公、信息收集与发布、公共管理等事务在数字化、网络化的环境下进行的国家行政管理形式。电子政府包括三个层面的内容：一是政府机构及其工作人员从网上获取信息，包括机构内部的工作信息和机构外部的信息；二是政府机构的信息放到网络上，供社会了解和使用，即“政务公开”；三是政府事务在网络上与社会公众的互动处理，即“电子政务”。[4]

中国也在积极地开展电子政府建设。早在1999年，中国就在全国范围内普遍实行了政府上网工程。1998年10月，中国电信策划出台“政府上网工程实施方案”，政府上网的相关话题第一次引起社会各界的广泛关注。1999年1月，由中国电信和国家经贸委经济信息中心主办、联合40多家部委信息主管部门共同发起的“政府上网工程启动大会”在北京召开，从此揭开了1999年“政府上网年”的大

① 参见央视“新闻1+1”：《调查称6成民众对哈医大杀医案“高兴”》，http://view.nces.qq.com/a/20120413/000001.html，2012-03-27。

② 参见吕艳滨：《信息法治：政府治理新视角》，120页，北京，社会科学文献出版社，2009。

③ ［美］卡斯特：《认同的力量》，360页，北京，社会科学文献出版社，2006。

④ 参见刘文富：《网络政治——网络社会与国家治理》，252～254页，北京，商务印书馆，2002。

幕，全国各地由此掀起了政府上网和信息化建设的高潮。[①] 到2001年，全国绝大多数乡级以下政府都开通了网站，并通过网站向社会发布信息，有的还开始提供在线服务。[②] 这方面最新的进展是，围绕着“全党用网、全党办网”的建设思路，由中组部主管主办、中国网络电视台承办的“共产党员网”于2012年6月30日正式开通上线。[③]

之前的政府网站更大程度上是信息发布的平台，近些年更深入、互动性更强的“网络问政”开始兴起，政府机构或官员在网上就一些国计民生问题同网民进行讨论，听取民意，接受群众监督，广泛吸纳网友关于解决问题的意见，从而拉近官民距离，实现民主决策。如2008年6月20日，胡锦涛总书记在强国论坛与网友进行了网上对话。温家宝总理自2009年以来三次通过中国政府网、新华网与网友进行在线交流。[④] 广东省委书记汪洋也多次与网友互动，并表示开展与网民互动交流是网络时代坚持群众路线、密切联系群众的“绿色通道”，也是坚持问政于民、问需于民、问计于民，畅通群众利益诉求表达渠道的“直通车”。[⑤]

政务微博是电子政府和网络问政在Web 2.0时代的最新和最有力的表现形式。面对微博新媒体的兴起，政府机构和官员主动投身其中，可以说是“参与逻辑”的典型代表。微博场域具有更强的即时性、互动性和自由性，政务微博比一般的政府网站更加深入地参与了网络社会。政务微博还具有积极主动性，它能够主动把党政相关信息或态度推送到每一位网民面前，这也是建设人民满意的服务型政府的一种积极态度和行为方式。[⑥] 著名微博达人、浙江省委组织部部长蔡奇对政务微博所作的阐释是：政务微博就是利用新的信息化手段推进政府工作，它也是现代网络和责任政府的完美结合。[⑦] 一些领导干部在互联网上开微博，主动与网民对话，征求意见，了解社情民意。有学者评论说，政务微博体现了中国共产党解放思想、与时俱进的执政理念，即将“群众路线”建到了互联网上。[⑧]

---

① 参见王思彤：《简论政府上网工程与政务公开》，载《信息化建设》，2000（12），4～7页。

② 参见王震：《中国政府上网工程初具规模》，见 http://news.eastday.com/epublish/gb/paper139/60/class013900018/hwz689704.htm，2002-06-11。

③ 参见武彦：《郑杭生：共产党员网解决了网络和基层两个关键问题》，见 http://news.cntv.cn/china/20120723/114399.shtml，2012-07-23。

④ 参见唐美丽、施慧娟：《我国网络问政的主要形式及其发展策略》，载《阅江学刊》，2011（6），85～90页。

⑤ 参见杨明：《在虚拟社会共享真实幸福》，载《广州日报》，2011-07-05。

⑥ 参见董立人：《政务微博发展助推社会管理创新》，载《领导科学》，2011（28），20～22页。

⑦ 参见杜晓、杨卉：《政务微博良性发展有望推动法治政府建设》，载《法制日报》，2011-11-29。

⑧ 参见窦宝国：《我国政务微博的发展现状及存在问题》，载《武汉学刊》，2012（1），12～15页。

管制逻辑

管制是中国政府传统行政的逻辑，它是一种支配性和强制性的管理逻辑，管制与意图的善恶可以无涉，家长制下的父母对孩子的管理是世界上最专制的管理。管制具有一系列特殊内涵：(1) 整个管理系统必须以管理者即政府为中心，它是社会的资源分配中心、信息发布中心、权威辐射中心，其他任何组织都必须环绕政府运转，接受政府的管制、指导和分配。(2) 管制是一种权力自上而下运作的治民活动，政府是治人者，民是治于人者，作为治理对象的民可以很重要，但民永远不是权力主体。(3) 管制意味着社会中一切资源、活动都必须受管理者的调遣，按管理者的主观意图进行安排，以便通过这一过程把纷繁复杂的社会生活纳入预定的框架体系，使社会呈现机械式的有序状态。(4) "便于管理"是此类管理的最高行动准则。整个管理系统无论是机构的设置，还是程序的安排，抑或是手段的选择，都是以"便于管理"为原则进行组织的，而不考虑管理对象的便利。(5) 指令、命令、强制是政府实施管理最惯常使用的手段。①

改革开放以来，经过多次政府机构调整，传统的行政逻辑已经发生了很大变化。但是，从根本层面观察，我国政府行政目前在很多方面仍属于传统的以管制为本质特征的全能型政府行政范式。② 这也影响了中国的网络治理，从而使得管制成为网络治理的本质逻辑之一。政府对互联网采取的是重监管、轻权利的指导方针，我国现行的网络相关规范大部分是政府从方便管理的角度制定的，内容也大多是对网络从业者或者网民课以义务，在法律责任部分强调的都是网络经营者或网民违反相关规定时应承担的责任。③ 比如，单单为了微博，新浪就组建了一个100多人的监控团队，24小时负责信息安全和监控，确保能随时找到相关责任人；他们拥有几十种严密的监控手段，以在信息安全方面做到预防和管理。也有些网站因实在不堪承受"安全监控"的负担而关闭了微博频道，譬如百度的"说吧"。④

政府提出网络实名制更多的是从管理者的角度出发而不是从保护受众隐私的角度来考虑的。其实在"非实名"的网络环境中，那些黑客、中伤他人者、谣言传播者也并非不能被查到，只是"实名制"简化了查的过程。换句话说，网民们用自己的隐私安全和言论自由换取了管理者更低的管理成本。网络的出现构建出一个全新

---

① 参见徐邦友：《中国政府传统行政的逻辑》，19～20页，北京，中国经济出版社，2005。

② 同上书，7页。

③ 参见冯卓华：《从"绿坝"事件看互联网治理的制度反思》，载《企业技术开发》，2009 (12)，96～98页。

④ 参见丁曦林：《微博江湖，我们怎样应对?》，载《新闻记者》，2011 (10)，58～60页。

的虚拟公共领域，同时造成了很多问题，是管理者所始料未及的，“实名制”的出台旨在缩小虚拟与现实的差距，进而为其管理带来便利。[①]

“从历史上看，对舆论和图像的信息和表达方式加以控制，一直是国家权力的维系工具，在大众传媒时代尤其完善无比。”[②] 政府对互联网侧重监管是传统信息传播规制模式在新媒体领域的延伸，即使是作为“参与逻辑”典型代表的政务微博也难以摆脱“管制逻辑”的影响。有舆论批评说，当前很多政务微博患上了‘痴呆症’，难以履行问政于民的职能，问题的根源在于许多地方依然在用旧的思维运营新的媒体，把政务微博简单地看做是舆论引导的工具。[③] 不少政务微博上的政府信息公开具有“选择性”，即公开安全的、有利于自己的信息，屏蔽关键的、不利于自己的信息。部分政务微博的开设动机并非“问政”，而在于完成上级部门或领导的任务，或为建构自身的良好形象，这样的政务微博所能发挥的作用必然非常有限。随着开设政务微博的机构和官员越来越多，政府对微博的有效、有序管理也会不断加强。目前，网易、腾讯等运营商的微博均为“测试版”，可折射管理部门的监管意图和观望态势。[④]

两种网络治理逻辑的并存与矛盾

正如在2010年“两会”上，全国人大代表、工业与信息化部原部长李毅中所表示的：“互联网的发展是第一要义，安全是第一责任，这两个必须同时兼顾。”[⑤] 政务微博和网络实名制说明了中国网络治理中参与逻辑和管制逻辑的并存。根据《中国互联网状况白皮书》，“积极利用、科学发展、依法管理、确保安全是中国政府的基本互联网政策”[⑥]。从中也可看出两种治理逻辑的并存。

既要参与、推动，又要控制、约束，这在全球互联网治理中具有一定的普遍性。以电子政府为例，各国政府和政治家既希望通过电子政府实现信息公开，促进官民沟通，以提高政府服务质量，转变政府职能；又希望借此提高政府效率，增强行政控制力和国际竞争力。[⑦] 参与逻辑和管制逻辑的并存具有一定的普遍性，但是，

---

① 参见黄冬、汪晓程：《“实名”是否能“治”——从文化角度浅析中国网络实名制的可行性》，载《东南传播》，2010 (9)，105～106页。

② ［美］卡斯特：《认同的力量》，309页，北京，社会科学文献出版社，2006。

③ 参见王首程：《警惕政务微博“痴呆症”》，载《人民论坛》，2012 (10)，50～51页。

④ 参见张志安、贾佳：《中国政务微博研究报告》，载《新闻记者》，2011 (6)，34～39页。

⑤ 李萌：《网络实名制：推行需权衡利弊》，载《互联网天地》，2010 (03)，67页。

⑥ 国务院新闻办公室：《中国互联网状况白皮书》，见 http://politics.people.com.cn/GB/1026/11813615.html，2010-06-08。

⑦ 参见刘文富：《网络政治——网络社会与国家治理》，245页，北京，商务印书馆，2002。

由于中国的互联网起步较晚、发展快，在技术、管理、制度等方面和西方国家相比还远不够成熟，这就使得两种逻辑之间的张力和矛盾更加复杂，两者之间的关系更难处理。

推动网络产业发展、保障网民的公民权利与进行网络维稳，这些目标之间并不都是可以相互协调的。比如网络实名制政策，不仅网民因为其可能限制言论自由而产生争议，互联网企业也担心会受到影响。在中国互联网协会 2006 年第一次召开的“博客实名制”会议上，就有超过半数的 IT 精英缺席，这种无声的抗议使得网络实名制遭遇巨大的阻力。① 对于 2011 年 12 月出台的微博实名制法规，腾讯公司董事局主席马化腾指出，关于实名制的话题，安全、隐私和效率是互相矛盾的。②

两种目标和原则相互掣肘的状况，使得有些管理举措陷入进退两难的境地，一些“管制逻辑”下产生的政策容易被变通，从而流于形式。当年的 QQ 群管理员和博客实名制，只要求绑定一个电子邮箱即可，大量非实名免费邮箱的存在使得这种实名制“名存实亡”。早在 2009 年杭州就成为全国第一个通过地方立法实施“网络实名制”的城市，但社会各界争议不断，当地多家网站称执行困难。③另一方面，一些体现“参与逻辑”的举措更是可能复归为传统的治理模式，以旧的管理思维应对全新的现象，比如政务微博面临的一个问题就是其“问政”功能在实践中沦为政府自己“说政”，信息公开和互动交流变成片面的舆论引导与控制。

网络治理在这两种逻辑之间摇摆，使得中国难以形成统一的管理规范体系。中国互联网管理的法律法规纷繁复杂，但目前为止尚未有完整的网络综合管理条例，与此不无关系。这种情况也不利于民众对互联网的发展状况形成稳定的预期，使得网民有时对中国互联网的发展状况盲目乐观，有时又觉得互联网上充满了行政控制和政治宣传，并对政府的举措一味怀疑和反对，这都不利于形成理性的网络舆论形态。政府和民众之间是相互影响的，指导思想的不明确实际上也影响了公众的判断，只要政府相关职能部门出台关于互联网的政策，就很容易被公众认为是对互联网的限制和监管，哪怕事实证明只是先入为主的偏见。④

---

① 参见黄冬、汪晓程：《“实名”是否能“治”——从文化角度浅析中国网络实名制的可行性》，载《东南传播》，2010 (9)，105～106 页。

② 参见刘勇：《有人电话卖淫，运营商也要负责吗?》，见 http://news.gd.sina.com.cn/news/20120112/1226460.html，2012-01-12。

③ 参见裘立华、岳德亮：《杭州网络实名制遇冷》，载《京华时报》，2009-05-20。

④ 参见冯卓华：《从“绿坝”事件看互联网治理的制度反思》，载《企业技术开发》，2009 (12)，96～98 页。

国家与网络社会的动态博弈

中国的网络治理存在“参与逻辑”和“管制逻辑”，并在这两种逻辑之间摇摆，其根源在于中国的国家与网络社会之间的关系状态。一方面，国家面临着网络社会崛起的挑战，这使得“参与逻辑”被视为大势所趋，并日益成为一种“强势话语”；另一方面，国家的传统权力无比强大，其信息权力与其他主体相比也占据优势，从而导致“管制逻辑”仍占据主导地位。更为重要的是，国家与网络社会之间的关系是一种动态博弈关系，还没有形成稳定的关系格局和良性的对话机制。

虽然我们把国家放在与网络社会相对立的一面，然而吊诡的是，网络正是国家一手扶持起来的，互联网的前身阿帕网是由美国国防部赞助研发的，中国政府在互联网的发展中更是发挥着决定性的作用。中国把发展互联网作为推进改革开放和现代化建设事业的重大机遇，中国政府先后制定了一系列政策，规划互联网发展，明确互联网阶段性发展重点，推进社会信息化进程。1993 年，中国成立国家经济信息化联席会议，负责领导国家公用经济信息通信网建设。1994 年 4 月，在美国华盛顿参加中美科技合作联委会会议期间，中国代表与美国国家科学基金会最终就中国接入国际互联网达成一致意见，当年中国正式接入国际互联网。此后，政府在战略规划、资金投入、基础设施建设、技术研发与推广等方面对互联网的发展起到巨大推动作用。政府在互联网管理中也发挥了主导作用，政府有关部门根据法定职责，依法维护公民权益、公共利益和国家安全。①

国家在网络产业管理和网络社会管理中居主导地位，这解释了为什么网络实名制在备受争议的情况下仍然得以推行，以及为什么政务微博很容易沦为传统舆论引导和媒体控制的工具。现代信息技术是一把双刃剑：它既可以服务于国家权力监控体系，也可以用来限制国家权力、保障公民权利。但这把双刃剑是非对称的，国家行政系统凭借其掌握的行政权力和公共财政，拥有运用信息技术的巨大优势。②

但是，国家的优势地位并不是一成不变的，互联网越发展，越具有超出政府控制的趋势，尤其是当它从技术—经济领域走向社会—政治领域时更是如此。关于网络社会中权力结构的变迁，前文已有所论述。当然，信息权力导致基层权力增强的趋势虽已很明显，但这一变迁过程还远未完成，而是处于一种动态博弈的状态。网络实名制给我们提供了观察这种博弈的机会：2011 年 12 月 16 日，北京市人民政府

① 参见国务院新闻办公室：《中国互联网状况白皮书》，见 http://politics.people.com.cn/GB/1026/11813615.html，2010-06-08。

② 参见肖滨：《信息技术在国家治理中的双面性与非均衡性》，载《学术研究》，2009 (11)，31～36。

新闻办公室、市公安局、市通信管理局和市互联网信息办公室共同制定的《北京市微博客发展管理若干规定》出台，宣告我国“微博实名制”正式启动。2011 年 12 月 19 日，有着“中国黑客教父”之称的 Goodwell 龚蔚发表了一条微博，指出互联网信任危机一触即发。其后的 48 小时，CSDN 网站（国内知名 IT 程序员社区）600 万用户的用户名与密码被公布在网络上，之后又流出天涯社区、新浪微博、人人网、开心网、世纪佳缘等网站的用户信息。“微博实名制”启动不久，中国互联网历史上最大规模的密码泄露事件随即爆发，加剧了人们对实名制后用户隐私和信息安全的担忧与争论，此事件被认为是网络社群中的黑客亚群体对实名制的不满和挑战。[①]

不同于“强国家—弱社会”与“弱国家—强社会”这两种静态的国家—社会关系，当今中国的国家与网络社会关系呈现出动态的特征：一个“强大的国家”遭遇一个“正在变得强大的网络社会”。这种“双强”结构具有动态博弈的特点，并不存在明确的“国进网退”或“国退网进”，而是双方都在扩张，都在向对方渗透。不过，双方的博弈以“史上最大密码泄露事件”的形式展开，可以看出良性对话机制的缺失。

结　语

随着网络社会在世界各地的崛起，如何对网络空间进行治理就成为一个全球性的问题。中国的互联网在较短的时间内以惊人的速度发展起来，中国的网络治理既是摆在政府面前的一道难题，又是网络社会研究的一个重要课题。

互联网研究领域存在着“政治决定论”和“技术决定论”两种倾向，前者强调互联网是嵌入在特定的社会政治环境之中的，网络技术的发展脉络是由特定社会中已有的权力结构决定的；后者强调互联网本身的技术逻辑对社会的改造作用，网络往往能重塑原有的权力关系结构。本章对网络治理的研究旨在避免简单的“政治决定论”或“技术决定论”的倾向，既关注网络技术本身的特性，又考虑到中国特定的社会背景，也不忽视网民的博弈能力，通过具体考察三者在互动中的实践状态来探究网络治理的内在逻辑。

政务微博旨在通过对网络空间的积极参与来实现对网络行为的导引和对网络秩

---

① 参见冯娟：《互联网生态的一场博弈——“微博实名制”与密码危机》，载《东南传播》，2012（3），20～21 页。

序的维护，可以称之为“参与逻辑”。它反映了微博带来的国家与网络社会之间权力关系的新变化，也创造了官民互动的新模式。网络实名制则体现为一种传统的监管和控制的治理模式，可称为“管制逻辑”。匿名性是网络社会的本质特征之一，治理政策与互联网的技术特性发生了碰撞，激起了强烈争议和讨论。

政务微博的遍地开花不能掩盖其存在的问题和局限，网络实名制更是引起了网民的强烈反对，这些都说明网络空间中治理者和治理对象之间的关系形成了不同于以往的新形态，国家的治理活动面临着困境和挑战。这种困境和挑战，既与互联网带来的权力结构和空间结构变迁有关，又和中国转型期的社会结构、社会矛盾密不可分。

在中国的网络治理中，“参与逻辑”和“管制逻辑”并存，治理活动在这两种逻辑之间摇摆，并承受着二者固有的矛盾和紧张。既使得“管制逻辑”面临执行困境，又使得“参与逻辑”容易变成控制手段，也不利于形成统一的网络管理体系和理性的网络舆论形态。从本质上说，两种治理逻辑的并存与矛盾状态是国家和网络社会之间关系状态的体现。中国的现实社会正处在转型之中，国家—网络社会之间的权力关系也正处在转型与变动之中。如果我们超越简单的“政治决定论”和“技术决定论”，就可以发现国家和网络社会正处于一种动态博弈状态，还没有形成稳定的关系格局，这就使得“政府控制网络”或“围观改变中国”的观点都有失偏颇。如何处理“参与逻辑”和“管控逻辑”之间的关系，如何在国家和网络社会之间建构制度化的对话机制，将是影响未来网络治理发展状况的关键。

参考文献

[1] 蔡德聪. 多角度看待网络实名制 [N]. 学习时报，2012-02-06 (01).

[2] 陈红梅. 微博实名制：信息时代的焦虑 [J]. 社会观察. 2012 (1)：42-43.

[3] 陈潭，罗晓俊. 中国网络政治研究：进程与争鸣 [J]. 政治学研究，2011 (4)：85-100.

[4] 丁曦林. 微博江湖，我们怎样应对？[J]. 新闻记者，2011 (10)：58-60.

[5] 董立人. 政务微博发展助推社会管理创新 [J]. 领导科学，2011 (28)：20-22.

[6] 窦宝国. 我国政务微博的发展现状及存在问题 [J]. 武汉学刊，2012 (1)：12-15.

[7] 杜晓，杨卉. 政务微博良性发展有望推动法治政府建设 [N]. 法制日报，

2011-11-29 (4).

[8] 冯娟. 互联网生态的一场博弈——“微博实名制”与密码危机 [J]. 东南传播. 2012 (3): 20-21.

[9] 冯卓华. 从“绿坝”事件看互联网治理的制度反思 [J]. 企业技术开发, 2009 (12): 96-98.

[10] 葛逊. 政务微博≈鸡肋? [J]. 互联网天地, 2012 (2): 30-31.

[11] 国家行政学院电子政务研究中心. 2011 年中国政务微博客评估报告 [R]. 北京: 国家行政学院, 2012.

[12] 国务院新闻办公室. 中国互联网状况白皮书 [R/OL]. [2010-06-08] http://politics. people. com. cn/GB/1026/11813615. html.

[13] 胡锦涛. 胡锦涛在人民日报社考察工作时的讲话（全文）[EB/OL]. [2008-06-26] http://news. xinhuanet. com/politics/2008-06/26/content_8442547. htm.

[14] 黄冬, 汪晓程. “实名”是否能“治”——从文化角度浅析中国网络实名制的可行性 [J]. 东南传播, 2010 (9): 105-106.

[15] 贾中山. 个别政务微博 53 天没更新 [N]. 北京晚报, 2012-02-08 (03).

[16] 卡斯特. 认同的力量 [M]. 曹荣湘, 译. 北京: 社会科学文献出版社, 2006.

[17] 卡斯特. 网络社会的崛起 [M]. 夏铸九等, 译. 北京: 社会科学文献出版社, 2006.

[18] 李萌. 网络实名制: 推行需权衡利弊 [J]. 互联网天地, 2010 (03): 67.

[19] 李永刚. 网络实名制落伍了 [N]. 经济观察报, 2010-09-13 (50).

[20] 梁坤, 郭星华. 微博时代法治的新面相 [J]. 探索与争鸣, 2012 (3): 34-38.

[21] 刘福利. 政府微博, 民主参与比服务更重要 [N]. 中国青年报, 2011-11-30 (02).

[22] 刘少杰. 当代国外社会学理论 [M]. 北京: 中国人民大学出版社, 2009.

[23] 刘少杰. 网络化时代的权力结构变迁 [J]. 江淮论坛, 2011 (5): 15-19.

[24] 刘文富. 网络政治——网络社会与国家治理 [M]. 北京: 商务印书

馆，2002.

［25］刘勇．有人电话卖淫，运营商也要负责吗？［EB/OL］．［2011－01－12］http://news.gd.sina.com.cn/news/20120112/1226460.html.

［26］吕艳滨．信息法治：政府治理新视角［M］．北京，社会科学文献出版社，2009.

［27］毛高杰．政务微博的“热”与“冷”——以人民微博为例［J］．新闻爱好者，2012（8）：33－34.

［28］木木．政务微博不在数量在质量［N］．北京日报，2011－11－25（03）.

［29］尼葛洛庞蒂．数字化生存［M］．胡泳，范海燕，译．海口：海南出版社，1997.

［30］裘立华，岳德亮．杭州网络实名制遇冷［N］．京华时报，2009－05－20（19）.

［31］人民网舆情观察室．2011 年新浪政务微博报告［R］．北京：人民网，2011.

［32］唐美丽，施慧娟．我国网络问政的主要形式及其发展策略［J］．阅江学刊．2011（6）：85－90.

［33］王琳．网络实名制还是留在“后台”好［N］．广州日报，2010－03－21（A5）.

［34］王梦婕．政务微博正呈“两极分化”趋势［J］．理论参考，2012（2）：11－12.

［35］王首程．警惕政务微博“痴呆症”［J］．人民论坛．2012（10）：50－51.

［36］王思彤．简论政府上网工程与政务公开［J］．信息化建设，2000（12）：4－7.

［37］王震．中国政府上网工程初具规模［EB/OL］．［2002－06－11］http://news.eastday.com/epublish/gb/paper139/60/class013900018/hwz689704.htm.

［38］吴丹，周定财．我国政务微博的发展现状与趋势探讨［J］．党政干部论坛，2012（2）：18－20.

［39］武彦．郑杭生：共产党员网解决了网络和基层两个关键问题［EB/OL］．［2012－07－23］http://news.cntv.cn/china/20120723/114399.shtml.

［40］肖滨．信息技术在国家治理中的双面性与非均衡性［J］．学术研究，2009（11）：31－36.

［41］谢金林．网络空间草根政治运动及其公共治理［J］．公共管理学报，

2011 (1)：35-43.

[42] 徐邦友. 中国政府传统行政的逻辑 [M]. 北京：中国经济出版社，2005.

[43] 徐家林. 网络政治舆论的极端情绪化与民众的政治认同 [J]. 马克思主义与现实，2011 (3)：174-177.

[44] 杨明. 在虚拟社会共享真实幸福 [N]. 广州日报，2011-07-05 (A1).

[45] 尹安学，李烨池. 政务微博失态都是心态作怪 [N]. 羊城晚报，2011-11-20 (A5).

[46] 原野. 网络实名制：谁来保护网民隐私？ [EB/OL]. [2010-03-23]http://www.itxinwen.com/View/new/html/2010-03/2010-03-23-1086211.html.

[47] 张建文，罗浏虎. 中韩网络实名制之精神分野与网络管理理念更新 [J]. 重庆邮电大学学报 (社会科学版)，2012 (3)：23-30.

[48] 张文宏. 网络社群的组织特征及其社会影响 [J]. 江苏行政学院学报，2011 (4)：68-73.

[49] 张岩. 微博"办案"89件 "平安北京"走红 [N]. 新京报，2010-11-28 (A10).

[50] 张志安，贾佳. 中国政务微博研究报告 [J]. 新闻记者，2011 (6)：34-39.

[51] 中国互联网络信息中心. 第30次中国互联网络发展状况统计报告 [R/OL]. [2012-07-19]http://tech.163.com/special/cnnic30.

附录　2011—2012 年度重要网络事件

免费午餐计划

“免费午餐”是由邓飞等 500 多名记者和国内数十家媒体联合中国社会福利基金会发起的公益项目，该项目倡议每天捐赠 3 元钱为贫困地区学童提供免费午餐。2011 年 3 月 1 日，邓飞在微博上发布了呼吁免费午餐的首条微博。4 月 2 日，免费午餐项目正式启动，“免费午餐”新浪微博上线。自此，在意见领袖的积极倡导下，这一民间慈善项目引起人们的广泛关注，通过微博、淘宝、团购等网络方式获得大量捐赠。10 月 26 日，国务院常务会议决定实施农村义务教育学生营养改善计划：中央每年拨款 160 亿元，按照每生每天 3 元的标准为农村义务教育阶段学生提供营养膳食补助，普惠 680 个县市、约 2 600 万在校学生。这被认为是民间慈善引领了国家行动，是“中国慈善史上前所未有的，对于世界公益慈善事业也有非常重要的意义”[①]。在这一事件中，网络动员作为一种新的动员形式，克服了传统慈善的种种弊端，以公开、透明、全方位、多角度的网络围观方式使慈善事业的发展进入一个新的阶段。该活动也表现了意见领袖的精英魅力、网络传递的一呼百应和网络信任的与众不同。更重要的是，这一事件开启了国家与社会双向合作和良性互动的新篇章，为网络时代的中国社会建设提供了一个成功的范例。

郭美美事件

2011 年 6 月 20 日，新浪微博上一名昵称为“郭美美 baby”的微博主引起网友

① 王振耀：《“免费午餐”模式可以复制》，载《华夏时报》，2011-11-12。

关注。这名20多岁的年轻女孩不仅在微博上炫耀“住大别墅，开名车，挎名包，玩贵族运动”，且自称是“中国红十字会商业总经理”并被新浪微博实名认证。郭美美的微博迅速被网友广泛转发，粉丝量激增。郭美美的巨额资产来源及红十字会的公益性开始遭到民众质疑，有网友猜测郭美美为红十字会副会长郭长江的女儿，更有人曝出郭美美是中红博爱前董事王军的女友。随着事态升级，郭美美及红十字会分别发表紧急声明称彼此并无任何关系，郭美美的微博认证只是杜撰。7月7日，北京市公安局也宣称已查明郭美美与中国红十字总会无直接关联。但中国红十字会及其代表的官方慈善已经深受质疑，陷入了严重的信任危机。事件发生后，红十字会接受的捐赠数额急剧下降。《2011年度中国慈善捐助报告》数据显示，2011年，红十字会接收社会捐赠约28.67亿元，同比减少了59.39%。“郭美美事件”凸显了以微博为工具的网络舆情监督的力量，微博的即时性、广泛性使得网络舆论能够强有力地推进事件的进展并促进问题的解决。

温州动车事件

2011年7月23日晚上20点30分左右，北京南站开往福州站的D301次动车组列车运行至甬温线上海铁路局管内永嘉站至温州南站间双屿路段时，与前行的杭州站开往福州南站的D3115次动车组列车发生追尾事故，D301次动车四节车厢从高架桥上坠下。这次事故造成40人（包括3名外籍人士）死亡，约200人受伤。温家宝总理2011年7月28日上午实地察看事故现场并召开中外记者会。微博对该事件保持了高度关注，7月25日早晨，在新浪微博中关于该话题的微博就已达到4 581 899条。微博的作用体现在：事发信息和求救信息通过微博第一时间发出；微博成为重要的救助沟通平台，随着一条条求救微博的发出，成千上万素不相识的人从四面八方汇拢来，向求救者施以援手；微博还成为寻找亲人的网络平台，很多人通过微博寻找失去联系的亲人，无数的好心人对这样的信息进行了转发；除了作为信息来源、救助平台和寻亲平台外，微博还成为监督和问责铁道部的重要力量。

合肥富二代毁容案

2011年9月17日晚，犯罪嫌疑人陶某某（男，1995年4月1日生，合肥市某学院学生）因追求被害人周某（女，系陶某某初中同学）不成，产生报复心理，来到被害人周某家中，将事先准备的灌在雪碧瓶中的打火机燃油泼在周某身上并点燃，致使周某面部、颈部等多处烧伤。周某家人闻讯赶来后将火扑灭，随即周某被送至医院烧伤科救治。9 月 18 日上午，被害人周某亲属到合肥市公安局瑶海分局报案。公安分局迅速展开调查，并将犯罪嫌疑人陶某某抓获归案，当晚依法将其刑事拘留。9 月 26 日，检察机关据此批准对陶某某执行逮捕。2012 年 5 月 10 日，法院以“故意伤害罪”判处被告人陶某某 12 年零 1 个月有期徒刑。自该事件发生起，互联网上有关谴责和声讨“富二代”、“官二代”的声音便不绝于耳，对贫富分化、强弱分化等社会不平等的反思也一直在继续。

乌坎事件

2011 年 9 月 21 日，广东陆丰乌坎村村民因土地问题、财务问题、选举问题对村干部不满进行上访，继而爆发群体性事件，上千村民围堵村委会，与现场的警方发生冲突，并引发打砸事件，十余名民警在事件中受伤，六辆警车被毁。在陆丰公安部门的介入下，此事一度被平息。但 11 月中旬出现反复，在工作组正在调查解决诉求过程中，有村民在互联网上发表题为《“乌坎村村民临时代表理事会”计划组织村民于 11 月 21 日游行上访，并请中外记者报道》的帖子，致使事件又起波澜。为防止事态进一步扩大，12 月 20 日，省工作组进驻乌坎村，倾听民众诉求，组建新的村党总支并进行村委会选举。至此，“乌坎事件”基本平息，并被认为开创了以民主的方式解决矛盾的新模式。作为网络时代群体性事件的典型案例，“乌坎事件”带给我们的启示是：在网络时代，维权者逐渐意识到“上访不如上网”；“乌坎事件”有其深刻的现实根源，从中可以看出中国社会正处于矛盾多发期，但矛盾化解机制和利益表达渠道又比较缺乏；“乌坎事件”由上访演变成打砸抢事件，表明现有的信访制度已经不能适应矛盾多发期和网络化时代的需要，建立在理性和妥协基础上的民主选举或许是矛盾化解的一种有益尝试。

小悦悦事件

2011 年 10 月 13 日，2 岁的小悦悦（本名王悦）在佛山南海黄岐广佛五金城相继被两辆车碾压，7 分钟内经过的 18 名路人没有出手救助倒在血泊中的小女孩，最后一名拾荒阿姨陈贤妹上前施以援手，引发网友广泛热议。截至 2012 年 3 月，关于“小悦悦事件”的新闻被网络媒体或网友转发了 5 万次，跟帖达到 10 多万条。随着众多网友的呼吁与质疑，中国人的道德底线问题再次被提及，在网上引起了巨大轰动，全国网民迅速开展了一场以人性和道德底线为主题的网络舆论大讨论。从道德的角度看，一个事件越是触及公共道德底线，越可能引起强烈反响。在“小悦悦事件”中，18名路人无一伸手相救，让人们感到对生命的漠视，感到社会的公共道德现状令人担忧。那18名路人备受谴责，他们甚至成了“道德冷漠”、“道德滑坡”的代名词。谴责一个人或一个现象比较容易，但我们要问，为什么18名路人没有伸出援手？“小悦悦事件”留给我们的重要思考是：如果没有激励一个人积德行善的健康社会环境，那么个体的同情心只有安放在自己心里才是最安全的。

杨武事件

2011年10月22日21时55分许，深圳市公安局宝安分局西乡派出所接一男子报警称：深圳市宝安区西乡街道东头坊西区发生一宗入室强奸警情。接报后，市公安局西乡派出所民警立即赶往现场，当场抓获犯罪嫌疑人杨喜利（男，31岁，安徽人），并将受害人王娟（女，30岁，安徽人）送往医院进行检查鉴定。受害人王娟称，10月22日20时许开始在家睡觉，听到有人敲门，开门后发现是其丈夫杨武的同学、治安联防员杨喜利及另外两名男子，当即问杨喜利有什么事，并称不想再和杨喜利来往了，请求杨喜利不要这样没完没了地纠缠，不然她就报警。杨喜利在让两名同行的男子离开后，即对受害人王娟实施恐吓，并进行殴打。随后，杨喜利将王娟拉进卧室推到床上实施强奸。王娟的丈夫杨武（化名）在暗处目睹了事件的整个过程。2011年10月23日，犯罪嫌疑人杨喜利涉嫌强奸被依法予以刑事拘留。2012年9月7日上午，杨喜利被判处有期徒刑6年。在该事件中，弱势者杨武夫妇的隐私被媒体肆意曝光，谴责杨武懦弱的媒体也不在少数，这引发了人们对如何尊重和保护弱势群体的深入思考。

方韩论战

2012年1月15日，知名博客作者麦田发表了一篇《人造韩寒：一场关于“公民”的闹剧》的博文，质疑韩寒的成名是其父亲韩仁均的谋划及团队运作的结果，引起网络轩然大波。16日，韩寒以博文《小破文章一篇》回应质疑，称“我的每一个字都是我亲手写下的”，并悬赏征集代笔证据。18日，事件开始升级，“打假名士”方舟子加入战局，随后搜集各种证据质疑韩寒文章为他人代笔，例如分析《求医》一文应为韩寒父亲韩仁均的作品。为证明清白，韩寒连续发表博文为自己辩护，并将《三重门》的手稿整理成书出版，韩寒父亲也发表博文《说说我自己》来回应质疑。方舟子与韩寒在网络上就此事持续论战半月有余。1月29日，韩寒就方舟子对其名誉造成损害事宜，向上海市普陀区人民法院递交了诉讼状，索赔10万元。同时，韩寒提交了手稿、通讯记录和素材本等材料进行司法鉴定，以证明其文章确系自己所写。韩寒“代笔门”事件，激起了民众对于网络诽谤的广泛讨论。网络打假饱受关注，体现了社会对诚信公正的期盼和渴望，但网络空间中信息真假难辨，如何区分有证据的质疑和造谣诽谤，如何界定言论自由的尺度、知名人物的隐私与公众知情权的界限，仍是建设有序的网络社会所面临的难题。

吴英案

吴英，“80后”企业家，农村出身，中专学历，亿万富姐，曾登上福布斯富豪榜，成为中国最年轻的女富豪，这些都使得吴英身上具有了传奇色彩和神秘光环。2007年3月16日，吴英因涉嫌非法吸收公众存款罪被逮捕。2009年12月18日，金华市中级人民法院依法作出一审判决，以集资诈骗罪判处被告人吴英死刑。吴英不服一审判决，提起上诉。2012年1月18日下午，浙江省高级人民法院裁定驳回上诉，维持原判。但是，网络民意基本上一边倒地同情吴英，包括很多的专家、学者。二审判决后的短短半个月间，该案已经演变成一起法治事件，一个名叫“吴英案舆论汇总”的微博每日高密度更新相关评论；北大、清华、浙大等高校的学者和一些知名律师致信最高院为其求情；有的网站开设的“吴英该不该死”投票显示，绝大部分投票者认为吴英罪不至死。2012年4月20日，最高人民法院未核准吴英死刑，该案发回浙江高院重审。2012年5月21日下午，浙江省高院经重新审理后，做出死刑缓期执行的终审判决，至此，吴英得以“起死回生”。吴英案是网络舆论影响法律判决的又一典型案例。从药家鑫案到李昌奎案，再到吴英案，网络已经成为法律运行中不容忽视的社会力量。网络舆论在很大程度上有利于司法公正，但其对司法独立的负面影响也无法回避，如何处理法律与网络舆情之间的关系，是我国法制建设的一个重要问题。

王立军事件

2012年2月7日晚，新浪微博有传言称，重庆市副市长王立军到美国领事馆寻求政治庇护。2月8日，重庆市政府新闻办通过新华网官方微博发布消息，称“据悉，王立军副市长因长期超负荷工作，精神高度紧张，身体严重不适，经同意，现正在接受休假式的治疗”。这份声明在一个小时之内被转发3万多次，此后更是引起了如潮水般的评论和质疑。外交部发言人办公室于2012年2月9日正式回应此事：王立军于2月6日进入美国驻成都总领事馆，滞留1天后离开，有关部门正在对此进行调查。后续的调查表明此事牵扯到薄谷开来杀人案和薄熙来的重大违纪问题。2012年9月17日、18日，四川省成都市中级人民法院一审开庭审理了王立军徇私枉法、叛逃、滥用职权、受贿案，王被判处有期徒刑15年。互联网尤其是微博从一开始就对该事件保持了高度关注，形成了一股强大的舆论力量。围绕该事件，民众借助网络媒体对官员违法违规、政府信息公开、政治体制改革等问题展开了热烈讨论。

归真堂活熊取胆事件

2012年2月1日，中国证监会公布了一批企业排队上市的名单，从事黑熊养殖，熊胆系列产品的研发、生产、销售等经营活动的归真堂也位居其中，于是引发了众多网友以及亚洲动物基金的声讨，声讨者主要围绕“活熊取胆”野蛮残忍、有违动物保护精神进行。2月14日，北京爱它动物保护公益基金会联名72位知名人士向中国证监会信访办递交吁请函，反对归真堂上市。2月20日，随着公众对“活熊取胆”的争议愈演愈烈，归真堂在其官方网站发出“归真堂养熊基地开放日”邀请函，决定将2月22日和24日两天定为开放日，邀请社会人士参观养熊基地。然而，开放日并没有带来平静，而是进一步的质疑，因为有些反对者并未被允许进入养殖园，而且归真堂在记者入园之前进行了哪些“准备活动”也不得而知。“归真堂事件”之所以引起轩然大波，除了“活熊取胆”本身引发的道义与利益之争外，网络媒介的作用不可忽视。正是一条微博引爆了“归真堂事件”。2012年2月4日，云南卫视《自然密码》制片人余继春发布微博：“福建的归真堂上市募资将用于‘年产4 000公斤熊胆粉’、‘年存栏黑熊1 200头’等两项目已经省环保厅初查并且通过了。如果真上市，那今年就是黑熊的末日。求扩散此微博，希望更多人抵制熊胆制品，希望政府听到我们的声音。”文后还附有血淋淋的“活熊插管采胆汁”视频。这条微博一出现就立即引起了广大网民的关注，几天内即被转载8 000多次，引爆了网络怒火。

罗永浩举报方舟子诈捐漏税

2012 年 3 月 22 日，牛博网创始人、微博红人罗永浩向公安部门举报方舟子及律师彭剑利用“科技打假资金”及“科技打假人士安保资金”诈骗钱财、偷税漏税。罗永浩称，方舟子从未公开资金账目，59 万元的安保费支出去向成疑。方舟子发微博回应称，他不参与资金的管理、运营，也未向资金报销过钱款，且资金明细如果公开，将泄露安保细节。方舟子同时质疑罗永浩发难的原因是为打击报复，因其曾举报罗永浩非法办学、做虚假广告。遭到举报 3 个月后，两笔资金仍未公开支出明细。针对此事，专家普遍承认以个人名义发起的公益募捐仍处于法律的灰色地带，我国相关条例中对个人有没有资格做募款并没有明确规定。但从道德和社会责任的角度来说，募捐者应当做到捐款数额及去向公开、透明。此事件暴露出我国针对公益募捐行为的法律规定仍存在漏洞和监管不足，同时也可以看到，在微博等网络传媒的辅助下，普通民众的舆论监督在一定程度上能够起到揭露和制约违规违法现象的作用。

哈尔滨杀医血案

2012 年 3 月 23 日下午，一个年轻男子持刀闯入哈尔滨医科大学附属第一医院风湿免疫科医生办公室行凶，造成医务人员 1 死 3 伤。被杀死的医生王浩是哈医大 09 级硕士研究生，出事前刚刚收到香港中文大学博士录取通知书。事件发生后，关于医患关系和医生生存状况的话题再一次成为舆论焦点。出人意料的是，此事件还引起网络上的公众狂欢。腾讯网关于“读完这篇新闻后心情”的调查显示，参与的 6 161 人中竟然有 4 018 人投票选择了“高兴”，占到总人数的 65%。从言语暴力到肢体冲突再到恶性伤人，哈医大一院事件只是近年来不断升级的医患冲突里的一件。在杀医血案发生后，网络上总不乏大量的喝彩声。患者的愤怒和网民的狂欢可以折射出更深层次的问题：医患关系紧张的根源是医疗制度的不合理；弱势者的利益在受到侵害之后，缺少正规途径的利益保障或保障机制存在弊端；医患矛盾中的医生背负了整个社会的怨气，当民众对高房价、就业难、就学难、收入不公等问题心存不满时，医生往往也被纳入既得利益者群体而受到仇视，并在一定条件下成为社会怨气的宣泄对象。

纪录片《舌尖上的中国》爆红

2012年5月14日，由CCTV推出的美食类纪录片《舌尖上的中国》开播，这套纪录片共7集，通过食材、主食、转化、储藏、烹饪、调和、生态7个不同的主题对朴素深厚的中华传统美食文化进行了细腻而充满人文关怀的描述。此片自2011年起开始大规模拍摄，历时13个月，行走了包括港澳台在内的70个拍摄地，制作十分精良。影片自开播起便获得了广泛而热烈的关注，收视率节节攀升，甚至超过了电视剧的收视率。从开播到首播结束，百度指数从8 494蹿升至452 870；纪录片的官方微博、导演微博的粉丝量暴涨，并被广泛转发，微话题“舌尖上的中国”及页面也很快出现，话题量激增；各式“舌尖体”被网友不断创造，如“舌尖上的北大”等；淘宝网上出现了纪录片所介绍的美食的购买高峰。纪录片不是单纯介绍各地美食，而是将其背后的风俗人情及大众的生活常态细致地描绘出来。影片均选取普通食材，着力表现对劳动者的赞美、家乡与亲情的温暖及人对自然慷慨馈赠的感激，由此激发了普通观众的情感共鸣，获得了高度的认可。《舌尖上的中国》的走红，与网络媒体强有力的助推是分不开的：纪录片宣传团队非常重视网络媒体的造势；网络媒体消除了发布者和受众之间的壁垒；以微博为代表的网络媒体比起传统媒体更能够迅速有力地推动信息的传播。

延迟退休年龄的网络热议

2012年6月5日，人力资源和社会保障部在就社会保险关系转续及医药卫生体制改革等问题集中答复人民网网友时表示，相应推迟退休年龄已是一种必然趋势，现在只不过是时间问题，今年下半年将启动这方面的调研工作。这一表态，一石激起千层浪，引发社会各方广泛关注和讨论。根据人民网截至6月7日17时的数据，88.6%的网友投票反对延迟退休年龄，5.6%的网友因平均寿命延长而支持延迟退休年龄。此后，有关延迟退休的话题在网络上一直“高烧”不断，持续长达一个月之久。基于不同的权益诉求，有的希望“早退”，有的希望“延退”，网络上形成“挺退派”和“延退派”两大阵营。利益攸关各方众说纷纭，最终以人社部有关负责人作出“目前不会调整”的回应而告终。这一事件是网络民意影响政府决策的典型案例。网络为大众提供了一个表达自身利益与意愿的开放平台，而个体会因为利益的一致性产生彼此间的认同，而这种认同力量的集聚就会催生出强大的民意力量，产生来自基层的权力，从而推动上层的决策最大程度地符合基层民意。

怀孕 7 个月孕妇遭镇政府强制引产

2012 年 6 月 11 日，有网友在论坛发帖称，陕西省安康市镇坪县曾家镇政府在没有经过家属同意的情况下，将怀胎 7 个月的孕妇冯建梅强制引产，事件在当地引起很大震动。一周之后，孕妇和死胎的合影被上传到网络，引发了更多网友的关注。2012 年 3 月，曾家镇计生站查出冯建梅已怀孕 3 个多月，在核查了冯建梅的婚育史、户口性质、是否符合再生育条件等情况后，得出结论：冯建梅不符合再生育条件，不能办理二孩生育指标。2012 年 5 月 30 日，在冯建梅的丈夫出门打工后，计生干部找到冯建梅要求其配合去做引产手术，但没有得到冯的同意。6 月 2 日下午 3 点，在劝说无效后，冯被强制带到镇坪县医院注射了引产针。事件被媒体报道后，镇政府称此事是依法执行，且征得了孕妇同意。但冯建梅和家属无法接受这种说法，于是将事件过程与照片上传到网络。6 月 11 日，事件在网络上引起了广泛关注，许多媒体也开始介入。陕西省人口计生委在调查后初步认定冯建梅怀孕 7 个月遭强制引产情况属实，该做法严重违反了国家的有关政策规定。6 月 14 日，安康市政府向当事人及其家属致歉，并决定对 3 名主要责任人停职调查，严肃追究法律和纪律责任。此事是一场地方官员在完成指标压力下滥用权力、伤害人权、违背法制的悲剧。

天津蓟县大火事件

2012 年 6 月 30 日下午，天津蓟县莱德商厦突然起火，官方当天初步确认有 10 人死亡，16 人受轻伤。同时，有网友发布了“天津大火致使 378 人死亡”的消息，同官方给出的通告形成强烈反差，引发网友热议。还有网友称“火灾发生后，商场负责人曾将商厦一楼的大门封闭，因为怕顾客不给钱走了”，这则消息点燃了网友的怒火。一场由民间在网络上发动的死亡人数统计行动随即展开。蓟县大火发生后，天津市政府新闻办借助官方微博发布相关消息，但未能有效地化解舆论危机。事件后期，天津公安对大火造谣传谣者依法处理，较为有力地澄清了事实，缓解了网友的对立情绪。在天津蓟县大火事件中，我们可以看到“微时代”带来的信息爆炸不仅有真实也有谣言，但是官方并未在第一时间公布真实情况，这也就让事情的发展遵循着与以往事故一样的逻辑，即在官方信息缺位的情况下，谣言迅速上位。

面对来势汹汹的网络民意和日新月异的传播工具，地方政府面临着权威信息匮乏的窘境，出现了“信息发布滞后”、“内容缺乏说服力”、“应对形式单一”的情况。“微时代”带来的不应当是政府的危机，更不应当是官民的对立。在“微时代”，地方政府应当思考的是，面对舆论危机，应该建立一个什么样的发言制度，应该怎样更及时有效地促进官民之间的信息沟通。在积极与民沟通上，政务微博将会成为一个有力工具。

什邡事件

2012年7月2日，因担心四川省什邡市宏达钼铜多金属资源深加工综合利用项目引发环境污染问题，大量群众聚集在什邡市中心地带，少数市民情绪激动，强行冲破警戒线，进入市委机关，砸毁一楼大厅8扇橱窗玻璃、3个宣传栏、4个宣传展板。事件引发了警民冲突，数名群众受伤。为及时平息事态，公安机关依法对27名涉嫌违法犯罪人员予以强制带离。7月3日下午，什邡市委书记在接受媒体采访时表示，什邡今后不再建设钼铜项目。当晚，被带离的27人中，6人被拘留，21人经过批评教育予以释放。在此次事件中，一些“90后”表现突出，一方面，这体现了年轻一代对于社会时政的关注；另一方面，一些评论者也认为，年轻人应远离政治。这一事件也在微博上引起广泛关注，一些意见领袖还前往现场进行报道。环境问题已经引起了普通群众的重视，成为他们考量一个项目能否上马的关键因素，因此，相关部门在进行有关项目论证时，应及时向群众呈现真相，征求和尊重民意。同时，在处理这类群体性事件的过程中，政府部门应与民理性沟通，避免暴力冲突的发生，否则，可能会加重民怨。

吴法天约架事件

中国政法大学副教授吴丹红（网名吴法天）在微博上发表了对什邡事件的有明显倾向性的观点，其观点引起了四川女记者周燕的愤怒，周燕直指其帮人背书，从而引发两人微博言论上的交锋。通过微博，两人约架于2012年7月6日朝阳公园南门，结果引发实际暴力行为。吴丹红被女记者打倒在地，后又被围观众人围攻，最后在警方的帮助下才得以离开现场。此事一出，一时成为网络笑谈，网上舆论也是一片哗然，围观的网友由此分成泾渭分明的两派，互相指责。吴丹红一派愤慨地指责暴力，而周燕派却是对吴丹红一派的“五毛党”不齿。随着近些年网络的迅猛发展，“五毛党”和审查制度成为网络时代的新事物，也成为众多网民鄙夷的对象。与此同时，网络上出现了一批针对“五毛党”、自称追求自由民主的“公知党”，但是，“公知党”在网络上多以愤怒评论为主。此次吴法天约架事件充分体现了“公知党”的语言暴力转化成为堂而皇之地在光天化日之下报复异见者的行为暴力。在网络时代，“五毛党”确实给开放自由的网络平台蒙上了阴影，但是暴力行为也同样不利于言论的自由表达。从这个事件我们可以看出，网络社会的健康发展还需要我们努力探索，一个自由、健康、文明的网络环境需要各方面的共同努力。

天使妈妈基金救助传旺遭质疑事件

2012 年 6 月 30 日，13 岁山东男孩杜传旺在汽车修理厂打工时，被工友用充气泵击伤。7 月 11 日，山东电视台齐鲁频道的公益报道节目《小溪办事》主持人王羲利用自己的个人新浪认证微博“小溪办事 _ 王羲”披露了传旺的遭遇，并发出求助消息。当日，民间慈善机构“天使妈妈”看到了这条微博，迅速为传旺发起公开募捐，并且把他从山东接到北京的八一儿童医院进行治疗。这一救助过程遭到了大量的网络质疑：主持人王羲在事件发展过程中扮演怎样的角色，是否涉及圈钱炒作；“天使妈妈”在决定救助传旺之前，是否经过认真调查，是否符合程序正义；为何没有选择山东本地有资质的医院，而选择将传旺接到远在北京的八一儿童医院，其中包括对八一儿童医院的医疗水平的怀疑；天使妈妈基金会与红十字会的关系问题；捐款的账目公开及其流向问题；天使妈妈对传旺家长的接待、态度问题，等等。其中，有网络红人如“蜡笔小球”的声讨，也有普通网民的情绪助燃，一度将“天使妈妈”的公信力问题推向风口浪尖。7 月 25 日，“天使妈妈”发布博客，对上述的部分质疑作出了一些回应。之后，这一话题趋于平静。在网络围观时代，民间慈善机构在程序问题、专业水平、工作流程、志愿者制度、账目处理等方面依旧面临诸多考验，需要摸着石头过河，在实践中不断成长，探索长足发展之路。

7・21 北京特大暴雨

2012 年 7 月 21 日，北京遭遇 61 年来最大暴雨，导致 79 人遇难。从雨中到雨后，网民的关注与参与有力地推动了救援和善后工作。21 日傍晚，随着雨势增大，一条求救微博可以得到成千上万的转发，网民们坚信“转发就是力量”，坚守在微博上，就是坚守在现场。有些人组成双闪车队，在微博上公布自己的车牌号，沿路救人，护送被困在雨中的人们回家；有些人在微博上公布自家住址，为难以回家的人们提供住处。除了网络发起的救人行动之外，很多网民也对北京的排水系统和应急系统等提出了质疑。大雨过后，对于死亡人数、死亡名单的追问，也推动了灾后信息的透明化、公开化。在北京暴雨这样的突发事件中，如下几点值得我们思考：第一，北京暴雨中体现出的温暖使我们思考，中国可能并不缺少信任的土壤，而如何激发中国人的信任成为一个新的课题；第二，在中国社会，相对于资源动员，情感动员的力量更为根本、强大，大量实时图片、视频在网络上流传，更能引起人们的认同，从而产生巨大的行动能力；第三，网络监督和舆论压力成为改进政府工作方式的有力推动器，此次暴雨中网民的质疑和建议无疑促进了官方应急系统的改进与升级；第四，大城市建设的速度和质量能否配套，能否在极端灾难事件中经得住考验，成为衡量城市建设质量的新指标。

启东事件

2012年7月28日清晨，江苏省启东市数千名市民聚集在市政府门前，抗议江苏南通市政府对日本王子制纸之制纸排海工程项目的批准。他们散发《告全市人民书》，冲进市政府大楼，从市政府中搜出许多名贵烟酒等物品及很多旅游景点的照片，并在警察到来之前将这些物品作为腐败证据陈列在政府办公楼前。超过千名武警于上午9时许抵达现场，但只是维持现场秩序，并未采取以往群体性事件中发生的强制驱散等强制性措施。在冲突过程中，启东市市委书记遭民众扒光上衣，市长被强行套上抵制王子制纸的宣传衣，但启东市领导并未下令警方采取进一步强制措施，表现出比较冷静的理性态度。当天上午，江苏省南通市人民政府新闻发言人授权发布：南通市人民政府决定，永远取消有关王子制纸排海工程项目。下午，冲进政府大院的上千民众全员撤出，之后当地警方封锁周边道路，抗议活动基本平息。就此次事件来看，南通市政府的决议遭到启东市民的强烈反抗，体现出群众对“官”阶层的不信任心态，而值得肯定的是，启东事件中政府的理性态度起到了缓和矛盾的作用。这也提醒我们：在项目论证过程中广泛听取民意，可能能够避免这类群体性事件的发生。

杨达才事件

2012年8月26日凌晨，陕西延安境内发生重大车祸，致36人死，2人重伤。

事故发生不久，陕西省安监局局长杨达才视察事故现场开心嘻笑的照片引起轩然大波，民众对他进行了人肉搜索，并从这位官员身上“搜”出了各种名表。截至 2012 年 8 月 31 日，杨达才被网友发现的名表总数已达 11 块之多。其中高级手表 5 枚，每块价值万元以上，最高达 20 万～40 万；此外，网友指出杨达才的腰带也要 2 000 多。陕西省纪委高度关注事件进展，并立即安排相关部门展开调查。调查表明，杨达才存在严重违纪问题，2012 年 9 月 21 日，依据有关纪律规定，经陕西省纪委常委会研究并报经省委研究决定：撤销杨达才陕西省第十二届纪委委员，省安监局党组书记、局长职务。2012 年 9 月 1 日下午，湖北三峡大学在校生刘艳峰向陕西省财政厅寄送政府信息公开申请表，申请公开在延安特大车祸现场“微笑”的陕西省安监局局长杨达才 2011 年度工资，20 日下午收到回复称杨达才的工资不属于财政厅政府信息公开范围。

后　记

社会生活网络化出人意料地在中国获得了快速发展，不仅参与网络活动的网民已近6亿，而且网络交流、网络围观和网络表达也发挥了越来越大的作用。现在，人们愈加清楚地认识到，网络行为展开的不是一个虚拟社会，而是一个具有重大意义的现实的信息社会或网络社会，是每一位社会成员都可以利用新媒体技术在其中便捷地表达自己、交往别人、抨击邪恶的生机勃勃的崭新空间。

在网络社会得到如此令人欣喜、快速发展的新形势下，我们得到了中国人民大学科学研究基金的支持，编撰了这本《中国网络社会研究报告》。本报告直面中国网络社会不断转换场景的丰富事实，以在社会中发生了引人瞩目影响的各种网络事件为中心内容，在事实描述和观点评论相结合中，分析评述了2011—2012年度发生的一系列重大网络社会现象。

本报告是年度报告，今后还将继续出版。本报告既可作为开展网络社会学术研究和网络社会管理工作的参考文献，也可以作为广大网民进一步了解网络社会、参与网络行为的阅读资料。本报告的编写分工如下：

导论　刘少杰

第一章　王建民

第二章　董云生、李冰清

第三章　吴宗友、张军

第四章　张荣

第五章　王冬梅

第六章　刘秀秀

第七章　杨江华

第八章　程士强

附录　刘秀秀、宋辰婷、杨品荷、程士强、王建民

王建民承担了全书的统稿工作。程士强和宋辰婷完成了校对工作。

中国人民大学出版社的编辑为本书的出版做了大量工作，对他们精益求精的辛勤劳动表示诚挚的谢意！

刘少杰

2013.3.15

图书在版编目（CIP）数据

中国网络社会研究报告．2011—2012/刘少杰主编．—北京：中国人民大学出版社，2013．3
ISBN 978-7-300-17167-8

Ⅰ．①中… Ⅱ．①刘… Ⅲ．①计算机网络-社会问题-研究报告-中国-2011—2012 Ⅳ．①D669

中国版本图书馆 CIP 数据核字（2013）第 045114 号

中国人民大学研究报告系列
中国网络社会研究报告 2011—2012
主　编　刘少杰
副主编　王建民
Zhongguo Wangluo Shehui Yanjiu Baogao

出版发行	中国人民大学出版社		
社　　址	北京中关村大街 31 号	**邮政编码**	100080
电　　话	010－62511242（总编室）		010－62511398（质管部）
	010－82501766（邮购部）		010－62514148（门市部）
	010－62515195（发行公司）		010－62515275（盗版举报）
网　　址	http://www.crup.com.cn		
	http://www.ttrnet.com（人大教研网）		
经　　销	新华书店		
印　　刷	北京宏伟双华印刷有限公司		
规　　格	185 mm×260 mm　16 开本	**版　　次**	2013 年 4 月第 1 版
印　　张	14 插页 1	**印　　次**	2013 年 4 月第 1 次印刷
字　　数	255 000	**定　　价**	42.00 元